グローバル・エシックスを考える

「九・一一」後の世界と倫理

寺田俊郎・舟場保之 編著

梓出版社

まえがき

二〇〇一年九月十一日のテロ事件、いわゆる「九・一一」の後間もなく、アメリカ合州国政府は、「犯人」を一方的に断定し、その人びとを匿う国家にたいして報復戦争を行う決意を表明した。そのとき、合州国の独断的行動にたいして異議申し立てをすべきだ、と呼びかける日本のカント研究者が現れた。いやしくもイマヌエル・カントは、二〇〇年も前に『永遠平和のために』を書いた人であり、その人の哲学を研究する人びとが、いままさに報復という名のもとに不正が行われようとしているときに、異議申し立てをしないのはおかしいではないか、というのである。また、ふだん正義とか法とか、あるいは真理とかいった事柄をテーマにして論文を書いたり講義を行ったりしている人びとが、重大な不正が公然と行われようとしているのを目の前にしているにもかかわらず、教室や業界の外に向かって何の声も上げようとしないのもおかしい、と。その呼びかけに応じて集まった人びとが、「九・一一」がわれわれに突きつける問いをめぐって議論するために開いたのが「〈九・一一〉を多角的に考える哲学フォーラム」（以下「フォーラム」と略す）であった。

「フォーラム」では、カント哲学の研究者のほかに、ヘーゲル哲学、法哲学、歴史学、ジェンダー論、批評理論、教育学などの研究者の参加も得て、文字通り多角的な視点から、充実した議論が重ねられた。こうして回を重ねるにつれて、その議論を継続・発展させ、一定の形を与えて公表することの意義が強く感じられるようになった。そこで、「フォーラム」のコア・メンバーからなる研究組織をつくり、科学研究費補助金（二〇〇三年度～二〇〇六年度・基盤研究（B）・課題番号一五三二〇〇〇五）を受けて、四年間にわたる「現代におけるグローバル・エシックス形成のための理論的研究」を発足させた。「グローバル・エシックス」と名づけたのは、「九・一一」の突きつける問いは、グローバリゼーションの過程を通じて形成されつつある新たな世界秩序をめぐる倫理的な問いに収斂する、と考えたからである。戦争とテロリズム、南北格差、地球環境問題、ジェンダー、ナショナリズム、移民と難民、多文化社会、和解と赦し、など具体的な問題に、哲学・倫理学の伝統の豊かな資源を参照しつつ応答すること、それをこの研究プロジェクトは目指した。

本書はその研究成果の一部である。「一部」というのは、まず、紙幅の都合その他の事情により、この研究に参加・協力したすべての人びとの論考を載せることができなかったからである。二〇〇五年秋に公表された『中間報告書』と二〇〇七年春に公表された『成果報告書』を見ればわかるように、議論してきたテーマはじつに多岐にわたっており、そのすべてを本書に収めることはもとよりできるはずもないが、なかでも南北格差および移民・難民をめぐる論考を収めることができなかったのはとくに残念である。

さて、ここで「フォーラム」の発足にさいしてメンバーのなかから切実な疑問の声があがったことを記しておかないわけにはいかない。われわれがまず為すべきことは、合州国の戦争をやめさせることであって「九・一一」をめぐる議論に耽ることではない、と。さらに、「フォーラム」の発足から一年余り、二〇〇三年三月、全世界で沸き起こった反対の声を無視して合州国がイラク戦争に踏み切ったさいには、この期に及んで「フォーラム」を続けるなど笑止ではないか、との声も聞かれた。われわれはこれらの声を重く受けとめながらも、議論を継続する道を選んだ。実践理性の声に耳を傾け、理性を公的に使用し、公論に寄与することによって、状況に応答する責任を果たすことができるはずであるし、またそうすべきだ、と考えたからである。じっさい責任を果たしえているかどうか、その評価は読者諸氏に委ねるほかない。忌憚のないご意見、ご批判を賜ることができれば幸いである。

二〇〇八年九月十一日

執筆者を代表して

寺田俊郎

凡例

一、引用文中の強調は、傍点で示す。とくに断りのないかぎり、傍点は引用者による。

二、カントの著作からの引用は、アカデミー版カント全集に従い、巻数をローマ数字、頁数をアラビア数字で表記し、該当箇所を示す。

目次

グローバル・エシックスを考える

——「九・一一」後の世界と倫理——

第一部　グローバル・エシックスへの視角

第一章　グローバル・エシックスとは何か

寺田俊郎

はじめに

「九・一一」のテロ事件からちょうど二年後、二〇〇三年九月のある午後、テロで崩壊した世界貿易センターの跡地を訪ねた。ニュージャージー州のモンクレアという町に一週間ほど滞在していたときのことである。ニューヨーク市への通勤圏内にあるモンクレアから世界貿易センターの跡地まで、通勤電車と地下鉄を乗り継いで一時間ほどだった。もよりの地下鉄駅からオフィス街を十五分ほど歩いたところに、それはあった。ビルの谷間の広々とした工事現場といった感じの、金網とベニヤ板に囲まれた一角である。強い日差しを浴びながら、観光客風の人びとが金網に顔を押しつけて覗きこんだり、にこやかに記念写真を撮ったりしていた。よくある観光地の風景である。ただ、その一角に立つ十字架と、金網に供えられた花やメッセージ・カードが、慰霊の場であることを告げていた。

金網の何箇所かに解説のパネルが設置されていて、その地域の歴史、あの日の出来事、犠牲者の名前が記されていた。ゆっくりと読み進むにつれ、嫌な気分になってきた。いつの間にかわたしは、人目も気にせず、手帳を取り出して気になる文言を断片的に書き写していた。


二〇〇一年九月十一日の英雄たち、アメリカの自由と民主主義への攻撃。

〔乗客を乗せた〕飛行機がアメリカの民主主義のイコンを破壊するミサイルとして使われた。

〔乗客たちは〕歴史の流れを変え、この国の一致団結の決意と精神を強めるのに大きな役割を果たすことになるという、予想もつかないような経験をしようとしていることを知らなかった。

アメリカ合州国の歴史のなかでももっとも恐ろしい出来事の一つを乗り越えていくことを可能にするのは、グローバルな一致団結と強さの不屈の精神である。

他の日と同じように、何千人もの市民と軍属とがペンタゴンで仕事に精を出していた。おのおのが生き、働き、自由社会の利益を享受しながら。


わたしは愕然とした。失礼ながら、その解説の文言には犠牲者の死を悼む気持ちは微塵も感じられなかった。それどころか、死者を穢すものだ、という憤りすら覚えた。人びとの死を国家の都合にあわせた虚偽で塗り固めて、愛国心を煽り、不正な戦争を正当化し、人びとを動員するために利用しているだけではないか。どうしてあの日そこで災難にあった人びとを英雄（heroes）と呼ぶことができよう。犠牲者（victims）ではないか。彼ら・彼女らは合州国のために戦っていたわけではないのだ。また、あの日起こったことを「自由と民主主義への攻撃」という一句に切り縮めることができるとは、いったいどういう神経をしているのだろう。「九・一一」直後の極度の恐怖とパニックのさなかならともかく、二年の歳月が過ぎてなお、しかも追悼の場に、このような見え透いたプロパガンダが掲げられていようとは……。

「九・一一」の背後にあるのは、合州国と合州国を中心とする世界秩序の独善と不正にたいする反感、不信、憤慨であるかもしれない、という認識の片鱗すらそこには見られない。そのようなことを理性的に反省する素振りもなく、合州国が破綻した論理を堂々と掲げて不正を押し通しおおせれば、カリクレスの正義がまかり通ることになろう。「すぐれた者は劣った者よりも、また、有能なものは無能な者よりも、多く持つことこそが正しい……。正義とは、つねにそのようにして強者が弱者を支配し、強者は弱者よりも多くを持つことであるという仕方で判定されてきた……。」[1] 公正としての正義もカントが提唱した世界市民の倫理も、カリクレスとともにニーチェが言うように、弱者が強者に対抗するためにでっちあげたフィクションにすぎないことになろう。

冷戦終結後、世界はイデオロギーの対立を脱して、武力紛争、環境問題、南北格差などの深刻な地球規模《グローバル》の問題に一致して取り組むことができるのではないか、という希望が抱かれ、一九九〇年代にそれらの問題の解決を目指す国際会議が相次いで開かれるなど、その兆候が実際に見られた。しかし、二〇〇一年の「九・一一」の事件とその後の合州国の対応は、その希望がいかに楽観的であるかを思い知らせた。冷戦後の世界は、じつは大国がそれ以前にもまして権力と暴力をほしいままにふるうことのできる「力こそ正義」の世界であるのかもしれないのである。

そのような暗澹とした思いを反芻しながらモンクレアの宿舎に戻ったわたしは、同じような思いを「九・一一」直後に抱き、行動を起こした「九・一一」の犠牲者の遺族たちがいたことを知る由もなかった。まして、彼ら・彼女らが「われらの悲しみを戦争への訴えにするな」というプラカードを掲げ、ニューヨークの通勤圏内であるがゆえに多くの犠牲者を出したモンクレアの町を抜けてニューヨークへと「癒しと平和を求める行進」をしたことなど、思いも及ばなかった。やがて「平和な明日を求める〈九・一一〉家族会（9.11 Families for Peaceful Tomorrows)」（以下「ピースフル・トゥモロウズ」と略記）と名のり、「戦争に替わる選択肢を考え、探求し、実行する」[2] 活動を続けることになる遺族たちのグループである。

「九・一一」直後の九月十四日、「わたしたちの息子の名を用いないで欲しい」[3]と題する声明を出した人びとがいた。三十一歳になる息子のグレッグをテロで失った、ロドリゲス夫妻である。二人は、合州国がアフガニスタンを報復攻撃すれば、さらに多くの人びとに自分たちと同じ苦しみを与えること、しかもそれが息子の名をかたって行われることに耐えられず、声を上げたのである。二人はブッシュ大統領にも抗議の手紙を書いた。「この攻撃に対するあなたの反応は、息子の死については、わたしたちに不快感を与えました」、「わが政府は息子の思い出を、他の国の息子たちと親たちに苦しみを与えることを正当化する口実として用いているように感じるのです」、「わたしたちはあなたに、どうしたらわが政府がテロリズムに対して、平和的な、理性的な解決を展開できるかを考えて欲しいのです。それはわたしたちをテロリストの非人間的なレベルにまで落ち込ませない解決策です」[4]などの凛とした言葉が胸を打つ。ロドリゲス夫妻と同じような思いの遺族は各地にいた。その遺族たちが集まって「〈九・一一〉家族会」をつくり、活動を始めたのである。じつにその活動には、アフガニスタンを訪問し、合州国の爆撃によって家族を失った人びとと交流することも含まれていた。

「ピースフル・トゥモロウズ」が「九・一一」一周忌に当たって出した声明には、家族たちの消えることのない悲しみ、支えてくれる人びとにたいする感謝、爆撃で甚大な被害を蒙ったアフガニスタンを救援する活動の要請、イラク攻撃計画への反対などとともに、次のような認識が表明されている。合州国はグローバル・コミュニティに参加するべきであり、そのために国際法を遵守し、国際刑事裁判所を支持すべきであること。テロリズムは、貧困、人種差別、無知、不平等、絶望、怒りなどから生じる徴候であり、その背景を理解することがテロリズムを防ぐために重要であること――。

このようなまっとうな倫理感覚を保ち、それにもとづいて行動する合州国市民たちがいるのだ――驚嘆し、安堵するとともに、勇気づけられた。その声明に見られる、国際法の遵守や国際刑事裁判所への支持、テロリズムの背景には貧困、差別、不正に対する憤りがあるという認識は、現在のグローバル・コミュニティにおける倫理の核心にかかわる事柄であるように思われた。その倫理的認識が、まさにカントのいう「世界市民」の見地から語られているだけでなく、その倫理の道こそが遺族にとっては癒しの道でもあるという認識が示されている。グローバル・エシックスの原点と呼びうるものではないだろうか。

「ピースフル・トゥモロウズ」が活動を始めたころ、もちろんその存在を知らないまま、われわれも「九・一一」後の倫理を哲学的に探求する試みを始めた。そして、間もなくその試みを「グローバル・エシックス」と名づけた。しかし、そう名づけたのは、グローバル・エシックスの輪郭をはっきりと見定めてのことではない。「九・一一」とその後の世界の状況を前にしてたじろぎ、とまどい、憤るわれわれがまずおり、そしてその状況にたいして哲学の研究に携わるものとして応答したいという欲求、あるいは応答しなければならないという義務の念から、「九・一一」後の倫理を哲学的に探求するわれわれの試みは出発したのである。グローバル・エシックスとは「九・一一」とその後の状況に応答しつつ対話を積み重ねることを通じて形成ないし構築されるべき何かであった。グローバル・エシックスとは、そうした探求を開始するにあたって、とりあえず進む方向を示すために選んだ――いま思えばわるくない選択だったが――いわば旗印にすぎなかったのである。こうして数年間対話を積み重ねてきた結果、この哲学的探求の試みに参加した人びとのなかで、グローバル・エシックスの構想が形をとり始めている。それは、本書をはじめさまざまな機会に発表された論考[5]を見れば明らかである。しかし、グローバル・エシックスとは何か、という問いに対する最終的な答えが出されたわけではなく、グローバル・エシックスをめぐる対話はいまなお継続中である。にもかかわらずあえて「グローバル・エシックスとは何か」と題する一章を置くのは、次のような理由による。

われわれの哲学的探求の名称として「グローバル・エシックス」が選ばれた事情は上述のとおりであり、世界に出現しつつある特定の思想や運動を念頭に置いてのことではなかった。しかし、「グローバル・エシックス」という語句そのものはわれわれが考案したものではなく、すでに他の論者によって使われていたものである。そこで、まず、グローバル・エシックスを主題的に論じた過去の主要文献を紹介しながら、グローバル・エシックスの系譜をたどることによって、われわれの探求の位置づけを明確にしておく必要があろう。ただし、関連する文献を網羅的に取り上げることはここではできず、必要最低限の文献に留めざるをえない。続いて、そうして明らかになったグローバル・エシックスの系譜を踏まえて、「グローバル・エシックスとは何か」という問いにたいする答えがどのようなものでありうるか、そしてどのようなものであるべきか、を素描することによって、われわれの探求が進むべき方向を示唆したい。そうすることによって、グローバル・エシックスをめぐる対話をいっそう活性化し、クローバル・エシックスの構想をさらに豊かに描き出すための一助となることができれば幸いである。

一　グローバル・エシックスの系譜

世界宗教会議とキュングのグローバル・エシック

「グローバル・エシックス」を表題に掲げる文献は、一九九三年の「グローバル・エシックのために[6]」にまで遡る。これは、同年にシカゴで開催された「世界宗教会議（Parliament of the World's Religions）」で出された宣言である。「前文」で状況認識が述べられ、続いていくつかの「宣言」が掲げられ、最後に「グローバル・エシックの原則」が

示される。(7)

この宣言によれば、地球規模《グローバル》の危機に立ち向かうことのできる一つの倫理が、世界の宗教の教えのなかにすでに存在し、それがグローバル・エシックの基礎となる。その倫理は、誰もが尊重すべき諸価値に基づく変更できない基準であり、基本的な道徳的態度にかんする最小限の合意を得ることのできるものであって、「グローバル・エシックの原則」として四つのテーゼにまとめられる。「Ⅰ 新しいグローバル・エシックなくして新しいグローバル秩序なし」「Ⅱ 基本的な要求――すべての人間は人間らしく扱われなければならない」「Ⅲ 変更できない戒律」「Ⅳ 良心の変革！」。「変更できない戒律」としては、非暴力の文化と生命にたいする敬意にコミットする〔関与する・献身する〕こと、連帯の文化と正義にかなった経済秩序にコミットすること、寛容の文化と誠実な人生にコミットすること、平等な権利の文化と男女間のパートナーシップにコミットすること、という四つのコミットメントが掲げられている。

このグローバル・エシック宣言を起草したのは、ハンス・キュングとその同僚のカール＝ヨーゼフ・クッシェルであった。キュングは、スイス生まれの神学者であり、長くテュービンゲン大学で教え、カトリック神学から出発しながらエキュメニカルな発言を続けていることで知られている。(8)「グローバル・エシック（global ethic/Weltethos）」を提唱し、「グローバル・エシック財団」を主宰してきた。グローバル・エシックスと言えば、この人の名を思い浮かべる人も多いはずである。

先の宣言と同時期に出された著作『グローバルな責任――新しい世界倫理の探求』(9)によって、キュングの提唱するグローバル・エシックの内容を見よう。この書は「世界倫理なくして生存なし」、「諸宗教間の平和なくして世界平和なし」、「諸宗教間の対話なくして諸宗教間の平和なし」という三つの基本精神のもとに書かれており、それに応じて三つのパートから構成されている。そのうちパートA「世界倫理なくして生存なし――なぜわれわれはグローバル・エシックを必要とするのか」およびパートB「宗教的平和なくして世界平和なし——真理への狂信と真理の忘却との間にあるエキュメニカルな道」[10]を見よう。

パートAでは、現代の状況にかんする認識が示され、その状況における倫理の必要性が説かれる。現代の状況は、伝統の喪失や人生の意味の喪失、無条件の倫理的判断基準や目標の欠如、それに伴う心理的なダメージといった特徴をもつ。現代の社会は、政治、経済、エコロジー、倫理・道徳などにかかわる多種多様な問題（南北格差、社会的配分、環境破壊、ヒト胚の利用や遺伝子操作など）に直面しながら、道徳的判断基準をもっていない。啓蒙主義は理性の自己批判に至ったが、その理性が再び疑問に付され正当化を求められているのである。このような現代の状況をキュングは「ポストモダニティー（postmodernity）」という概念で捉えようとする。現代は、近代のパラダイムが変動しつつある画期的な時代である。地政学的なポスト・ヨーロッパ中心主義的な状況、ポスト植民地主義的・ポスト帝国主義的な世界、ポスト資本主義・ポスト社会主義的な経済などの状況を前に、脱中心主義的・多元主義的な社会のありかたが求められている。

このような状況認識を踏まえて、キュングは次のように結論する。普遍的な拘束力をもつ倫理的規範がなければ、国家は経済的、社会的、政治的に破滅する恐れがある。異なる世界観をもつ人びとが共存するためには、最小限の基本的な合意が必要である。「一定の価値、規範、態度についての最小限の基本的な合意なくしては、生きていく価値のある人間社会というものは、その大小にかかわらず不可能である。現代の民主主義ですら、絶えず対話を通じて再発見されなければならない合意なくしては機能しえない。[11]」そして、その基本的な方向づけは「人間性を〔たんなる手段としてではなく（引用者）〕目的として扱う[12]」ことを基礎とする「地球的な責任（planetary responsibility）」にほかならない。

さらに、キュングは倫理を基礎づけるものが宗教であることを強調する。宗教には権威主義的、専制的、反動的な負の面がつきまとうが、人の成熟・アイデンティティ・自己認識に役立ち、社会変革を誘発し・動機づけるという正の面ももち合わせている。カントのいう定言命法は、なにか無条件的なもの、絶対的なものによってはじめて根拠づけられるのであって、非宗教的な人は、倫理的義務の絶対性や普遍性に理由を与えることができない、と言うのである。

パートBでは、諸宗教の相互理解を可能にする対話の道が説かれる。キュングは宗教の中心問題である真理にたいしてどのような態度をとるかが諸宗教の対話の鍵だと見、真理にたいする次の三つの態度をいずれも斥ける。(a)みずからの信じる宗教だけが真理を有する、(b)どの宗教もそれなりの真理を有する、(c)どの宗教も一つの真なる宗教の真理を部分的に有している。これらに代わってキュングが提案するのはエキュメニカルな方策である。この方策をとるための前提は自己批判であり、各宗教がみずからの失敗と罪の歴史を批判的に振り返ることから始めなければならない。真理と誤謬の問いを免れている宗教はないという自覚が重要であり、その自覚を促す方法は、みずからの外部からの批判を聴くことおよびみずからの内部の聖典と聖者とを参照することである。しかし、エキュメニカルな立場は、皮相的な無差別化・相対化・融和化とは異なる。諸宗教間の真の対話は「しっかりしていることsteadfastness」を、すなわち外部の誘惑や圧力に曝されながらみずからの立場を守り抜くという勇気をも必要とするのである。

興味深いことに、このような方法を通じてキュングが最終的に提案する倫理の普遍的な基準は「真に人間的であること」である。「人間性」が最終的な基準となるのである。キュングによれば、この方向性は諸宗教に見られるものであり、「人権の保護」、「女性の解放」、「社会正義の実現」、「戦争の非道徳性」といった人間的価値にまとめることができる。

「世界人権宣言」とグローバル・エシック

世界宗教会議の「グローバル・エシック宣言」を受け、グローバル・エシックと「世界人権宣言」とのかかわりをテーマとする国際学会が一九九三年にコロンビア大学で開催された。「国連と世界の諸宗教——グローバル・エシックの可能性」である。一九九五年に同じタイトルで出版された報告書は第一部「世界人権宣言」、第二部「グローバル・エシックと共通価値への視角」、第三部「世界の諸宗教——人権を支えるグローバル・エシックの可能性」の三部からなるが、ここでは、第一部の報告者ルイス・ヘンキンとリチャード・フォークの論考と第二部の報告者の一人シセラ・ボクの論考とを参照することにしよう。[13]

国際法学者のヘンキンは、「世界人権宣言」が「真の（authentic）グローバル・エシックの基礎」であるという認識を示す。[14]しかし、「世界人権宣言」は「完結した（complete）グローバル・エシック」ではないし、またそれを意図してもおらず、必要ではあっても十分ではない最小限の「グローバル・エシックのエッセンス」である。[15]さらに、ヘンキンは、宗教をグローバル・エシックの基礎とすることには、他の宗教を尊重することやジェンダーの問題などの実践的困難がつきまとうことを指摘している。

政治・法学者のフォークは、人権宣言が非宗教的なヒューマニズムの所産であることを強調し、それが人類の生み出した偉大な成果であることを評価しながら、その限界をも指摘している。[16]ヘンキンが指摘する完結しておらず最小限であるというまさにその性格からくる限界である。（一）グローバル・エシックに必要ないくつかの争点に目をつぶっている。たとえば先住民の権利や集団の権利（クルド人・チベット人）などである。（二）ジェンダー、性的アイデンティティ、リプロダクティヴ・ライツなどを扱っていない。(三) 宗教のもつ抑圧的な面に触れていない。(四) 人目をひくアイデンティティの傷つきやすさを考慮していない。

さらに、フォークは、普遍的に実行可能なグローバル・エシックになるためには、経済的権利と社会的権利とに注目しなければならない、と主張する。そうでなければ、人権は豊かな人びとのぜいたく品にすぎなくなってしまう。また、グローバル・エシック促進のための不可欠の器 (vessel 手段) は市民社会である。グローバル・エシックが現実的になるためには草の根レベルでの権限の強化 (empowerment) が必要であり、それを可能にするのは市民社会をおいてほかにはないのである。そして最後に、宗教の前向きな役割を低く評価してはならないが、後ろ向きの面にも敏感でなければならない、とフォークは言い添えている。

第二部の報告者の一人ボクの論考は『共通価値』[17]という著作としてさらに展開されることになる。「グローバル・エシックス」という語句こそ用いていないが、グローバルな倫理を正面から論じる示唆的な著作であると思われるので、全五章のうち第一章から第三章に即してボクの主張を概観しておきたい。

ボクの考察の出発点にあるのは、次のような認識である。(一)「これまでどの社会においても、集団が生き残るために必要な、一定の基本的諸価値が定式化されてきた。それらのうち最小限のいくつかの価値は、社会的境界などを越えて認められうる。[18]」(二)「それらの基本的諸価値は、人間が共存するために必要であるが (中略) 十分だとは言いがたい。[19]」(三)「共通価値と多様性の尊重は同時に肯定されうる。また、そうすることによって、一般的な価値や民族的、宗教的、政治的、その他の多様性の名目のもとに蔓延しているさまざまな人権侵害を基本的価値を用いて批判できる。[20]」(四)「諸社会は、軍事危機、環境危機をはじめ、いかなる境界をも越えて広がる危機に対処するために、文化の境界を越えた対話と討議の共通の基盤をもたねばならない。この前提を認めるなら、どのような基本的諸価値がそうした境界を越えて共有されるのかを探求することは、緊急の課題である。[21]」

（一）に見られる普遍的・基本的価値は、具体的には、(A)相互扶助にかんする積極的義務、(B)暴力・虚偽・裏切りの禁止にかんする消極的義務、(C)諸価値が衝突したさいに履行されるべき公平さと正義の決定基準、である。ボクはこれらの価値をミニマリスト的（最小限主義的）価値と呼ぶ。ミニマリスト的価値は共通価値と同義ではない。なぜなら、その対象範囲が自集団に限定されるのがふつうだからである。そこで、このミニマリスト的価値の対象範囲を世界規模に拡大するという方法をボクは提唱する。しかし、（二）に示されているように、あらゆる社会はミニマリスト的価値以上の価値、すなわちマキシマリスト的（最大限主義的）価値を必要とする。マキシマリスト的価値は、ミニマリスト的価値とは対照的に、数・内容とも豊富であり、愛、真理、忠誠、高潔、平等、正義などの抽象的・複合的価値にかかわり、伝統、歴史、宗教、政治・経済、法律などさまざまな次元の価値の複合によって生じるものである。

このようにミニマリスト的価値とマキシマリスト的価値とを区別したうえで、ミニマリスト的価値を共通基盤とすることによって、包括的なマキシマリスト的価値の実現に向けた批判的探求と対話が社会的境界を越えて可能になり、それを通じて共通価値の実現へと向かうことが可能になる、とボクは主張するのである。

グローバル・エシックスと環境問題

一九九三年に相次いで開かれたグローバル・エシックをめぐるこれら二つの国際会議以降、グローバル・エシックスを標榜する著作が見られるようになる。その一つ『グローバル・エシックスと環境』[22]は、一九九七年にメルボルン大学で開催された地球環境問題にかんする学会「環境正義――二十一世紀のグローバル・エシックス」にもとづくものである。この学会の趣旨を編者のニコラス・ロウは「序論　グローバル・エシックスのために」において次のように説明している。

「グローバル・エコロジー」と「グローバル・エコノミー」は世界で起こりつつあることを記述するための枠組みである。しかし、「グローバル・エシックス」がなければ、われわれには公共的な行動のための指針が欠けていることになる。われわれが共同体あるいは社会としてともに行動するとき、アリストテレスが説明したように、われわれは政治倫理を必要とする。一九七〇年代以来、経済危機の意識が高まるとともに、われわれはエコロジーとエコノミーの交錯するところでローカルであると同時にグローバルな行動をする必要に迫られてきた。この種の行動は公共圏の倫理を要求する――それは個人的であると同時に政治的なものである。(23)

ロウによれば、二十世紀後半に生まれた「エコロジカルに持続可能な社会」という概念は多くの利害・要求の対立（人間どうしのみならず人間と自然との対立）を生じ、「環境正義（environmental justice）」という概念が必要になった。一九九二年にリオデジャネイロで開催された国連環境開発会議（「地球サミット」）で設定された政治的原則と「アジェンダ二十一」で確認された方策を実効的なものにするためには、個人的な働きかけや個人的な道徳だけに頼るわけにはいかない。不均衡な消費パターンがあるかぎり、持続可能な成長は国際的な配分の問題、社会的・生態学的資源の使用と配置を変える可能性を考えなければならない。それは正義の問題である。また、そこでは西洋流の「近代化」に対する批判も考慮されなければならない。家族関係、科学の客観性、民主主義の解放力、進歩という観念、倫理の普遍性など、西洋の近代が自明としてきた諸観念もまた、批判的な検討に曝されなければならないのである。

このロウの説明どおり、本書に集められた論考は、気候変動と市場、先住民とグローバル・ガヴァナンス、グローバル民主主義、資本主義のグローバル化など、狭義の倫理を超える論点、そして、種の境界を超える倫理、先住民のエコロジーなど、西洋の近代が自明としてきた観念を批判的に問う論点が含まれている。

シンガーのグローバリゼーションの倫理学

『グローバル・エシックスと環境』にも寄稿しているピーター・シンガーは、二〇〇二年に『一つの世界――グローバリゼーションの倫理学』[24]を出版した。その第四章「一つの法」で、シンガーは人道的介入や国際刑事裁判所の問題を考察しつつ国連の権威を論じ、その最終節「国家主権とグローバル・エシック」でグローバル・エシックに言及している。

> グローバル・エシックは、国境で立ち止まったり、国境に多大な重要性を与えたりするべきではない。国家主権は、それ自体としては内在的な道徳的重みをもたない。国家主権がもつ重みは、国家主権の尊重を要求する国際原則が、通常の状況においては、国家間の平和的関係を促進する役割を果たすことから生じる。国家主権の尊重は二次的原則であり、多くの世代を重ねてようやく獲得された経験をまとめた、戦争回避のための経験則である。[25]

「グローバル・エシック」という語が表題となっているのはこの節だけであるが、本書はグローバル・エシックスの書と言ってよいと思われる。第一章と第六章の叙述に即して、シンガーのグローバル・エシックスの要諦を見よう。

第一章「一つの世界」において、シンガーは、マルクスを引き合いに出しつつグローバリゼーションについて次のように述べる。長期的に見れば、物質的なニーズを満たすための手段の進歩をわれわれは拒絶することはなく、また、ある社会の倫理とは、そのテクノロジーを基盤とした経済構造の反映にほかならないが、「われわれの現在の相互依存的なグローバル社会は、地球上の人びとをつなぐ注目すべきさまざまな可能性とともに、新しい倫理のための物質的な基盤をわれわれに与える」[26]。そして、「われわれがいかにうまくグローバリゼーションの時代を切り抜けるか……は、われわれが一つの世界に住んでいるという考えにたいしていかに倫理的に応答するかにかかっている、というのがこの本のテーゼなのである」[27]。

さて、第六章（最終章）「よりよい世界？」で、シンガーは世界市民主義（コスモポリタニズム）について語る。世界市民主義は、かつては理想主義者が夢見るにすぎないものとされていたが、いまやわれわれはグローバルな共同体に生き始めている。来るべき一つの世界共同体の倫理的基礎を築いていかなければならない。そのためには、「グローバルな意思決定のための諸機関を強化し、それらの機関が影響を与える人びとにたいしていっそう責任を果たすものになるようにする必要がある」が、「このような考え方の先には、直接選挙で選ばれた議会をもつ世界共同体がある」[28]。そのような世界共同体が危険な独裁制になったり、自己の権力を拡大する官僚制に陥ったりする危険はもちろんあるから、そうならない組織を考えなければならない。「世界連邦を性急に求めるのは危険すぎるが、われわれは国境の重要性が縮小することを受け入れ、より大きなグローバル・ガヴァナンスへと現実的なしかたで一歩一歩近づいていくことができるだろう」[29]とシンガーは結んでいる。

グローバル・エシックスと市民社会

二〇〇五年に出版された論文集『グローバル・エシックスと市民社会』[30]は、グローバル・エシックスの必要性を認め、その可能性をグローバルな市民社会に求める。本書は、先に見たフォークを「下からの」グローバリゼーションの代表的理論家と見なし、その業績をカントの永遠平和論にルーツをもつ世界市民主義の伝統に連なるものと位置づけ、そのような世界市民主義の伝統に共感しつつも、それを「内側から」批判的に検討することを試みる。編者のダレン・J・オバイルンによれば、従来の世界市民主義は次のような弱みをもつ。(一) 過度に単純な、二分法的な世界観――たとえば「世界市民主義対国民国家」、「グローバル市民社会対グローバル資本主義」など――に頼りがちである。(二) 新しい社会運動――最近の例ではグローバルな反資本主義運動――が市民社会を築く主体だと無批判に見なしがちである。(三) 資本主義などの概念を物象化し、それらの概念の構造や力学を分析することができず、制度と論理の区別を無視しがちである。

このような批判的見地に立って、オバイルンは、グローバル化のプロセスを明確に理解するのに役立つ理論的道具を導入し、世界市民主義のパースペクティヴを拡張することを提唱する。そこで問われるべき問いは次のものである。(一) グローバル市民社会はどのように構成されているか?――グローバル市民社会という観念は、明らかにカント的な世界市民主義から生じたものであるが、倫理的観点から見るかぎり、たんに「世界国家」によって運営されるグローバルな政治共同体(「世界政府」であれ強化された国連であれ)のみを指すものではない。倫理的次元と政治的次元とを区別することが肝要であり、そのためには出現しつつあるグローバル市民社会を理解する理論的枠組みが必要である。(二) グローバル市民社会の力学はどのようなものか、行為主体は誰であり、その行為主体はどのような形をとるのか?――グローバル市民社会は、グローバルなシティズンシップ(市民権・市民性)より広い概念であり、個人としての市民のみならず、企業、社会ネットワーク、社会運動も含むものである。

オバイルンは、市民社会を経済や国家の外にある領域とするジェフリー・アレキサンダーの市民社会理解と、その市民社会は経済や国家による「植民地化」を免れた「生活世界」であるというユルゲン・ハーバーマスの市民社会理解に依拠しつつ、市民社会が「本来的に倫理的な空間」(31) であることを強調する。そのような市民社会がグローバリゼーションを前にして必要とするグローバル・エシックスは、寄稿者の一人ビク・パレクが主張するように、社会内部のそして社会どうしの対話によってのみ到達されうるものであると同時に、もう一人の寄稿者へザー・ウィドウズが主張するように、そのような対話すなわち公共圏における道徳的対話の手段を用意するものでなければならないのである。

二　グローバル・エシックスとは何でありうるか、また何であるべきか

グローバル・エシックスの形式的定義

われわれのいうグローバル・エシックスとは、すでに述べたように、「九・一一」とその後の状況に応答しつつ対話を積み重ねることを通じて形成・構築されるべきものであり、「グローバル・エシックスとは何か」という問いに対する答えもまたそれを通じて与えられるべきものである。しかし、その問いに答えるにあたって最低限踏まえておかなければならないと思われることを整理し、グローバル・エシックスとは何でありえ、また何であるべきかについて、一つの暫定的な定式を与えてみよう。そのうえで、先に概観したグローバル・エシックスの系譜を踏まえて、グローバル・エシックスの構想の進むべき方向をさらに明確にしたい。

まず、グローバル・エシックスとグローバリゼーションとの関係である。グローバル・エシックスはグローバリゼーションの時代の倫理学とかならずしも同義ではないが、「九・一一」とその後の状況に応答する試みであるかぎり、グローバリゼーションと呼ばれる状況を探求の視野に入れないわけにはいかない。グローバリゼーションという語が二十世紀後半になって広く使われるようになった背景には、通信・交通の爆発的な発達と冷戦後の自由貿易圏の拡大

とによって、文化と経済の流れが国民国家の枠組みにとらわれず地球規模で飛躍的に活性化したことがある。この意味でのグローバリゼーションは多様な側面をもっている。経済や文化が地球規模化したのみならず、世界貿易機関（WTO）などの国際機関と非政府組織（NGO）の役割が増大し、政治アクターが国民国家に限られなくなることによって政治も地球規模化し、また、地球環境問題や伝染病など一国では解決不可能な問題が深刻化して、地球規模での解決が求められている。

また、グローバリゼーションは、たんに社会的相互作用が地球規模で活性化するという事態であるのみならず、ある特定の制度、文化、価値観などが地球規模で広がり支配力をもつという側面をもっている。たとえば、グローバリゼーションの内実は文化の相互作用などではなく、アメリカ合州国文化の浸透であり、アメリカニゼーションであって、地域固有の文化を衰退させる、と批判されることがある。また、いわゆる市場原理主義にもとづいて推進される新自由主義的な経済の地球規模化は、地域に根づいた経済を衰退させ、格差を拡大する、と批判されることがある。このようなグローバリゼーションの側面を、さしあたり便宜的に「グローバリズム」と呼ぶことにしよう。いわゆる反グローバリゼーションの運動はグローバリゼーションが色濃くもってきたグローバリズムの側面、あるいはそれを是認するイデオロギーに対する抵抗運動である。そして、この抵抗の声に真剣に耳を傾ければ、二十世紀後半以降のグローバリゼーションのみならず、すでに十五〜十七世紀の大航海時代に始まり、十八〜十九世紀のヨーロッパ列強の帝国主義的進出によって形成された「一つの世界」の秩序にまで遡って考えないわけにはいかない。このようなグローバリゼーションの多義性、多面性に、グローバル・エシックスの探求は敏感であるべきだろう。

つぎに、グローバル・エシックスとインターナショナル・エシックスとの関係である。これら二つは混同されやすいが同義ではない。インターナショナル・エシックスは国家間（inter-nation）の倫理を考察の対象とし、あくまで既存の国民国家の枠組みを前提とする。グローバリゼーションの時代とはいえ、政治の基本単位として国民国家が機能している以上、インターナショナルなレベルでの倫理を考えることももちろん必要であり、グローバル・エシックスもインターナショナル・エシックスと無関係ではありえない。しかし、国民国家の役割が相対的に小さくなり、国民国家がさまざまなグローバルな問題に対処するには小さすぎ、集団のアイデンティティの単位としては大きすぎることが自覚されるようになっている現在、インターナショナル・エシックスにとどまらず、国家の道徳的意義をも批判的に問い直すような、新たな公共圏の倫理としてのグローバル・エシックスが構想されねばならないのである。

最後に、「エシックス」という語の多義性である。エシックスとは、われわれがなすべきこと（なすべきではないこと）を示す倫理的規範（道徳的規範）を指すと同時に、倫理的規範をめぐる哲学的探求（倫理学・道徳哲学）をも指す。すでに明らかであるように、われわれが目指すグローバル・エシックスは両者の意味でエシックスである。

以上の整理を踏まえてグローバル・エシックスを暫定的に定式化してみよう。「グローバル・エシックスとは、さまざまな社会的相互作用が国民国家の枠を超えて地球規模で活性化した時代において、正義にかなった世界のあり方を規定すべき規範、およびその規範を明らかにしその根拠を批判的に問う哲学的探求である。」

この定式は形式的すぎてほとんど空虚とすら思えるが、その内容は、すでに繰り返し述べたように、個別的・具体的な問題に応答しつつ対話を積み重ねることを通じて与えられるべきものである。そして、個別的な倫理的問題に応答しつつ積み重ねられる対話と、それを通じて続行される哲学的探求とは、本書の執筆者に限られるものでもなければ、哲学・倫理学の専門家に限られるものでもなく、当の問題にかかわるあらゆる人びとにたいして開かれるべきものである。このことを考え合わせるならば、上記の定式がもつ形式性はたんに空虚で消極的なものではなく、積極的な意味をもつことがわかるだろう、と言えば言いすぎだろうか。しかし、そうでもないことが以下の考察を通じて明らかになるだろう。

キュングのグローバル・エシックの難点

さきに概観したグローバル・エシックスの系譜をも踏まえて、グローバル・エシックスは何でありえ、また何であるべきかをさらに考えよう。

まず、キュングの提唱するような、諸宗教の教えから共通の価値を析出し、それにもとづいてグローバル・エシックスを構想する、という方法はとることができないように思われる。それは、ヘンキンが指摘するように、他の宗教の尊重やジェンダーの問題をはじめとする実践的困難がつきまとうこともちろんあるが、それ以上に、次のような原理的および実践的な疑念を免れないように思われることがある。

まず、宗教を前提しなければ論じられない倫理は、結局すでに特定の宗教にコミットしている人びとしか受け入れられないものであり、グローバル・エシックスの可能性を狭めこそすれ、拡げることはないであろう。キュングは、諸宗教に共通の価値は特定の宗教にコミットしない人びとも承認しうる、と述べているし、実際、キュングが提示する倫理の内容そのものは、非宗教的な倫理規範とほとんど異なるところはない。だが、それならばなぜあらためてグローバル・エシックスを宗教に求める必要があるのだろうか。それは、宗教だけが倫理の究極的基礎と動機とを与えうる、とキュングが考えているからにほかならない。しかし、この見解もまたすでに宗教にコミットしている人でなければ受け入れがたいだろう。もちろん、こう言ったからといって、グローバリゼーションの時代における宗教の役割や諸宗教間の対話の意義を軽んじるつもりはない。それもまた、グローバル・エシックスが真剣に取りあげるべき事柄の一つであることは確かだと思われる。しかし、それがグローバル・エシックスのすべてではないし、またグローバル・エシックスを判定する基準でもない[32]。

つぎに、既存の諸価値の共通点を析出して、それにもとづいてグローバル・エシックスを構想するという方法にたいする懐疑である。まず、キュングは、共通点を析出すると称して、じつはたんに現代の状況に適合する倫理規範を選び出しているだけではないか、という疑いを感じずにはいられない。たとえば、「世界宗教会議」の宣言は「寛容の文化」、「平等な権利」、「男女間のパートナーシップ」などを「変更できない戒律」に数え、ヘンキンの指摘するような困難を軽々と乗り越えていくが、それらはほんとうに手放しで諸宗教に共通する価値だと言えるのだろうか。しかし、それ以上に疑問を残すのは、一方では諸宗教間の対話の意義を強調しながら、結局は既存の価値のなかから共通点を析出するという方法に終わっていること、そのことである。対話というものは、みずからの意見や立場が変わっていくことをも含むコミュニケーションのプロセスであり、新しい規範を創造的に探求するという次元を含むはずである。もちろん、さまざまに異なる宗教、文化、伝統に共通の要素があるという事実、そしてじつは相違点よりは共通点の方がはるかに多いという事実を認識することの意義は、強調してもしすぎることはないし、それが対話を通じて得られる貴重な成果の一つであることも否定できない。しかし、そこで終ってしまっては対話の核心的な意義が失われてしまう。

ボクの共通価値の構想は、非宗教的である点ではキュングと異なるが、共通の価値を析出するという方法を共有しており、同じ難点をもっていると言える。ただし、ボクの方法はそこで終わらず、そうして見出された「ミニマリスト的価値」にもとづいて「マキシマリスト的価値」をめぐる対話が可能になるという論点を含んでおり、規範を創造的に探求し構想するという側面が組み入れられていることを、見落とすべきではないだろう。

グローバル市民社会の倫理としてのグローバル・エシックス

むしろ、われわれは、ロウらの『環境とグローバル・エシックス』以降の議論に示され、とくにオバイルンらの『グローバル・エシックスと市民社会』に見られる、グローバルな市民社会の倫理としてグローバル・エシックスを構想する道をとるべきではないだろうか。オバイルンも指摘するように、グローバル市民社会の実態にかんしてはさまざまな見解があり、そのいずれかを無批判に前提とすることはできない。しかし、一九九〇年代以降、国際的な非政府組織（ＮＧＯ）の活躍が顕著になり、グローバル市民社会とでも名づけるべきものが出現したこと、そしてその重要性が広く認識されるようになったことは事実である。ＮＧＯは、それまでも国連や各種国際機関にオブザーバーとして参加し、文書や口頭で意見を表明することを認められてきたが、一九九二年の国連環境開発会議（「地球サミット」）以来、国連主催の世界会議において、たんなる「オブザーバー」ではなく「パートナー」として位置づけられるようになった。それは、冷戦終結後「国家の枠組みだけでは解決困難な地球規模問題に焦点が当てられる」ようになったからである[33]。

このようなグローバル市民社会の展開のなかで、市民社会がさまざまな個別的・具体的問題に取り組み、公共的な対話と思考とを重ねることを通じて規範が形成・創造されていく。その公共的な対話と思考とのプロセスに参加し、それを促進し、そこで必然的に生じる倫理的・哲学的問いに答えるための助力となることによって、規範の形成・創造を促すのもまたグローバル・エシックスだ、と考えられないだろうか。そのようなダイナミックな哲学的探求の営みとしてグローバル・エシックスを構想することを提案したい。そのような探求の営みのなかで、哲学・倫理学の専門家がなしうること・なすべきことは、思想的資源の提供にとどまらず、問題の提起と分析、議論の整理と定式化、そして公共的対話・思考のありかたそのものにかんする反省と提案など、少なからずある。

さて、グローバル・エシックスの系譜からは、グローバル市民社会の倫理としてグローバル・エシックスを考えるさいに有益なヒントが他にも得られると思われる。それを二つだけ書き留めて稿を閉じることにしたい。

一つは、まず正義の問題に着目すること、そして、正義の問題に向かうにあたっては、正義をめぐる共通理解を目指すよりも、不正義の経験を共有しそれに共通する理由を見出すほうが容易であること、である。グローバル・エシックスは、まず不正義の状況に応答することから対話と思考とを始めるべきであろう。それは『グローバル・エシックスと環境』に通底する「環境正義」という考え方の基本的な主張であるが、『グローバル・エシックスと市民社会』にも通じる視点である。

もう一つは、グローバル市民社会をめぐる議論の一つの軸を成すのは、世界市民主義の伝統だということである。このことは『グローバル・エシックスと市民社会』にもっとも顕著に見られるが、『グローバル・エシックスと環境』にもシンガーのグローバリゼーションの倫理学にも見られるものである。そして、その世界市民主義の淵源の一つがカントの哲学であることは繰り返すまでもない。この世界市民主義を批判的に検討し、その可能性を吟味することを、グローバル・エシックスの探求の一つの軸とすることができるように思われる。言うまでもなく世界市民主義はヨーロッパの伝統に属するものであり、それを無批判にグローバル・エシックスと見なすとすれば、それこそ一つのグローバリズムであろう。『グローバル・エシックスと市民社会』や『グローバル・エシックスと環境』が促していたように、内在的批判が不可欠であることはいうまでもない。とはいえ、カントの世界市民主義の哲学とそこからインスピレーションを受けて近年展開されてきたグローバル市民社会をめぐる議論[34]とから、哲学的探求の営みとしてのグローバル・エシックスが学ぶべきことは少なくないように思われる。

註

（1）プラトン『ゴルギアス』四八三d、田中美知太郎編『世界の名著』第六巻、中央公論社、三〇八頁。

（2）二〇〇一年十二月三日の「〈九・一一〉家族会合同声明」に見られる文言。デイビッド・ポトーティとピースフル・トゥモロウズ（梶原寿訳）『われらの悲しみを平和への一歩に──九・一一犠牲者家族の記録』岩波書店、二〇〇五年、四七頁。

（3）同書、一五頁。

（4）同書、一七頁。

（5）科学研究費補助金研究（基盤研究(B)）「現代におけるグローバル・エシックス形成のための理論的研究」の中間報告書『「〈九・一一〉を多角的に考える哲学フォーラム」の歩み』（二〇〇五年）および研究成果報告書『現代におけるグローバル・エシックス形成のための理論的研究』（二〇〇七年）参照。

（6）“Towards a Global Ethic”, Council for a Parliament of the World's Religions, 1993.

（7）“ethics”と“ethic”とでは意味の差が出る場合もあるが、ここでは特にこだわらず、原著者の用語法をそのまま音写することにする。

（8）「エキュメニズム（カトリックとプロテスタントの再統一を目指す思想・運動）」の形容詞形。

（9）Hans Küng. *Global Responsibility: In Search of a New World Ethic*, Continuum, 1993. なお、上記註（5）科学研究費研究中間報告書所収（pp. 173-179）の同書のレヴュー（瀧将之）をも参照のこと。

（10）註（8）にあるように、エキュメニズムとは伝統的にカトリックとプロテスタントの再統一を目指す思想・運動であるが、ここでは諸宗教の統一という一般的な意味で用いられている。

（11）Küng, *op. cit*, p. 28.

（12）*Ibid*., pp. 30-31.

（13）*The UN and the World's Religions: Prospects for a Global Ethic*, Boston Research Center for the 21st Century, 1995.

（14）*Ibid*., p. 14.

（15）*Ibid*., p. 15.

（16）*Ibid*., pp. 17-20.

（17） Sissela Bok, *Common Values*, University of Missouri Press, 1995.（小野原雅夫監訳、宮川弘美訳『共通価値』、法政大学出版局、二〇〇八年）なお、上記科学研究費研究中間報告書所収（pp. 165-172）の同書のレヴュー（宮川弘美）をも参照のこと。

（18） *Ibid.*, p. 13.

（19） *Ibid.*, p. 19.

（20） *Ibid.*, p. 23.

（21） *Ibid.*, p. 25.

（22） Nicholas Low (ed.), *Global Ethics and Environment*, Routledge, 2000.

（23） *Ibid.*, p. 1.

（24） Peter Singer, *One World: The Ethics of Globalization*, Yale University Press, 2002.（山内友三郎、樫則章監訳『グローバリゼーションの倫理学』昭和堂、二〇〇五年）訳文は引用者による。なお、上記科学研究費研究中間報告書所収（pp. 154-160）の同書のレヴュー（瀧将之）をも参照のこと。

（25） *Ibid.*, p. 13.

（26） *Ibid.*, p. 12.

（27） *Ibid.*, p. 13.

（28） *Ibid.*, p. 199.

（29） *Ibid.*, p. 200.

（30） J. Eade & D. O'Byrne (ed.), *Global Ethics and Civil Society*, Ashgate Publishing, 2005.

（31） *Ibid.*, p. 4.

（32） だからといって、グローバル・エシックのプロジェクトを最初に打ち出したキュングの功績が無になるわけではない。

（33） 目加田説子『地球市民社会の最前線』岩波書店、二〇〇四年、四五頁。

（34） その事例として二つだけ文献を挙げておく。James Bohman & Matthias Lutz-Bachmann (ed.), *Perpetual Peace : Essays on Kant's Cosmopolitan Ideal*, MIT Press, 1997.（紺野茂樹、田辺俊明、舟場保之訳『カントと永遠平和――世界市民とい

う理念について』未來社、二〇〇六年）David Held, *Global Covenant*, Polity Press, 2004.（中谷義和、柳原克行訳『グローバル社会民主制の展望』日本経済評論社、二〇〇五年）

第二章　「グローバル・エシックスとは何か」をどのように問うのか

舟場保之

はじめに

論者の参加するグローバル・エシックス研究会においては、ここ数年にわたって、「グローバル・エシックスとは何か」という問いに対する一定の回答を与えるために、「グローバル・エシックスと〇〇」といったテーマが設定され、それらをめぐって発表および討論が行われてきた。たとえば、「グローバル・エシックスと経済」、「グローバル・エシックスと国家」、「グローバル・エシックスとジェンダー」、「グローバル・エシックスと環境」などである。(1)こうした形でテーマ設定が行われたのは、冒頭の課題と取り組むうえで見落とすことのできない視点をはっきりさせておかなければならないということがあったからであり、それぞれの視点から、グローバル・エシックスとはどのようなものであるのかが——少なくともその輪郭に関して——示唆されてきた。これらは、「グローバル・エシックスとは何か」に対して、それぞれの視点に基づいて明確に答えを与えようとする営為であるが、それが非常に困難な思考の道のりを必要とするものであることは言うまでもなく、こうした営みが論者の能力をはるかに超えたものであることを告白しないわけにはいかない。ここにおいて試みることができるのは、せいぜいのところ、この問いはどのように問われるべきか、ということについての検討にすぎず、「グローバル・エシックスとは何か」に対する回答を与えることは、残念ながらできない。

この問いに対して一定の回答を与えることが難しい作業とならざるをえないのはなぜか。それは、与えられた回答のもつ妥当性が説得力のある論拠によって認証されなければならないからである。ここではもちろん、ハーバーマスによって描かれたコミュニケーション状況のように、「グローバル・エシックスとは何か」に対する回答は、その妥当性に関して説得力のある論拠に基づいて了解されなければならない、ということが想定されている。しかしこうしたことが想定される以上、与えられるべき回答は一定の制約を満たしたものでなければならないことになる。それは、グローバル・エシックスが少なくとも普遍妥当性をもつような規範でなければならない、という制約である。[2] 回答として提案されるグローバル・エシックスの妥当性が普遍性をもたない場合、どのような事態が生じているのか。それは、提案された側が提案者とは見解を異にして、提案された規範の妥当性を了解しないような事態である。あるいは——より厳密に言えば——提案者とは見解を異にして、提案された規範の妥当性を了解しない者が皆無ではないような事態である。妥当性を了解しない者がいるかぎり、当の規範は普遍性をもちえない。したがって、提案されるグローバル・エシックスの妥当性が了解されなければならないものであるとき、それは普遍妥当性をもつ規範でなければならないということになるだろう。

しかし、〈グローバル・エシックスは普遍妥当性をもつ規範でなければならない〉とは、なんとも陳腐な結論ではないだろうか。[3] グローバル・エシックスの妥当性が普遍性を標榜するものでないとすれば、〈グローバル・エシックス〉という言い方は端的に形容矛盾であり、ヴィトゲンシュタインなら「〈グローバル・エシックス〉という語の文法に反している」と言うところだろう。したがってむしろ問題とすべきなのは、どのような場合にこの規範は普遍妥当性をもちうるのかということであり、どのような場合にこの規範の妥当性が説得力のある論拠に基づいて了解されうるのかということである。問題は、「グローバル・エシックスとは何か」をどのように問うのか、ということにある。以下においては、アーレントのアイデンティティ・ポリティクスに関する議論とハーバーマスのコミュニケーション論を手がかりとして、説得力のある論拠に基づいた了解が原理的に達成されえないのはどのような場合であり、それはなぜなのかということを明らかにすることによって、当初の問いの問い方に一定の方向性を与えたい。最後に、この問いが問われうる「集まり」について簡潔に論じたい。

一　アーレントがアイデンティティ・ポリティクスに反対するロジック[4]

一九九〇年代に、アーレントの読み直しを図るアメリカのフェミニストたちによって論文集が出されたが[5]、編者であるボニー・ホーニッグは、「アーレントがアイデンティティの政治やアイデンティティに基づく共同体に与することを拒み、警戒心を示したことに（中略）敬意を感じる[6]」と言う。ホーニッグは明確に、フェミニストにとってのアーレントの価値を、アーレントが「アイデンティティを基礎とした、そしてアイデンティティの表出としての政治を否定している[7]」点に見出している。アイデンティティ・ポリティクスに対するアーレントの異議申し立てが見出されるのは、アーレントとショーレムの往復書簡のなかにおいてである。アーレントは、ナチスの一員だったアイヒマンの裁判報告として『イェルサレムのアイヒマン』を公刊し、そのなかでユダヤ人の収容所への移送に協力した「ユダヤ協議会」に言及するなど、ユダヤ人に対する批判を行うが、それに対してショーレムがアーレント宛ての書簡において、「ほかでもないわたしたちの民族の娘」[8]が「悪意を帯びているように見える」書き方で、虐殺を許容した「ユダヤ人の態度の弱さだけ」[9]を論じ、「シオニズムへの嘲笑に等しい」[10]表現を用いていると書く。このようなショーレムの文言が前提しているのは、アーレントは紛れもなくユダヤ人であり、ユダヤ人であればユダヤ人であるというまさしくそのことを理由として、ある一定の言明を行うことだけが許され、同時にある一定の言明を行うことは許されないという考え方である。アーレントはまさにユダヤ人なのだから、ユダヤ人やシオニズムを批判的に論じてはならない、ということである。ここには、ユダヤ人のアイデンティティ・ポリティクスを見出すことができるが、ショーレムの批判に対するアーレントの返答は次のようなものである。

わたしは、いつもユダヤ人であることを自分の人生の議論の余地のない事実に関わる与件と見なしてきましたし、この種類の事実を変えたり拒否したりしようと思ったことは一度もないのです。あるがままのものすべてに対する、つまり、すでに与えられたものであって、作られたものでもなければ作りようもなかったもの、あるいはピュシスによってあるのであってノモスによってあるわけではないものに対して、基本的な感謝の気持ちのようなものがあります[11]。

アーレントは、自分がユダヤ人であることは「議論の余地のない事実」であり、この事実は変えることができないピュシス＝自然であると明言している。さらに、ユダヤ人であるという事実に基づくのであれば、ある種の事柄を行うことが不可能になること、具体的にはユダヤ人を批判することが不可能になることを理解しているともつけ加えている[12]。しかし実際には、ユダヤ人に対する批判が行われているわけであるから、アーレントは自分がまさにユダヤ人であるということを論拠として主張を行っているわけではないことになる。書簡のなかの言葉に従えば[13]、アーレントは「レッシングの独立的思考」にならって、いかなる組織の人間としてでもなく、「いつも自分自身で」語っているのである。したがってアーレントとショーレムは、アーレントがユダヤ人であるという事実に関しては意見が一致していることになるが、ユダヤ人はユダヤ人として、ユダヤ人であるという事実に基づいてある一定の言明を行うということに関しては、一致していないことになるだろう。ホーニッグはこの点に、アーレントのアイデンティティ・ポリティクスに対する異議申し立てを読み取る。[14] ホーニッグの解釈によれば、アーレントにとって自己がユダヤ人であることは「疑問に付したり転覆したり」はできない「反論の余地のない事実」[15] であるからこそ、むしろそこには何らの行為の可能性もなく、したがってこの事実を論拠にして何かを主張する可能性もないことになる。アーレントにとっては、確固たるアイデンティティの事実性を認めることと、確固たるアイデンティティの事実性に基づいてなされるアイデンティティ・ポリティクスに対して異議申し立てをすることとが両立することになる。しかし後年アーレントは、確固たるアイデンティティの事実性を論拠にして主張する可能性を認め、アイデンティティ・ポリティクスの主張を行う。ある種のアイデンティティはそもそも反論の余地のない事実であると考えられているのだから、この事実性を論拠に主張がなされうることになるとすると、その主張は反論されることが原理的に不可能な絶対的なものとなってしまうだろう。[16] アーレントのアイデンティティ・ポリティクスを批判するロジックは、アイデンティティ・ポリティクスの主張を反駁不可能なものとする危険性を含んでいる。

二　アーレントはアイデンティティ・ポリティクスの主張を行ってしまう

アイデンティティを主張の論拠に用いることに批判的であったアーレントは、レッシング賞受賞講演（一九五八年）において、「人は攻撃されているそのアイデンティティによってのみ、抵抗することができる」[17] という有名なテーゼを残している。第三帝国の状況のもとでのドイツ人とユダヤ人との間の友情に関して、「われわれはともに人間ではないか」と述べることは、友人に対して人間らしさを示すことにはならず、それはたんに現実を回避しようとするものではあってもあるがままの世界に抵抗しようとするものではなかったのであり、アーレントは、相互に「ドイツ人とユダヤ人、そして友人たち」と言わなければならなかったと言う。ユダヤ人がユダヤ人であるがゆえに迫害されている場合には、そのユダヤ人であるという「攻撃されている事柄そのこと」を引き受けないことには、ユダヤ人であるがゆえに迫害されるというあるがままの世界に対して抵抗できないというわけである。これは、「攻撃されている事柄そのこと」を自己のアイデンティティとして引き受けなければ、抵抗の言葉を発することはできない、という主張として理解することができるだろう。[18] 抵抗は、「私は攻撃されている者として異議申し立てを行う」という形をとることになる。もちろんこのテーゼは、第三帝国の状況においてのみならず、アーレントが講演を行っているまさしくその場においても当てはまるものとして考えられるだろう。リサ・J・ディッシュによれば、レッシング賞をアーレントに授与することは、ドイツ人がアーレントを「ドイツのヒューマニズムの知的伝統の継承者」[19]として承認することを意味している。しかしこうした承認は同時に、「アーレントがドイツ人としてでもヒューマニストとしてでもなく、ただユダヤ人としてのみ承認されていた」時代を隠蔽するとともに、「ナチスの犯罪以後」もこのようなヒューマニズムを語る「可能性があるのか、という問い」[20]を避けることをも意味している。このようなコンテキストにおいて、アーレントが「比較的若い年齢でドイツから追い出されたユダヤ人の集団に属すること」[21]を強調し、「ひとつの集団への帰属性が押しつけられ、そのなかで個人的アイデンティティの問いも規定されていた」[22]ことを率直に述べているのだとすれば、アーレントはまさにこの講演を通じて、攻撃されているそのアイデンティティによる抵抗を試みているという解釈もなりたちうる。あなた方ドイツ人が今ドイツのヒューマニストの継承者として認めようとしている者は、かつてあなた方ドイツ人によってドイツを追い出されたユダヤ人なのですよ、お忘れならユダヤ人の私が思い出させてあげますよ、しかしそもそも継承するようなヒューマニズムはまだ成立可能なのでしょうか、というわけである。しかしこのような仕方での異議申し立ては有効だろうか。あるアイデンティティを引き受けることによって異議申し立てを行うということは、〈私は××として異議申し立てを行う〉ということを意味するが、これは異議申し立ての論拠をそのアイデンティティに求めるということにほかならない。異議申し立ての妥当性を認証する論拠はアイデンティティにあるのだから、その異議申し立てに対して「なぜあなたは○○と言うのですか」と異議を申し立てる理由が問われれば、「私は××だから」と、アイデンティティを用いて答えられることになる。このような仕方で――妥当性を認証する論拠とされるのが、たとえ「攻撃されている者」というアイデンティティ(23)であるとしても――異議申し立てが異議申し立てとして聞き届けられ、それが普遍妥当性をもつような規範の提案につながると言えるだろうか。アイデンティティを論拠とする主張の問題をハーバーマスのコミュニケーション論を用いて明らかにしたい。

ハーバーマスによれば、コミュニケーション状況において話し手と聞き手の双方は、話し手の掲げる「主観的誠実性」「命題的真理性」「規範的正当性」という三つの妥当要求をめぐって言葉をやり取りし、了解し合うことを目指す(24)。たとえば話し手が「水を一杯もってきてください」と言うとき、この発言は誠実になされたものであること(誠実性)、水をもってくるために必要な条件である水道が近くにあるということ(真理性)、話し手には水を一杯もってきてもらう程度の権利はあること(正当性)が、それぞれ聞き手に認めてもらえるように要求している。話し手の妥当要求に納得がいかないとき、聞き手は、「あなたは水なんか欲しくなくて、ただ人前で私のことをバカにしたいだけではないのですか」とか「あそこの水道はこの前こわれました」とか「あなたには私を使い走りのように使う権利はありません」といった具合に、妥当要求を認めるわけにはいかない理由を挙げる。それに対して話し手は聞き手を納得させるに足る理由（「もう2時間、水分を摂っていないのだよ」「今朝、新しい水道がつけられたばかりだ」「水を一杯もってくることと使い走りとは無関係だ」）を挙げ、妥当要求を認証する。こうしたやり取りのなかで、説得力のある論拠が提出されることによってようやく、話し手聞き手の間で妥当要求に関する了解が成立することになる。では、アイデンティティを妥当性の論拠として異議申し立てが行われるとき、こうしたハーバーマスの論じるような了解は原理的に達成されうるだろうか。

妥当要求を認証する論拠がアイデンティティに求められるとどういうことになるのか。たとえば、ある妥当要求(G)を認証する理由があるアイデンティティ(I)に求められるとき、その理由が説得力をもつのは主張者と同一のアイデンティティ(I)をもつ者にとってであるだろう。あるアイデンティティ(I)が妥当要求(G)の妥当性を認証する論拠となるのであれば、そのとき当該のアイデンティティ(I)をもつ者は妥当要求(G)の妥当性を了解することが前提されている。同じアイデンティティ(I)をもつ者が妥当性にかんして納得できないのであれば、そのアイデンティティ(I)が妥当要求(G)を認証する論拠となっているとは言えないだろう。すると、妥当要求が掲げられアイデンティティがその妥当性の論拠とされる場合、論拠とされるアイデンティティと同一のアイデンティティをもつ者たちにとっては、妥当要求の妥当性を新たに了解し合うことが求められているというよりは、むしろその妥当性を確認し合うことが求められていると言った方が適切であるだろう。アイデンティティが論拠となる時点で、当該のアイデンティティをもつ者たちにはその妥当要求の妥当性を了解することが前提されているからである。これはいわば〈ひとりごと〉を言ってある事柄の妥当性を確認することにかぎりなく等しい作業であるが、このような〈ひとりごと〉の異議申し立ては異議申し立てとして聞き届けられることになるだろうか。何と言っても、異議申し立てはなされる以前からいつでもすでに妥当性が保証されているのである。

では、妥当要求を認証する論拠がアイデンティティにあるとき、当該のアイデンティティとは異なるアイデンティティをもつ者にとってはどういうことが言えるだろうか。当然のことであるが、アイデンティティを異にする者にとっては、主張者が提出する論拠は説得力をもたない（こうした場合において、もし主張者の妥当要求にかんして了解が達成されるとすれば、そのときは論拠がアイデンティティ以外の何かにおかれていることになるだろう）。しかしそうだとすると、このとき異議申し立ての妥当性が了解されることは原理的にありえないことになる。だが、妥当性を却下されることが原理的に確定している異議申し立ては、はたして異議申し立てとして聞き届けられると言えるだろうか。それはたんなる騒音とどこが異なるのだろうか。

したがって、妥当要求の妥当性を認証する論拠が特定のアイデンティティにおかれるとき、主張者と同一のアイデンティティをもつ者にとっても主張者とは異なるアイデンティティをもつ者にとっても、そうした形でなされる異議申し立ては異議申し立てとして聞き届けられないことになってしまう。しかし異議申し立ては、それとして聞き届けられなければ無意味である。ある事柄にかんして攻撃されているとき、その攻撃が不当であることを告発する抵抗なり異議申し立ては、攻撃する者や、あるいは直接攻撃を受けるわけでも加えるわけでもないような者に、抵抗なり異議申し立てとして受け取られなければ何の意味もない。抵抗なり異議申し立てが抵抗なり異議申し立てとして受け取られることが可能になるには、少なくともそれらの論拠は特定のアイデンティティ――たとえば「攻撃されている者」――に求められてはならないはずである。こうしたものを論拠とするのであれば、抵抗および異議申し立ては、「攻撃されている者」にとってはみずからの抵抗および異議申し立ての妥当性を〈ひとりごと〉によって確認する作業にすぎず、「攻撃されている者」以外の者にとってはその妥当性を原理的に了解することのできないいわば騒音にすぎない。ところが、アーレントがレッシング賞受賞講演において行うある隠蔽と問いの回避にかんする告発としての異議申し立てにも見られるように、異議申し立てはアイデンティティを異にする者（たとえばドイツ人）によってこそ、それとして聞き届けられなければならないものであり、また実際にこの異議申し立てはアイデンティティを異にする者（たとえばドイツ人）にも十分に了解可能なものである。しかしこのことは、妥当要求の妥当性を認証する論拠は特定のアイデンティティに求められてはならないし、また実際に特定のアイデンティティに求められているわけではないことを意味している。

このように考えると、普遍妥当性をもつ規範もその正当性の論拠を特定のアイデンティティに求めることはできないことがわかるだろう。ある規範が普遍的に妥当性をもつことを主張するにもかかわらず、論拠を特定のアイデンティティとするのであれば、異なるアイデンティティをもつ者によってその妥当要求が了解されることは原理的にありえないからである。[25]逆に言えば、普遍妥当性をもつ規範を論じる制約として、特定のアイデンティティを想定することは不要であるばかりか、むしろこうした想定が妥当要求の認証に関係するかぎり、普遍妥当性をもつ規範を論じることはできない、ということがわかる。普遍妥当性をもつ規範としてのグローバル・エシックスを論じることは、どのようなアイデンティティをもつかということとは無関係に、万人に開かれているのでなければならない。

三　「任意の、いつでも解消しうる集まり」としてのフォーラム

最後に、グローバル・エシックスを論じることのできる集まりについて考えておきたい。カントは、『人倫の形而上学』の国際法を論じた最後の節（§61）において常設会議について言及している。それは、「任意の、いつでも解消

しうる集まり」であるが、諸国家間の紛争を戦争によってではなく「民事的な仕方」、つまり「訴訟によって」（VI 351）解決することを可能にするものとして論じられている。これは、普遍妥当的な規範を論じることを可能にするような場所を考えるうえで、重要な言及である。というのも、「任意の、いつでも解消しうる集まり」に対置されるのが、「憲法（Staatsverfassung）に基づき、したがって解消できない連合」（ebd.）だからである。憲法が「国家の体制（Staats-verfassung）」であるかぎり、それが妥当性をもつのは国家の成員に対してであり、そうした憲法に基づくものである以上、この連合に関与できるのは国家の成員だけであることになるだろう。すでに見たように、特定のアイデンティティを論拠とすることは、普遍妥当性をもちうるような規範を論じることを不可能にする。もちろん、議論へ参加する制約として特定のアイデンティティが前提されることは、そこで了解される事柄が普遍妥当性をもちえない事柄であるということを、必ずしも帰結するわけではない。ある国家の成員たちだけによって了解される事柄が、それ以外の国家においても妥当性をもちうるような内容をもつことは、十分考えうるだろう。しかし、そこで了解される事柄が、アイデンティティを異にする者によっても了解されるかどうかは、アイデンティティを異にする者が議論に参加できない以上、不明なままである。つまり同一の国家の成員であることを参加の制約とする「連合」において妥当性が了解される規範は、いつでもすでに普遍的ではない、とは言えないとしても、しかし普遍的であるかどうかを見届けることが原理的に不可能である。この「連合」に対置されるのが、「任意の、いつでも解消しうる集まり」であって、この「集まり」は一つの憲法に基づいているわけではない。したがって、この「集まり」に関与するための制約が同一の国家の成員であることに求められることはなく、その点でこの「集まり」は、少なくとも潜在的には万人に開かれている。だれであろうと、この「集まり」に参加することができるのであって、そうであれば「集まり」において了解される事柄はつねに批判にさらされていることにもなるだろう。「いつでも解消しうる」ということは、また「いつでも形成しうる」ということでもあり（何と言っても、会議は「常設」である）、一度了解された事柄に対する異議申し立てがまた新たに議論されうるということを意味するのである。

ただし、カントがこの「集まり」に言及するのは、あくまで複数の国家の存在を前提した国際法を論じる節においてであり、世界市民法を論じる節においてではない。「集まり」への参加者としてカントの念頭にあるのは、あくまで諸国家の代表である。諸国家が、その係争を実力行使によってではなく言論の力によって解決することは、きわめて望ましいことであり、カントの時代においてこのような形での紛争解決を提案することは十分に意味のあることだったと思われる。しかしこのアイデアは、「集まり」への参加者を諸国家の代表者に限定しなくても十分に生かすことができるものではないだろうか。否、むしろ「集まり」への参加者を諸国家の代表に限定することは、結局は諸国家の主権を優先させることにつながり、「集まり」そのものを無意味にしないだろうか[26]。それよりも、この「集まり」を、諸個人が普遍妥当性をもつ規範としてのグローバル・エシックスの内実が何であるのかを論じ合う、「任意の、いつでも解消しうる集まり」として読み替えてみてはどうだろう。それはたとえば、フォーラムとして実現可能ではないだろうか。

註

（1）言うまでもないが、これらの列挙は順不同である。また、「など」に含まれるトピックをけっして軽んじているわけではない。なお、テーマや発表者および発表タイトルなど詳細は、以下のＵＲＬを参照されたい。http://www47.tok2.com/home/stimme/index.htm

（2）もちろん、「エシックス」には〈規範〉と〈規範についての学〉という二通りの意味があるが、論者は——少なくとも拙稿においては——「エシックス」を何らかの規範として考えている。

（3）実際、あるワークショップにおいて発表した際の質疑応答では、「グローバル・エシックスが普遍妥当性をもつ規範であることは当たり前だ」との指摘を受けた。実に頼もしい指摘である。日本倫理学会第57回大会ワークショップ「グローバル・エシックスとは何か?」、東京大学、二〇〇六年十月十三日。

（4）この章の議論は、以下の論文の一部に加筆修正を施したものである。「アイデンティティ・ポリティクスと普遍的正義」『哲学論集』第32号、上智大学哲学会、二〇〇三年、一九―二九頁。

（5）B. Honig, (ed.), *Feminist Interpretations of Hannah Arendt*, The Pennsylvania State University Press, 1995.（岡野八代、志水紀代子訳『ハンナ・アーレントとフェミニズム』、未來社、二〇〇一年）。

（6）Honig, "Toward an Agonistic Feminism : Hannah Arendt and the Politics of Identity", in : *Feminist Interpretations of Hannah Arendt*, p. 150（215）.

（7）Honig, *op. cit.*, p. 136（195）.

（8）*Gershom Scholem Briefe II 1948-1970*, C. H. Beck, 1995, S. 97.　矢野久美子訳「イェルサレムのアイヒマン」『現代思想』vol. 25-8、青土社、一九九七年、六六頁。

（9）Scholem, a. a. O., S. 96（65）.

（10）Scholem, a. a. O., S. 99（69）.

（11）Arendt, a. a. O., S. 100f.（71）.

（12）Arendt, ebd.（71）.

（13）Arendt, a. a. O., S. 103f.（75f.）.

（14）Honig, *op. cit.*, pp. 151（216ff.）.　しかしホーニッグは、正当にも、アーレントがショーレムと同様に「ユダヤ人としてのアイデンティティを一義的で事実確認的な事実として扱っていた」と見なし、アーレントのアイデンティティ・ポリティクスに対する抵抗は「挫折している」とも言う。Honig, *op. cit.*, pp. 153（220）.

（15）Honig, *op. cit.*, p. 154（219）.

（16）アイデンティティの事実性に基づきアイデンティティを論拠として用いるアイデンティティ・ポリティクスの主張が行われたときに、その主張に対して「あなたはなぜそのように主張するのですか」という問いが発せられるとすると、アイデンティティ・ポリティクスの主張者は「わたしは××だから」と、××の部分に帰属するアイデンティティ名を入れて答えることだろう。「あなたはなぜそのように主張するのですか」という問いは、「わたしにはあなたがなぜそのように主張するのか理解できない」ということを含意しているのだから、このときアイデンティティ・ポリティクスの主張者は「わたしは××だから」と答えることによって、「あなたがわたしの主張を理解できないのは、あなたが××ではないからだ」と答えていることになる。アーレントは、アイデンティティを「議論の余地のない事実」と考えていたわけだから、ある人が××であるかいなかは争えない事実であり、「わたしは××だから」(「あなたがわたしの主張を認めないのは、あなたが××ではないからだ」) という発言が行われてしまえば、それ以上その理由の妥当性をめぐって議論することは不可能になってしまう。このときアイデンティティ・ポリティクスの主張は、いかなる論駁をも受けつけることのない絶対的なものとなるのである。

(17) Arendt, *Men in Dark Times*, C. and R. Winston, (trans.), Harcourt Brace, 1968, p. 18. 阿部斉訳『暗い時代の人々』、河出書房新社、一九八六年、二九頁。実は、アーレントのドイツ語で行われた講演を再録した出版物 (Arendt, *Von der Menschlichkeit in finsteren Zeiten*, Europäische Verlagsanstalt/Rotbuch Verlag, 1999, S.33) によれば、アーレント自身はこの箇所において Identität という単語を用いているわけではない。日本語で「人は攻撃されている帰属原理」とか「人は攻撃されているアイデンティティ」と訳されているのは、おそらくこれらの翻訳がこの著作の英語版に基づいて行われたからであり、英語版の該当箇所には、たしかに identity という語が用いられているのである。いずれにせよ、文脈からするとこの英訳は適切であり、元のドイツ語の意味するところは、アイデンティティという語を用いることによって、より明確になることは間違いない。なお、ドイツ語原文は次の通り。... dass man sich immer nur als das wehren kann, als was man angegriffen ist.

(18) アイデンティティ・ポリティクス批判の文脈で、自己規定であるアイデンティティが必ずしも他者によって明らかにされる位置性、つまりポジショナリティと一致するとはかぎらず、重要なことはアイデンティティ・ポリティクスではなく、そのポジショナリティを自覚し、自覚に基づいて発言することである、とする議論がある (岡真理『彼女の「正しい」名前とは何か』、青土社、二〇〇〇年)。しかし、ポジショナリティを自覚しそれに基づいた特定の発話 (のみ) が求められる (もしくは強要される) 以上、アイデンティティ・ポリティクスと同一の問題性を孕んでいることに間違いはない。拙論「ジェンダーは哲学の問題とはなりえないのか」日本哲学会編『哲學』No. 58, 法政大学出版局、二〇〇七年、六一―七八頁、参照。

（19）Disch, L. J., "On Friendship in '*Dark Times*'", in : *Feminist Interpretations of Hannah Arendt*, p. 291（248）.

（20）Disch, *op. cit.*, p. 289（244f.）.

（21）Arendt, *op. cit.*, p. 17（28）.

（22）Arendt, *op. cit.*, p. 18（29）.

（23）二〇〇一年九月十一日に、複数の旅客機が複数のビルに激突したり墜落したりした直後、アメリカではメディアが駆使され、「攻撃されている」のは「無垢な市民」や「勇敢な消防士」に代表されるアメリカ国民であることが強調され、たとえばCNNではAmerica under Attackという言葉が画面に常駐された（中野敏男「普遍主義を語るナショナリズムをローカルな目で見る」『現代思想』vol. 29-13, 青土社、二〇〇一年、一二三頁）。周知のように、アメリカは、「攻撃されているアイデンティティによって」「抵抗」し、容疑を一方的に断定した相手（？）に対して報復を行った。もちろん、アーレントが用いた「攻撃されているアイデンティティ」という言葉を超大国のアメリカに使用することは、あまりにも恣意的で乱暴に過ぎるという見解はありうるだろう。絶滅収容所や強制収容所に代表されるナチスによる未曾有の迫害を経験してきたユダヤ人とメディアによって作り出された被害者としてのアメリカとの間に、大きな違いがあることは疑う余地もない。しかし、「攻撃されているアイデンティティ」という言葉をアメリカに使用することがあまりにも恣意的で乱暴に過ぎるのであれば、レッシング賞受賞講演においてナチスによって迫害されたユダヤ人については語るけれども、講演の段階ですでにパレスチナの地にイスラエルを建国していたユダヤ人については何らの言及もしないアーレントも、同じように恣意的であり乱暴に過ぎるのではあるまいか。

（24）Vgl. Habermas, J., *Theorie des kommunikativen Handelns*, Bd. 1, Suhrkamp, 1981, S. 410ff.

（25）繰り返しになるが、このときもし異なるアイデンティティをもつ者が妥当要求を了解するとすれば、そのときその妥当要求は特定のアイデンティティ以外の何かに論拠をもっているのである。

（26）ハーバーマスがこの常設の会議に対して批判的であるのは、この会議が世界市民法のレベルではなく国際法のレベルで論じられており、諸国家の主権が認められる以上、無力なものとならざるをえないからだろう。Vgl. Habermas, J., *Die Einbeziehung des Anderen*, Suhrkamp, 1997, S. 196f.

第三章 「人間」は何を（不）可能にしてきたのか
――グローバル・エシックスを遠望する――

井桁 碧

一 非人間化する「人間」

世界の現況は、人間にとって、民族・国家、宗教の名において暴力の行使を正当化あるいは聖化することは容易であり、暴力のグローバル化を超える〈倫理〉を獲得することはひどく困難であることを示しているのか。わたしたちは暴力のグローバル化を超えるグローバル・エシックスを構想することはできないということが示唆されているのだろうか。困難であることは十分すぎるほど保証されている。しかし、不可能性が証明されているわけではない。ならば、テロのグローバル化はむしろ、私を、グローバル・エシックスを構想することへ、その可能性／不可能性について考察することへと促していると受けとめよう。だが、それにしても私は、どのような〈視座〉からグローバル・エシックスを構想することができるのか。(1)

「〈原住民〉が抹消された場所で、交渉する」において、このように私が書いたのは、二〇〇七年。そして今年二〇〇八年、二〇〇一年九月十一日を決定的な契機として、大統領ジョージ・W・ブッシュが牽引するアメリカ合衆国が十月にアフガン空爆を開始してから七年余、二〇〇三年三月イラクにおいて大規模な軍事行動の展開開始から五年を経て、このことばを再度銘記する。

グローバル・エシックスを構想することの可能性／不可能性を考察する〈視座〉への問いが、私の〈人間〉観を歴史化するという作業を不可欠としていることをあらためて確認するために。

アメリカ合衆国が、普遍的な価値の守護者を自認し、「テロリズム」に対して報復し、それを根絶するために軍事力を行使することの正義、倫理的正当性を主張して、自国のアフガン侵攻作戦を当初「無限の正義作戦（Operation Infinite Justice）」と命名したこと、しかし有志連合内からの不評を被ったために「不朽の自由作戦（Operation Enduring Freedom）」と改称したこと、またイラクに対する作戦名を「イラクの自由作戦（Operation Iraqi Freedom）」と呼んだことを忘れずに。

そして本稿では、ジュディス・バトラーが『生のあやうさ　哀悼と暴力の政治学』[2]で、九・一一以後のアメリカから、「非暴力の倫理、すなわち人間の命がいとも簡単に消滅させられるという認識に基づいた問い」[3]に接近しようとしていることに留意して。

『生のあやうさ』は、「私たち自身が行う暴力はあまり報道で具体的に描かれることがなく、つねにそれは自衛の名のもとに正当化され、それはさらに崇高な理由、すなわちテロリズムの根絶のために正当なものとされる」[4]ことに疑義を呈している。アメリカ合衆国政府が、一九〇三年以来アメリカ海軍の基地を置いているキューバ東部のグアンタナモに多くの「テロ容疑者」を拘留し、裁判を受けさせることなく、無期限に拘留できるとしていることについて、「いったいどんな条件下で、人間の生が普遍的とは言わないが、少なくとも基本的な人権の適用を受けられないことになるのか、これを問うことが肝心だ」[5]とし、「現在のグローバルな暴力を概念化する仕組みは、『テロリズム』が非合法の暴力を記述する名前であるとされる一方で、合法的な戦争は合法的国家として国際的に承認された者たちの特権となっている」[6]ことを指摘している。

「テロリスト」であるとの疑いをかけられ、グアンタナモに囚われ虐待を受けている人たちは、暴力の容れ物でしかないとみなされている。この事実は、彼らの暴力が「なにがしか本質的で根拠がなく無限定」であると、「具体的な方針をもたない狂信者や過激派のもので『理性』の外」[7]にあるとみなされているということを、つまり彼らは「人間の共同体」のなかに存在可能な場をもっていないと考えられているということを示す。彼らの暴力を「イスラーム原理主義とかテロリズムとすることはオリエンタリズムがすでに行ってきた非人間化を極限まで押しすすめたもの」[8]である。それは、グアンタナモに囚われた人たちの人間としての地位あるいは資格そのものを疑問に付すこと、「私たち」が人間を理解するのに偏狭な枠組みを使っていることの徴であり、「私たち自身の人間としての限界を試す可能性のある価値を含んだ人権概念」[9]を私たち自身が「拡張」し損なっていることを示す。

バトラーは、「人間」を非人間化することのできる、そうした人間理解の枠組みが使われているということを問題化しているのであって、「人間」という用語の廃棄を主張しているのではない。「私たち」「アメリカ人」が、人間なら誰でも戦争に行くものだと考え、しかも他者のふるう暴力に限っては人間による暴力とは認めないと言うなら、「何が人間かということに関して限定され、他人の思考をも限定する文化的枠組みを使っていることになる」。このことは、「人間」という語が「どう機能し、何をあらかじめ封殺し、何をときに開くのかを問う理由」[10]になるだろう。そう言っているのである。

自らのふるう暴力だけを人間として当然の行為とみなし、他者のふるう暴力は人間的なそれとしては決して認めないことから生じている暴力の連鎖を絶たねばならない。そのためには、「人間」という語を私たちがどのように使ってきたのか、「人間」という語を用いてどのようなことを不可能にし、どのようなことを可能にしているのか、それを自らに向けて問う作業があってよいはずだ。このように志向する位置に、本稿の私がとろうとする位置を仮設しよう。私は、私の〈私〉を固定することの可能な繋留点があるとは考えない。バトラーが、多様な意味をふくみ得る「人間である」ことを、そのひとつとして「私たちが価値の衝突が起きる世界に暮らさなくてはならない存在である」ことをあげ、こうした衝突こそが「共同体」とは何であるのかを示している、こうした闘争にどのように対処するのか、それが「私たちの人間らしさのしるし」、「人間らしさを作っていくということ[11]」だと言っている位置に。日本語人によって「私たち」あるいは「われわれ」という語——バトラーが使用する言語ではどちらにせよ "we" であるが——が使われるとき、何が遂行されているのかを看過することなく。

九・一一事件の後とくに「アメリカ人」を「私たち」あるいは「われわれ」として囲いこむことばの使用は、ほとんど紛れもなく、アメリカ人ではない人間、合衆国アメリカの正義の側に立たない人間を括り出し非人間化する行為となったと言えよう。だが、『生のあやうさ』においては、「私たち、アメリカ人」ということばはむしろ、人間を識別する文化的枠組みたる国家の機能、国籍という境界、人間認知の枠組みをあえて可視化するために用いられているだろう。「私たちが自分たちの信念や価値観を根底から問いただしてくる人びとと近接して暮らしていることに気がついたとき」、「自分たちが関係を築くことに失敗してきた、ある極限的な人間の事例に直面することになるとき」、それは自身の人間認知の枠組みを問い直すという試練となる、その試練を回避すべきではないとし、次のように言っているのだから。

　さらにとても重要なのは、何が人間かの観念を「私たち」が共有しているわけではないこと。なぜならアメリカ人はイスラームを含むさまざまな種類の多くの伝統からできていて、民主主義的な自己理解を根底から行うためには人間的価値の異種混交性か

ら目をそむけるわけにはいかないからである。(12)

そして、次の文章のなかの「私たち」は、すべての人間を含意し得る語として使用されている、そのようにみなしても過誤を犯すことにはならないだろう。

私たちが怒りに駆られたり理解できないことに直面したときに、見知らぬ他者が私たちの考える共同体の外に出てしまったと考えるまさにそのとき、人権という普遍的な概念を努力して適用し続けることができるか否かによって、私たちの人間性そのものが試されるのだ。(13)（傍点、原文）

また、バトラーは、「私たち」が、もし単一の定義や単一の合理性といったモデルだけを採用して人間を定義しようとするなら、過ちを犯すことになると言っている。私は、この過ちもまた「私たち」すべての人間が犯し得る、あるいは犯してきた過誤とみなすことができると考える。ただし、彼女は、「民主主義的な自己理解を根底から行う」には、「アメリカ人」は多種多様な伝統から構成されているので、「人間的価値の異種混交性」を見据えることが必要である、それは「普遍的主張を掘りくずす相対主義」ではないと主張する。それは、人種や宗教を根拠とする差別を内包している人間概念をして、「グローバルな共同体としてのわれわれをどう私たちが考えるかのより広範な概念」に道を譲らせるための方法である。この「私たち」は、非アメリカ人である私を排除しない。また、以下のようにバトラーが言うときの「私たち」もまた、そうである。「グローバルな共同体としてのわれわれをどう私たちが考えるかのより広範な概念」への道を拓くためのあらゆる方法といったものを、私たちがわかっているわけではない。その意味で「人権法は人間の完全な意味をまだ解」してはいない。つまり、バトラーは、人間の推定上の普遍性がいまだ普遍に達していない以上、「人間の概念をいかに認識しなおすかが、人間的権利の現在進行形の責務[14]」だと言ってもよいのではないか、と主張している。

二　「人間」が召喚／抹消する〈他者〉

「どのような〈視座〉から、グローバル・エシックスを構想することができるのか」と問うのは、現在の私がとるフェミニズムの視点から、私が行う人間理解の仕方、自身を含む人間に対する態度、働きかけの仕方を規定する知が、歴史的に構成された「人間」というものに意味を付与する知が、「非人間」を生産する知であり続けてきた、と判断せざるを得ないからである。「人間の概念をいかに認識しなおすか」を「人間的権利の現在進行形の責務」として引き受けるとすれば、私は、「西洋」文明の「人間」の定義と私自身が行う人間理解の仕方との関係を歴史化しなければならないだろう。

人間のなかには人間として扱われる者がおり、非人間化される者もいる、ということだけではないのだ。むしろ非人間化が人間の生産の条件となっているのであり、そこでは人間であることが疑わしいとまでは言えないまでも、定義上庶出であると理解される人びとに対して、「西洋」文明が自分を対照的なものとして位置づけ、そうした人びとの上に立つことで自分自身の定義がなされてきたのである[15]。

私は、誰の〈私〉であれ、固定的実体ではなく、歴史的な負荷を負った動態、〈行為遂行―主体〉と把捉する。したがって、グローバル・エシックスの可能性／不可能性を構想する私の〈視座〉は、暫定的なものとしてのみ意味をもつ。このように考える私は、私の〈私〉を、西欧近代の植民地支配の依然として効果圏域にあるアジアに位置する日本と呼ばれる地で、近代西欧国民国家製の国民養成システムに習った制度を祖とする教育を受け——違和しつつ——、いわゆる専門教育をも受け——違和を強化しつつ——、その過程を経てフェミニズムを選択した者の一人と措定する。

これは、私の視座を次のような言説の布置・地平のなかに置くということである。フーコーの「知の考古学」という方法が西洋の自己理解の仕方の歴史を発掘し、デリダの「脱構築」という方法が西洋哲学をその伝統から、〈普遍性〉を実体視する言語・世界観から解き放ち、パレスチナ出身でアメリカの大学で教職にあったサイードの「オリエンタリズム」批判が、オリエント・東洋とは西洋の〈他者〉像であること、〈野蛮〉を文明化するとして植民地支配を正当化する西洋諸国家の欲望/自己像がつくり出した〈他者〉像であることを析出することによって拓かれた言説の布置。なかでも、過去において大英帝国の植民地だったインド出身でアメリカの大学で教職にあるスピヴァクが、インドにおけるサバルタン・スタディーズに批判的に介入し、植民地化された後のインドにおいて「西洋化を至上命令」とする教育を受けたことの負荷の下、「わたしたちが性的差異の倫理について思弁をめぐらせるとき、伝統的なヨーロッパの倫理学はそれをおこなっている性的差異をたんに否認するか、善意で自然化しているにすぎない」[16]と述べた、そうした言説が拓いた思想・認識の地平である。

この地平に臨もうとする私の〈私〉は、西欧の植民地支配が構成した地政学的観念たるアジアのなかで、己れを文明あるいは規範として、その外部の人間と土地を野蛮と名づけ、植民地支配することを正当化した欧米列強諸国を模し、抵抗しつつ自己編成した国家〈日本〉の主権者・天皇の臣民を鋳造するための社会的文化的システム、後に主権者としての国民〈日本人〉をつくり出すためにつくりかえられた社会的文化的システムに組みこまれた者の一人である。このように認識するのは、私の〈私〉が、敗戦後日本の〈日本人〉をつくり出すシステムが、「人権」を謳う新憲法はアメリカの押しつけだとして改変しようとする勢力は既に存在していたが、全面的に否定されるまでには至らず、辛うじてではあるが〈日本人〉造成システムに違和する、反抗あるいは抵抗の姿勢をとる自由を得ることが可能であったためにフェミニズムという思想を選択した者の一人だからである。そしてそのような私が名指す〈私〉とは、日本国籍人として登録されていることの歴史性を意識化しようとする者、ヨーロッパの「人間」概念によって、「理性的人間」の〈他者〉として、「理性的人間」の性的／人種・民族的あるいは文化的〈他者〉として、召喚されると同時に排除され続ける位置にあることに気づかざるを得なかった者のことである。私の〈私〉は、非西欧人あるいは非西洋人をつくり出し非人間化する西欧・西洋の「人間」を、また〈女〉を亜「人間」化する「人間」を解体しようとする欲望に駆動されている。ここで非西洋人あるいは非西欧人という呼称を用いるのは、私のまなざし、自らと世界に向けるまなざしが、西洋の自己編成過程によって〈他者〉として構成されたカテゴリーの歴史的効果であることを、西洋の「人間」が僭称する〈普遍性〉を歴史化することへと私が促されているから、つまり非西欧あるいは非西洋が西欧あるいは西洋と共犯関係にあることを顕わにしたいと考えるからである。

「〈原住民〉が抹消された場所で、交渉する」は、ヨーロッパ諸国が遂行した植民地主義の公理「『ヨーロッパ人』こそが人間の規範である」とする「人間」観の歴史、そこに非西洋がどのように分割され、組み入れられていったのか、非西洋とされた側が西洋とどのように関わってきたのかを跡づけるための覚え書きとして書かれた。西洋化への欲望の主体、それに抵抗する主体として自己編成してきたであろう、非西洋人としての〈日本人〉の編成過程を跡づけ、〈日本人〉の世界あるいは他者に向けるまなざしがどのように構成されてきたのかを知るために不可欠の前提作業として。そこでは、ヨーロッパ中世法制史を専門領域とするピエール・ルジャンドルの『ドグマ人類学総説　西洋のドグマ的諸問題』[17]、また『西洋が西洋について見ないでいること　法・言語・イメージ』[18]を、西洋の「人間」観を歴史化するための媒介とした。

ルジャンドルは、西洋の「人間」に、中世を通じて練成されてきた西洋の〈法〉の論理・技術を普遍的な規範とし、それを植民地支配、「世界征服」の原動力としたことを認識するように、西洋の〈法〉が〈理性〉に関する普遍的な言説として、「ユダヤ的な規範性、クルアーンの解釈者に対抗するものとして構築」[19]されたこと、それゆえ相互理解の可能性を求め、遡及的にイスラームと出会うようにと勧めている。ルジャンドルのテクストを、サイードの析出した西洋による〈他者〉表象批判と問題系を共有していると把捉することができる。だが奇妙なことに、彼のテクストには〈階級〉また〈女〉というカテゴリーへの言及は見られない。奇妙だと私が言うのは、〈階級〉こそ、西洋諸社会においてもその内部の諸々の社会的集団内部を構成するための、社会内部の集団と集団の関係を構成するための重要な要素としてきたカテゴリーだからであり、また〈女〉こそ西洋の「人間」が存在論的に不可欠の〈他者〉としてきた、と言わねばならないカテゴリーだからである。

本稿では、非西欧人というものの歴史的位置を見極めるために、ヨーロッパの「人間」が文明化の使命をもって植民地支配を正当化し、しかも現地の人間をしばしば〈女〉としてカテゴリー化したことに集中し、ヨーロッパそしてアメリカの「人間」における〈人種・民族〉主義を、また〈階級〉と〈性〉を徹底的に問題化しようとするフェミニスト知識人、スピヴァクの言説に焦点を絞ろう。スピヴァクは『ポスト植民地主義の思想』[20]で、「西洋の内部での人間の定義の制度化、学問の物語」が「西洋としての西洋、もしくは世界としての西洋の制度の内部」に囚われたままであることに向けて読者の注意を喚起し、新植民地主義が国際的労働分業、搾取の構造を強化していること、その罪を見逃してはならないと強調している。[21]

スピヴァクが、フーコーから「制度外の空間は存在しない」と学び、私たちは「世界としての西洋の制度の内部」に囚われたままであると言っていることに、私は同意する。ただし、「制度外の制度は存在しない」とみなすことは、人間は現在の「制度」に囚われたままでいてよいとか、いるべきだと考えることに対して同意を示すことではない。制度を問題化するスピヴァクのやり方、彼女が制度に対して使用する方法に対する同意である。制度を反転させるかあるいは制度を反復することになるようなやり方、「制度と対決する」といった方法を彼女はとらない。彼女がとるのは、制度と交渉するというやり方、制度と脱構築的に折衝するという方法である。

スピヴァクは英文学を専門とするが、作品を読むその仕方は、英文学の伝統、制度を創造的に誤読し、内部から脱臼させる方法、帝国主義の支配原理を析出する脱構築的方法である。スピヴァクは、デリダの仕事を彼女が気に入っているのは、彼が「自己の学問的生産を問う知識人としての己れの状況」に「きわめて具体的、個別的に視線を集中させている」からだと言う。「固有な状況的制約」に気づいたデリダは、私たちに「理論の生産が事実、ある一定の方法で世界を世界化している、きわめて重要な実践であるという事実を忘れることを[22]」許さないだろうから、とスピヴァクは言っている。

西洋の「人間」はスピヴァクに、何を約束したというのか。彼女が受けた教育のなかの西洋の「人間」は、彼女を西欧植民地支配を受けた国・民族の一人と位置づけ、現在では西洋の外部から来た知識人と位置づける。

わたしが育ったところでは——わたしが最初にデリダを読んだとき、わたしは彼が誰か知らなかったのですけれど、彼が実際、哲学的伝統を外部からよりも内部から解体しているのを見て、とても興味を惹かれました。といいますのも、もちろんわたしたちが育てられたインドの教育制度では、あの哲学制度の英雄の名詞は普遍的な人間でした。そしてわたしたちは、もしそうした普遍的人間の国際化に近づくことを始められるなら、わたしたちは人間になれると教えられました。わたしたちを人間にしてくれると教えてきた伝統をフランスで誰かが本当に解体しようとしていたことを目撃したとき、それはまた面白いことに思われました。[23]（「人間になれる」の部分を除く傍点、原文）

デリダを媒介に、スピヴァクが顕在化させたのは、西洋による植民地支配の下で、西洋哲学の英雄の名において、普遍的な人間に近づこうとするなら「人間」になれると教えられたが、それは自分たちが「人間」未満とされてきたということである。インドはひとつの地域ではなく、「一種の政治的構築物」[24]である。そう把捉するスピヴァクは、彼女自身の言説を、自分が高いカーストの出身であることと、自分が受けた教育、言語操作能力を培った歴史的堆積層のなかに置く。彼女の言説の受け取り人は、彼女がベンガル語を〈母語〉とするけれども、高等教育は英語で行われてきたこと、彼女の周辺の「上流階級のインド人」の間では英語が使われていること、この人たちは雑談するときとか、使用人に話しかけるとき以外にベンガル語を使わないのだと知らされる。彼女は、インド連邦が公用語とするヒンドゥー語の巧みな使い手ではないこと、南インドで使用される諸言語を知らず、ことばの使用に関しては、インドの首都圏デリーにいるときよりフランスにいる方が快適なのだと言う。スピヴァク自身のもつ言語能力への言及を通して、私たちは、イギリスからの独立後もインドでは、なお人びとが受ける教育機会、内容が階級によって固定されていることを、教育によって階級構造が維持されていることを知る。

三　ネイティブ・インフォーマント——倫理的関係の不可能性を抹消する記号として

非西欧人が、西洋による西洋と東洋の二項対立がつくり出した欲望、西洋知識人に憑きまとう、その二項対立を逆転させることへの欲望に、自らを同一化させてしまうという陥穽について、スピヴァクは極めて注意深い。非西欧人としての「私たち」にとっての「人間」、日本語人にとっての「人間」を問題化しようとするなら、私は、この陥穽に鈍感であってはならない。スピヴァクは、西洋知識人の間に、西洋がその外部を「野蛮」として貶めてきたことと対をなす欲望が、非西洋のすべてに対する欲望あるいは第三世界の「原住民」に対する憧れが生じている一方で、非西欧とされた側では「いわゆる非西洋の西洋化志向は至上命令となる」ことを重視する。彼女は、この「至上命令」を忌避すべきだとも、無効化すべきだとも言っていない。「もしそうした志向がなかったなら、わたしたちは実際のところ、知識人としての己れの生を維持することもできなかったでしょう[25]」と言っている。帝国イギリスに植民地化された過去をもつインド出身の知識人として彼女が負うべき義務を自覚することばである。

彼女は、西洋の知識人が欲望する第三世界の「真の土着人」になりたいという欲望に、自身の欲望を変容させることもできた。自分を「東洋人」として、あるいは「固有のもの」として、「純粋東洋」といったものを「純粋普遍」か「純粋制度」として構築することも困難ではなかった。だが、彼女はそれを選ばなかった。彼女自身が「東洋に向かおうとするヨーロッパの欲望の内部に、実際どんなに囚われているか」を調べるという作業を選択した。自身が行う作業の道具、「解釈の理論の限界が、実際どのように『非－西洋的素材』と規定されうるものとの出会いを通じて、明らかにされるか、それを示すこと[26]」を選択したのである。

こうした選択を行い、彼女が、インドの知識人たちが立ち上げたサバルタン・スタディーズに批判的に介入していったのは、彼女自身の受けた教育が、彼女を「人間」化すると約束したそれが、〈女〉を人間の〈他者〉とするものであったことに気づいたとき、フェミニストの視点を獲得してしまっていたからだ。彼女は、フェミニズムという思想的位置を選択していることをはっきりと開示している。スピヴァクは、自分はサバルタンの名付け人でないことを明言し、彼女の「サバルタン」は、「デリダにおける『女性』としての、あるいはフーコーにおける『力』としての名前[27]」、「ただ単純に、すでに家父長制の犠牲となっている社会の最下層の人のことであるにすぎない[28]」と述べている。

スピヴァクは西洋化志向を至上命令と受け取らざるを得なかった側の世界出身のフェミニストとして、主流派フェミニズムを痛烈に批判する。アメリカのアカデミズムでは、またアメリカを主流とする国際的なアカデミズムの場では、スピヴァク自身がどのように自己認識しているのか、したいのかには頓着せず、第三世界の〈原住民〉という資格が付与される。アメリカ合衆国において大学教師としてフェミニズムを実践する立場から、こうした資格付与の仕方を疑わない、そしてサバルタンを「まじない」とし、重宝なことばとして多用するフェミニストたちは危険だとみなす。フェミニズムという位置を選択する者は、女性に対する抑圧を言説化することによって、また「女性の他者性」について書くことによって得た社会的な特権を正当化、固定化しようとすることについて、なかでも「サバルタン」という語の濫用について、スピヴァクがくり返し発する警戒音に敏感でなければならない。

サバルタンという言い回しに熱狂しながら、グローバルな普遍主義的フェミニズムが、グローバルな金融化が、「すでに家父長制の犠牲となっている社会の最下層の人」に何をもたらしているかについては無知なままでいることが論難されている。

わたしたちが考えているのが世界貿易のことであるかぎり、わたしたちは内職仕事、重筋労働、児童労働を引き合いに出すことができる。いずれも、容易に反対しうるものばかりである。ところが、対象が地球全体の金融化としてのグローバリゼーションへと移行したとたん、グローバルな普遍主義的フェミニズムは、ジェンダー化されたサバルタンの信用を餌にした釣り上げ（credit biting）、すなわち、いわゆる女性たちによるマイクロ企業（women's micro-enterprise）をろくに検証もしないで熱烈に歓迎することによって、帝国主義に奉仕することになってしまうのである[29]。

「これはフェミニズムの本である」と明確に保証された『ポストコロニアル理性批判』は、読者に、北のフェミニスト、アメリカ合衆国の主流派フェミニストを警戒するスピヴァクの実践について、とりわけ注意深く接近するよう要請している。フェミニズムとは、およそ一枚岩的に補足することが、もっとも避けられてしかるべき思想・実践である。とすれば、「支配的存在（the dominant）の哲学的措定、歴史的発掘作業、そして文学的表象――それらが新たに出現しつつあるポストコロニアルな主体によって分かちもたれているかぎりにおいて――『ネイティブ・インフォーマント』、すなわち、土着的かつ／あるいは従属的な存在（the autochthone and/or subaltern）の識闘的で不連続な出現をも跡づけている[30]」という視点から構成された『ポストコロニアル理性批判』において実践されるフェミニズムとはどのようなものなのか。私が本稿の終わりに取りあげるのは、第一章「哲学」である。文学テクストの読みを通して「どのようにして植民地主義とポスト植民地状況についての比喩的形象がなされるのか」を明らかにすることを企図した第二章、文字記録をとおして十九世紀のインド西北部に割拠していた藩王国の一人の王妃の生涯を追跡し、イギリス側とヒンドゥーインド側、双方によって遂行された「寡婦殉死（サティー）」の管理の仕方を考察している第三章、ポストモダン・ファッションと、織物の歴史に女性が占めてきた場所を見渡している第四章についての考察は、別稿に譲りたい。

『ポストコロニアル理性批判』第一章が吟味するのは、フェミニズム出現以前の三つのテクスト、カント、ヘーゲル、マルクスによるそれである。スピヴァクも受けたはずの西洋の刻印が押された「主流の教育」の一部には、「主流がこれまできれいだったことは一度としてないし、これからもきれいであることはおそらくありえない」ということをまったく「知らないふりをすることを学ぶ」ということが含まれている。スピヴァクによれば、この三つのテクストは、「西洋の哲学的伝統の中心に位置して、そうした無知に認可を与えている[31]」のである。

フェミニズム出現以前の「西洋の哲学的伝統」は、またヨーロッパの人間／男の他者としての〈女〉を亜「人間」化する、ヨーロッパの外部の他者を〈女〉とみなす、そうした「人間」をつくり出した。西洋のフェミニズムとは、そうした「西洋の哲学的伝統」に抵抗することを通して自らを立ち上げたと言うことができるだろう。

「西洋の哲学的伝統の中心」に位置するカント、ヘーゲル、マルクスのテクストに、スピヴァクが向ける問いは、「どのようにしてカントは〈原住民〉をあらかじめ排除してしまったのか、どのようにしてヘーゲルはヨーロッパの他者を規範的逸脱のひとつのパターンのなかに置いたのか、そしてそのヘーゲルをどのようにしてコロニアルな主体は衛生化したのか、どのようにしてマルクスは差異と折り合いをつけたのか[32]」という問いに集約している。

『ポストコロニアル理性批判』の視野は広く、第一章の議論も多方向に展開されるが、私が最も注目するのは、〈原住民〉情報提供者、〈ネイティブ・インフォーマント〉である。彼女はそれを「〈人間〉という名前からの放逐を表示する、そのマークの名前」と考えていて、「それは倫理的関係の不可能性を抹消するマーク[33]」だと書いているからだ。

〈ネイティブ・インフォーマント〉は、現在ようやくと言うべきか、西洋植民地主義の知の形態とみなされることが一般化した民族学の方法たる民族誌から借り出された述語である。民族誌という分野では、「北西ヨーロッパ的伝統（コードネームは「西洋（West）」）において理解されているような意味」では、〈原住民〉が――彼らごく稀に彼女たち――自らを叙述することは否定されてきただろう。しかし、研究者が、自分たちに情報を提供する存在であるかぎりのネイティブ・インフォーマントを、このうえもない真剣さをもって受けとめてきたのは、なぜなのか。スピヴァクは、その理由を、ネイティブ・インフォーマントが「それ自体としては空白でありながら、西洋（あるいは西洋モデルの学問）のみが書きこむことのできる文化的アイデンティティのテクストを生成させる存在[34]」であるところに見いだす。

『ポストコロニアル理性批判』が読むのは、十八世紀ドイツの偉大な賢人たちのテクストだから、民族誌とは違って、ネイティブ・インフォーマントという形象に対する憧憬や讃辞は書き込まれてはいない。問題は、それらが生みだした普遍性を主張する思考、「普遍的」叙述様式の主体は間違いなくヨーロッパ人であり続けていたということにある。スピヴァクがカント・ヘーゲル・マルクスという三つのテクストを読むのは、それらが「ヨーロッパ的な倫理－政治的主体の形成に影響を及ぼし」ており、「ヨーロッパ的な倫理－政治的自己表象の源泉となっているテクストはまた、今日ポストコロニアル言説と自称するものとも共犯関係を結んでいる」[35]からである。

十八世紀ドイツ哲学のテクストは、ヨーロッパに、植民地と帝国を確立することに伴う支配、搾取そして「知の暴力のためのアリバイ」を提供する、ヨーロッパの自己と世界についての新たな表象を学問的に製造した。そう把捉するスピヴァクは、それらの哲学テクストが、「人間」の規範について何をしてきたのか、しているかを見逃さない。それらは、「『ヨーロッパ人』こそが人間の規範であり、記述あるいは行動の指針を与えるものである」とみなすことを当然視している。ネイティブ・インフォーマントは、そうした著作において必要とされている。しかし、同時に排除されるのだ。

> カントにおいては、理性的意志にとっての自由を、可能にする反省的判断力の自律性を引き立たせるために、規定判断力の他律性の例としてネイティブ・インフォーマントが必要とされている。また、ヘーゲルにおいては無意識的なものから意識へと向かう精神の運動の証拠として、マルクスにおいては生産様式の物語に規範性を付与するものとして、ネイティブ・インフォーマントが必要とされている[36]。

植民地〈原住民〉は、西洋の〈他者〉に同一化すること、帝国主義の実直な従者になることができるし、植民地支配者あるいは研究者や著述家から現地情報提供者として高く評価されるネイティブ・インフォーマントになることもできる。ところがスピヴァクは、「ネイティブ・インフォーマント」を「〈人間〉の名前として――人間であることの起点となる情動を担う名前として――暗号化すること[37]」を試みると言う。ネイティブ・インフォーマントとは、「〈人間〉という名前からの放逐を表示する、そのマークの名前」であり、「それは倫理的関係の不可能性を抹消するマーク[38]」だと考えているからである。

十八世紀ドイツ哲学のテクストから、スピヴァクは、ネイティブ・インフォーマントが抹消された、その痕跡を読み出す。カントが定言命法を用いたこと、『実践理性批判』における「人が望み、かつ支配力を有するすべての被造物は、たんに手段として用いることができるにすぎない。人および人とともにあるそれ、すなわち理性的存在のみが、それ自体目的なのである」とは、「キリスト教倫理の宗教から哲学への感動的な置き換えなのである[39]」。このように述べて、「〈人間〉という名前からの放逐を表示する、そのマークの名前」としてのネイティブ・インフォーマントに「倫理的関係の不可能性を抹消するマーク」を見いだすとは、何を遂行しようとすることなのか。それは、ネイティブ・インフォーマントが放逐されたその場所で、西洋の「人間」によって、倫理的関係を結ぶことのできない存在として排除された者として、「〈人間〉という名前から放逐された」者として、「人間」と折衝すること、「〈人間〉という名前から放逐された」者を人間とする可能性を、人間が他者と倫理的関係を結びうる可能性をつくり出そうと企図することであろう。

非西欧人が、西洋諸国によって植民地化されたことの負荷から、特定の〈人種・民族〉が力を独占している世界の現状からの人間の解放を求めるとき、何をなすべきなのか、また何をなし得るのか。パレスチナという故郷を喪失した者として、またアメリカにおける亡命知識人として、反セミティズムという徴を付される危険を冒しながら、イスラエルのシオニズムはパレスチナ人を「犠牲者の犠牲者」とする体制であると批判し続け、排外的ナショナリズムや宗教的熱狂が煽動する暴力の連鎖を回避することを、暴力によらない世界改革を求め続けて逝ったサイードは、帝国支配を支えた知とその教育を受けとった〈原住民〉である私たちに次のように言っている。「イギリスあるいはフランスの文化」は、おそらく私たちの「世界の一部になっている」。そうした私たちが、自らを人間として解放し、西洋の「人間」と相互的な関係を結ぶためには、「『西洋』文化の傑作群を、植民地官僚の言語ともども捨て去る」のではなく、帝国が植民地にもちこんだ「腐敗物から、ヴォルテールやマルクスの解放理念を救出する[40]」といった作業が必要だと。

〈日本人〉の「人間」はおそらく、西洋化を至上命令として受けとめる過程で、西洋の人種的・階級的・民族的・性的〈他者〉を、また西洋の「人間」を模倣してつくり出した〈他者〉を召喚し、抹消し続けている。アジアの日本におけるポストコロニアル的主体としての私がグローバル・エシックスを構想しようとして、〈日本人〉の「人間」を問題化するなら、西洋の法あるいは「人間」が絶対的な外部としたものを実体化する位置に、また、西洋諸国の植民地支配の自己正当化の論理に抗して、また現在進行中の新植民地主義のグローバリゼーションに抗して自文化・民族の〈伝統〉を捏造し、西洋が欲望する〈他者〉あるいは〈女〉に同一化する場所に止まってはいられない。

帝国日本の行使した暴力がアジアにおいて反復される構図を、また西欧の諸帝国の行使した暴力がグローバルに反復される構図を上書きすることなく、九・一一以後の世界においてグローバル・エシックスを構想するためには、ポストコロニアルの視点からネイティブ日本語人の「日本人」を、現代世界の主流派フェミニズムからフェミニズム思想・運動を、非西欧の人間を非人間化する西洋起源の「人間」から〈人間〉を解放する必要がある。そう考える私は、その可能性を見いだすための作業に着手しなければならない。たとえば、二〇〇一年の九月十一日に起きた事件を、同じ年の九月八日と十二月四日との間に置き、歴史化するという作業に。

九月八日とは、南アフリカ・ダーバンで開かれた国連主催「人種主義、人種差別、外国人排斥および関連のある不寛容に反対する世界会議（World Conference against Racism, Racial Discrimination, Xenophobia and Related Intolerance）」（以下、ダーバン会議）が「ダーバン宣言・行動計画」を採択した日である。またこの日は、ダーバン会議と並行して行われたNGOフォーラムが、「反人種主義・差別撤廃世界会議NGOフォーラム宣言」「NGOフォーラム行動計画」を表明した日である。そして、十二月四日とは、二〇〇〇年の十二月東京で開かれた〈民衆法廷〉、戦時性暴力に関する不処罰の連鎖を絶ち、被害を被った女性たちの尊厳を回復するために開かれた「日本軍性奴隷制を裁く女性国際戦犯法廷」に対して、「ハーグ判決」が出された日である。私は、企図しよう。九・一一を特権化し国家的暴力・報復を世界史のなかで正当化する言説群を、「ダーバン宣言・行動計画」あるいは「反人種主義・差別撤廃世界会議NGOフォーラム宣言」「NGOフォーラム行動計画」が、近代西欧社会が自らに普遍的価値を付与してきた〈世界史〉に向けて異議申し立てを行った位置から、またジェンダー正義の視点をもって、民族差別・階級差別・少数者差別からの人間の解放を掲げ、国民国家の法の枠、現行の国際法の限界を越える可能性を拓いた「ハーグ判決」の位置から、読み直すという作業を。

註

（1）井桁碧「〈原住民〉が抹消された場所で、交渉する」大越愛子・井桁碧編著『脱暴力へのマトリックス』青弓社、二〇〇七年。この論文は『現代におけるグローバル・エシックス形成のための理論的研究』（二〇〇三〜二〇〇六年度　科学研究費補助金（基盤研究(B)）研究成果報告書（課題番号　15320005）研究代表者：舟場保之）所収の「グローバル・エシックスは〈他者〉を再度召喚／抹消するか」に加筆したものである。本稿では、この論文で示した視点、論点を整理し、グローバル・エシックスを構想する〈人間〉について、ポストコロニアル／フェミニズムの視点から接近することの必要性についての考察を加えた。

（2）ジュディス・バトラー（本橋哲也訳）『生のあやうさ　哀悼と暴力の政治学』（以下『生のあやうさ』）以文社、二〇〇七年、Judith Butler, *Precarious Life: The Powers of Mourning and Violence*, London & New York: Verso 2004.

（3）同書、一三頁。

（4）同書、二六頁。

（5）同書、一〇五頁。

（6）同書、一四八頁。

（7）同書、一四九頁。

（8）同書、一四九頁。

（9）同書、一四九頁。

（10）同書、一五〇頁。

（11）同書、一五〇頁

（12）同書、一五一頁。

（13）同書、一五〇頁。

（14）同書、一五二頁。

（15）同書、一五二頁。

（16）G・C・スピヴァク（上村忠男、本橋哲也訳）『ポストコロニアル理性批判　消え去りゆく現在の歴史のために』（以下『ポストコロニアル理性批判』）月曜社、二〇〇三年、六八頁（Gayatri Chakravorty Spivak, *A Critique of Postcolonial Reasons: Toward a History of the Vanishing Present*: Cambridge, Mass. and London, Harvard University Press, 1999）。

（17）ピエール・ルジャンドル（西谷修監訳）『ドグマ人類学総説　西洋のドグマ的諸問題』平凡社、二〇〇三年。

（18）ピエール・ルジャンドル（森本康介訳）『西洋が西洋について見ないでいること　法・言語・イメージ〔日本講演集〕』以文社、二〇〇四年。

（19）前掲『ドグマ人類学総説』一四三頁。

(20) スピヴァック(清水和子・崎谷若菜訳)『ポスト植民地主義の思想』彩流社、一九九二年。
(21) 同書、一七頁。
(22) 同書、二〇頁。
(23) 同書、二一頁。
(24) 同書、一五七頁。
(25) 同書、二二頁。
(26) 同書、二三頁。
(27) 同書、二九九頁。
(28) 前掲『ポストコロニアル理性批判』一五七頁。
(29) 同書、一五八頁。
(30) 同書、一〇頁。
(31) 同書、一七頁。
(32) 同書、六〜九頁。
(33) 同書、二二頁。
(34) 同書、二二頁。
(35) 同書、二六頁。
(36) 同書、二三頁。
(37) 同書、二一頁。
(38) 同書、二二頁。
(39) 同書、一八五頁。これは第二章で述べられているのだが、同頁においてスピヴァクは「カント」を「ヨーロッパの十八世紀におけるもっとも柔軟性に富んだ倫理的契機をあらわす換喩として用いる」のだとも言っている。
(40) エドワード・W・サイード(大橋洋一・近藤弘幸・和田唯・三原芳秋共訳)『故郷喪失者についての省察1』みすず書房、二〇〇六年、二四一—二五頁。

第二部　普遍性と個別性

第四章　グローバル・エシックスと「人権」

青山治城

はじめに

「グローバル・エシックス」（以下GEと表記する）の可能性を考える場合、まず第一に問題になるのは、文字通り全地球的に通用する、人類共通の倫理原則、道徳法則とは何かということであろう。その最有力候補と言えるのが「人権尊重原理」ではないか。第二次大戦直後、国際連合の枠組みのなかで、初めての人類憲法前文とも称される「国際人権宣言」が出され、「国際人権規約」という条約も締結されているからである（「人道に対する罪」という概念も戦後になって一般化しており、これと「人権」との関わりも問題になるが、ここでは問題の指摘にとどめざるをえない）。

だが、人権の概念については、その意味内容や起源、性格などについて、すでにさまざまな議論があり、そのすべてについて論じることは本小論の範囲では不可能である。ただ、人権は、法的、政治的な概念であると同時に倫理的な意味でも用いられていることから、政治的正義と倫理的な善との関わりを考えるうえで格好の素材と言えよう。グローバリゼーションの意味についても多様な議論があるが、たいていは法や政治、経済の領域で語られるものであり、倫理や道徳のレベルではあまり論じられていないようだ。しかし、グローバリゼーションが何らかの意味で世界的規模での相互依存関係を指している以上、グローバリゼーション自体、その「道徳的な価値を考えることなしには恐ろしいもの」(R. Bellah)[1]になりうる。

GEには、このように、グローバリゼーションという現象そのものがもつ倫理的意味と、そうした現実を認めたうえで人類共通の倫理を考えるという側面がある。本小論では、前者に配慮しながらも主に後者の問題に焦点を当てながら、人権概念のもつ「普遍性」について批判的検討を加えたい。

一　人権批判の諸類型

「所有者の権利」批判

近代ヨーロッパにおける人権概念は、「生命、自由、財産」というスローガンに見られるように、主に持てる者の「財産」を守るためのもの、いわゆるブルジョアの権利にすぎないという批判があるのは周知のことであろう。冷戦体制の崩壊後、資本主義経済に対する批判力が弱まってからは、従来の社会主義陣営以外の所から同様の批判がなされている。日本でも、近年の経済成長至上主義に基づいて教育や福祉予算を削減する政策や「生きていることそのものが経済活動」であり、「市場こそ民主主義そのもの」(中谷巌)などという「ネオリベラリズム」の主張に対するさまざまな批判がある[2]。

このような経済至上主義のネオリベラリズムに対する批判が、法や政治の場面で主張されるリバタリアニズムにもそのまま当てはまるかどうかはなお検討してみなくてはならないが、思想的淵源(ハイエク、フリードマン)は共通している。そこでは全体主義的抑圧に対する自発的な交換という意味での「自由」の擁護が主要な動機であった。その意味で、ネオリベラリズムやリバタリアニズムが西洋近代における人権論の延長線上にあるのはたしかであるが、それを人権の本質として絶対化することは、まさに人権概念の「信用失墜」を招く恐れがある。

所有権は、人権そのものではなく、交換体系を保護するにすぎず、交換体系が機能することによって間接的に個々人の自由を保障するものとして理解すべきであろう。このことは、ロック的な所有権の概念的正当化論（プロパティ＝固有権論）が説得的な面をもっていたとしても、モノの交換から情報に基づくカネの交換（金融）に中心が移行した現在の経済においては特に明白であり、また人権概念の歴史的推移からしてもほぼ明らかである。

マルティン・クリーレによれば、人権の歴史的淵源については五つの考え方がある。(3)

（一）啓蒙主義哲学に基づく人間理性に関する議論がフランス人権宣言に結実したと見る見方（ブトミー）
（二）宗教改革に端を発し、信教の自由の制度的保障を求めるプロテスタントの原理（イェリネック）
（三）キリスト教的な自然法思想、特に世俗的権力に対する抵抗権
（四）現実的な要因に根拠を求め、自由な商品流通を確保しようとする資本家の利害関心（リッター）
（五）イギリス法の伝統における人身の自由と適性手続きの要請（クリーレ）

このうち（四）は、十九世紀アメリカの裁判官による合衆国憲法修正条項（第五条）の恣意的解釈に基づくものであり、人権がまず第一に所有権に奉仕するものであったとする仮説に歴史的根拠はない、というのがクリーレの立場である。その根拠は、修正第五条は公用収用に対する正当補償と正当な裁判手続きを認めた条項にすぎず、財産刑を正当化する規定でもあり、財産権への制約は初めから認められていたと考えられる点にある。

この議論は、制度化された人権の淵源をアメリカ独立宣言に求めるゲオルグ・イェリネックの議論を基礎にしたも

のである。したがって、上記五つの立場のうち、とくに（一）の立場からの反論に答えなければならないが、この点については、後に行う人権概念の再検討にゆだねたい。

功利主義からの批判

ジェレミー・ベンサムによれば、「廃止することが社会にとって好都合であれば、排すべきでない権利など、一つもない」[4]。このような人権批判は、ある種の直感に訴える所があり、追随者は意外に多い。近年の、いわゆる途上国の指導者のなかにも、多くの国民を幸福にする＝経済的に豊かにするのが良い政治家であり、経済発展が個々人の人権保障に優先すると発言してはばからない人びとがいるのも事実である。

この立場は結局、「人権」の意義そのものを否定することになるが、倫理的規範そのものを現実的な経済的利益、それも「社会」全体の利益に従属させ、ひいては倫理固有の価値を否定しているように見える。したがって、倫理的な共通観念を検討する本小論では論外としておいてもよいように思われるが、そこでいう「社会」をグローバル化した世界全体として捉えると、この論理では、世界全体にとって好都合であれば、各国の発展の「権利」を無視してよいということになるはずである。

「社会」が世界大に拡大しうることが現実味を増してきた現在、この論理をそのまま受け入れるような功利主義者は考えられないであろう。「社会にとって好都合」とはどういうことかを考えざるをえないかぎり、この立場からの批判に正面から向き合う必要はない。むしろ、上述の経済利益至上主義と同じ問題を指摘することができるであろう。しかも、すでにアーレントやデリダが指摘していたように、国籍を失った者や難民が無視できない数にのぼっていることなどを考えると、すべての人が功利主義者の考えるような意味での統一的な「社会」に属しているという想定こそ、もはやかえって非現実的であろう。

信教の自由に基づく挑戦

近年のGEをめぐる議論の中心にあるのは、この第三の論点であるようだ。すなわち、宗教の違いを超えた共通の倫理基準がありうるか、ありうるとすればそれは何か、という視点である。

イェリネックによれば、「普遍的な人権を法律で確定せんとする観念の淵源」は宗教的迫害から逃れてアメリカに渡ったピューリタンたちにある。(5)なかでも、まったくもって熱烈な宗教心を持った一人の人物（ロジャー・ウィリアムズ）によって、宗教上の信念に関する無制限の自由が提唱された。つまり、少なくとも制度化された人権の淵源は政治的なものではなく、「信教の自由」という宗教的なものだというのである。とすれば、この立場からすると、イスラム教徒たちの宗教実践（たとえば男女差別）を「人権」の名において批判することはできないことになる。公的な場でのスカーフ着用を禁じるフランス政府も、「テロとの戦い」に神＝Godを持ち出すアメリカ大統領も、信教の自由を保障する「人権」に反する態度に見えてくる。もっとも人権を奉じているはずの両国が、人権侵害の最右翼になってしまうとは何という皮肉であろうか。

現在のアメリカ政府部内からは、「かつての海賊同様、テロリストに人権はない」といった発言が聞こえてくる。容疑者を含む、いわゆる「テロリスト」に対する人権侵害の事例はすでに周知のことであろう。フランス政府は、私的な活動としての宗教活動は許容するが、公的な場面で宗教色を出すことはフランス国家の非宗教的同一性を損なうという理由で、女性のスカーフ禁止政策を維持している。この公私二元論がイスラム教徒には理解できないらしいが、この二元論に対しては西欧内部にも批判がある。(6)憲法学上の人権論では、国家対私人の関係においてのみ人権は保障されるのであり、それ以外はみな私人関係と見なされ、民法その他の法律によって規制されると考えられている。つまり、私人関係においては、人権問題は少なくとも直接的には問題にならないということである。ところが、これでは企業対個人や夫と妻との関係などにおける人権侵害が救いきれないとして、国家的公共性とは異なる公共性の意義がさまざまに論じられている。

近年のGE論議をリードしているハンス・キュングは、異なる宗教間においても共通する倫理規範として「黄金律」をあげている。(7) 彼は、マイケル・ウォルツァーの最小限の（thin）道徳と最大限の（thick）道徳の区別を評価したうえで、このような二分法だけでは具体性を要する道徳の場合には不十分であるとして、具体性の程度に応じた一貫性が必要だと言う。すなわち、ウォルツァーの言う最小限の道徳としての「真実と正義」に加えて人間性（ヒューマニティ）の価値が必要であり、ユダヤ＝キリスト教以外の偉大な世界宗教や倫理的伝統をも考慮する必要があるとして、儒教やヒンズー教、イスラム教などに共通する倫理規範として黄金律を取り出すのである。同じコンテキストにおいて、彼は、誤用されがちな義務の概念などと慎重に区別しながら、人権が機能するために必要な「責任」にも言及している。

Thick & thin という二分法が公私の区別に対応するものであるとすると、この議論は、この文脈で考慮に値するであろう。イェリネックによって人権の制度的淵源とされた信教の自由、政教分離の原則は維持されなければならないとしても、信条の自由は、けっして内面に止まる私的な領域にのみ一義的に押し込めておくことはできないからである。この点でもあらためて人権概念を検討し直してみる必要がある。

個人主義批判

人権批判の第四類型として、自律的で独立した「強い個人」を前提とした権利概念に対する批判がある。これには、文化的相違を強調する非西欧諸国の議論以外にも、西欧の哲学内部における、いわゆるコミュニタリアンからの批判も含まれる。[8]その他にも、人権とは共同体的な習慣と伝統に基づくものであって、抽象的な理性や普遍的な道徳に基づくものではなく、人間一般の権利など認められないというエドマンド・バークの主張（日本でも西部邁などがそうした主張をしている）や、尊厳をもつのは「人間」であって「個人」ではないという主張がある。[9]これらについてはすでに論じたことがあるので、註にあげた拙論などを参照して頂くとして、ここでは、個人主義が特殊西洋的なものであるのに対して、非西洋文化は反個人主義的であるという主張についてのみコメントしておきたい。

GE論議のなかにも、基本的人権の考え方と非西洋的伝統は共通する部分がある、ないし両立可能であるという議論、[10]非西洋的伝統は西洋的な基本的人権の観念を修正することに貢献しうるという議論がある一方で、これとは逆に、基本的人権の概念によってそうした伝統を批判的に説得する必要があるという議論がある。[11]これらの議論について詳しく論じる余裕はないし、西洋対非西洋という対比そのものも問題になりうるが、わたしの見るかぎり、これらの議論の中心にあるのは、個人主義かどうかの問題ではない。

チャールズ・テイラーは、近代西洋的「自己」が成立する過程を思想史的に吟味しつつ、「主体的権利」の観念こそ近代西洋に特有のものとしている。[12]この権利の担い手としての自己（self）は、通常理解されるような意味での、不可分割的な個人（individual）とは必ずしも一致しない。権利主体としての近代西洋的自己の特徴は、テイラーによれば、自己探求、自己制御という意味での内面性、神的な秩序から解放された日常生活そのものに価値を見出したこと、人生に意味を与える枠組みを自らの行為＝表現によって作り上げていかなければならないという点にある。そして、自己探求、自己実現が求められるということは、現在の「自己」以上に重要な何かがあるということが前提となっているのであって、完全な主観主義は空虚であると言う(13)。

こうしたテイラーの分析に基づく西洋的自己は、けっして内面において完結した個人ではなく、行為＝表現を通じて、他者との関係性のなかでアイデンティティを作り上げていく行為者である。そうした意味で、先にあげたフランス政府のイスラム教徒政策には問題があると言わざるをえない。実際、いわゆる「子供の権利条約」などでは、自分たちの文化や言語にアクセスすること、家族が共に生活することも権利として認められている。

権利基底主義批判

最後に問題になりうるのは、人権を個々人の「法的権利」として構成し、具体的な功利性や個別的状況を超えた価値を与える考え方である。この考え方は上にあげた四つとも重なるところがあるが、重要な点は、価値観や能力の多様性、資源の希少性といった事実を根拠に倫理的な善と政治的正義を画然と区別する点にあり、ロールズ流のリベラリズムにその典型を見ることができる。善とは各人がもつ「善き生の構想」としてしか認められず、それを社会的、公的な場面に持ち出すことが禁じられる。このような観点に立つと、もはやグローバルな場面で倫理を語ることができないようにも思われる。というより、ＧＥとは、もはや政治論としてしか可能ではないということになるであろう。

するとここで、法や政治と倫理との関係という根本問題に対処しなければならなくなるが、ここでは、こうした善と正義を区別すること、しかも、たんに理論上区別するだけではなく、実践的にもそれを要求することの問題点を指摘するにとどめたい。

まず、正義と区別される善がもっぱら合理性の観点から捉えられている点が指摘できるであろう(14)。ロールズも、じつは正義の名の下に最小限の倫理的価値を認めているが、なぜそれだけが最小限の基本的価値なのかが問われうる。もしそれに答えられないとすると、その限定は恣意的であり、それに答えうるとすれば、それがなぜ基礎的であるのかを説明するためのさらに基本的な価値を規定しなければならず、価値の多元性という出発点におかれた議論の前提と矛盾してしまう[15]。

善と正を区別すること自体は正なのか善なのか、ということも問題になりそうである。これがたんなる揚げ足取りではないのは、同様の趣旨と思われる批判がテイラーによってもなされているからである[16]。テイラーが「手続き的」リベラリズムと呼んで批判しているのは、個々人の生き方に関わる狭い意味での共通善をリベラリストは容認できないとしても、権利のルールを含む広い意味での善は認めていることになるということである。手続き的リベラリズムとは、各人の生活計画を容易にするのが社会の機能であって、人々の欲求によって促進されるべき善を決定する手続きを重視するものだが、テイラーによれば、このリベラリズムも、人々の権利を侵害する権力の乱用に対する市民の連帯を可能にする共和主義的テーゼを受容することができる。彼は、コミュニタリアンによるリベラリズム批判の主眼は、個々の政策を支持するかどうかの問題ではなく、そうした連帯性に関わる「存在論的」問題提起であって、リベラリズムはその点を誤解しているのだと言う。

リベラルな権利論は、集合的な決定や合意をも覆す「切り札」として権利を捉える傾向があるが、それのもつ二面性に注意しなくてはならないであろう。たしかに共和主義的な決定は、たとえそれが合法的な手続きで行われたとしても少数者の人権を侵害する可能性があるが、逆に、世界的な構造的暴力に対する抵抗運動が多数によって支持されたときでも、「少数者の権利」の名において多数者の意思が否定され、構造的な問題を温存してしまう場合がある。

それゆえ、倫理的善との区別を前提とする「法的権利としての人権概念」の構造そのものをあらためて問い直してみなければならないであろう。

二　人権概念の分析

人権と基本権

人権は一般に、十七世紀ヨーロッパの自然法思想によって基礎づけられた自然権であって、時代や場所に制約されない普遍的な権利であり、神の創造秩序に基づく神聖、不可侵、不可譲なものとされる。ただその内容は、周知のように論者によって異なる。イギリス（ロック）においては、「生命、自由、財産」が基本的なものとされているが、十八世紀フランス革命の理念とされ現在でもフランス共和国の国是とされているのは、「自由、平等、友愛」である。前者の場合、まさに社会状態以前の自然状態における権利であるから、生命＝生きる権利が最初におかれているが、後者になると、国家を構成するための基本的理念であるからか、生命に対する権利が消えている。もちろん、フランス人権宣言でも、自由、財産、安全（圧政への抵抗）は時効にかからない自然的な権利であるとされている。

これに対して、基本権とは、法的、制度的に保障された人権であって、客観的に妥当する権利だとされる。このような意味での基本権は、今や国家の枠を超えた国際法としても数多くが実定化されている。ただ、国家権力を制約するという意味で主観的権利でもあるために、実効性という点では十分に客観化されているとは言えない面がある。

人間の自然＝本性として哲学的に捉えられた自然権と法的制度として具体化された基本権、この二つのどちらを重視するかによって「人権」の起源についても争いがある（註（3）参照）。これについて、人権が憲法上の基本権として規定されている所では、この二つを区別することにあまり意味はないとする考え方や、自然権というのは解釈が多様で曖昧であるといった理由からあくまで基本権を中心に考えるべきだという主張もあるが、それは必ずしも正しくない。なぜなら、実定憲法の文言についても必ずしも一義的な意味が確定されるわけではなく、その意味を明らかにしようとすると、その思想的淵源をたどる必要も出てくるからである。

フランス人権宣言は、周知のように、正確には「人（=男）および市民の権利」であって、女性の問題、人の権利と市民の権利の関係など、その後に多くの議論を引き起こした問題を含んでいた。しかも、近年は、人工妊娠中絶や人工生殖、情報革命にともなうプライバシー概念の変化、自由契約を装った人身売買など、まったく新しい人権問題が起こるとともに、人権のインフレ状態とも言われる状況から、人権どうしの齟齬も生じている。法制化された人権カタログだけでは対処しきれないこうした問題については、あらためて自然権としての倫理的な人権概念に立ち戻って検討してみなければならないであろう。

古い人権、新しい人権

人権の概念には、歴史的に見たとき、重点の変化が見られる。十七世紀は圧政に対する抵抗権と自己労働に基づく財産権、十八世紀は自治的共同体を形成する社会契約への同意権、十九世紀は精神的自由を中心に国家的介入を拒否する自由権、そして二十世紀は生存と教育、福祉を要求する社会権が中心的な意味を持っていた。そして現在は二十一世紀、まさにグローバルな時代に入りつつある。国家=政府の機能が相対的に低下しているのはたしかであり、これまでのように、国家対個人という図式でのみ人権を捉えることは難しくなりつつある。いわゆるテロ集団ばかりでなく、NGOなどの非政府組織の活動も活発化して、その影響力も増大している現在、そうした集団の行為に対してこれまでの人権概念で対処できるのだろうか。それとも、人権はやはり近代国家生成のプロセスで必要とされた、時代制約的なものであり、現代の問題に対処するためには、従来とは異なる人権概念を作り出さなければならないのだろうか。

事実、難民や無国籍者、あるいはデニズンと呼ばれる実態上の多国籍移動民には、現在の主権国家体制のもとでは十分な人権保障が与えられていない。ここで、「新しい人権」というのは、憲法に明文化されていない人権だけでなく、一つの国家だけでは保障されない人権のことを指している。環境権も通常「新しい人権」の一つとされるが、地球環境の問題となると、どの国も一国で解決、補償できるものではない。一九九三年の人権に関する世界会議で出されたいわゆるウイーン宣言は、百七十一カ国の全会一致で採択され、あらためて世界中が人権の意義を認めたものと見なされているが、宗教や表現の自由といった具体的な権利については触れられておらず、「高尚な原理と盗作表現、悪しき妥協のごった煮」であり、「専制的支配者による人権侵害を許容したも同然」と酷評されてもいる。

こうした状況のもとで、理性や人間自身の価値に基づくこれまでの人権論とは異なる視点からさまざまな「新しい人権論」が説かれている。細かい検討は省略せざるをえないが、そのいくつかをあげてみると、

生命を維持するために不可欠な物理的生存と安全に対する権利[17]を重視する（human needs theory）。

人格の道徳性よりも経済的配分を重視する[18]（social justice theory of human rights）。

他の財を獲得するのに必要な基本的権利（安全、食料、自由）[19]を重視する（constitutive theory of human rights）。

文化を超えた合意に人権の基礎を見る[20]（socio-scientific theory of human rights）。

人間性に関する教義とは独立に、各人が望ましいと考える人生を選択する権利[21]を重視する（human agency theory）。

個人にとっての善と社会が保障すべき善との交錯において、人々が達成しうる機能選択の自由度を重視する(capability theory)。[22]

複雑なアイデンティティ理解と権利概念を調和させるための、手続き的正義以前において経験の道徳的次元を形成する新しい美的人格理念を提示する(right to imaginary domain)。[23]

女性や黒人など、男性、白人社会におけるマイノリティの集団的権利主張を重視する(status radical theory)。[24]

などが目につく。

倫理的概念としての人権

法的、政治的な権利概念は、その生成過程の当初は対面的な関係のなかで生まれる個別具体的な主張であるとしても、いったんそれが法律や判例として成文化されると、新たな事象についてもそれが成文化された権利に該当するかどうかという判断が優先されてくる。しかし、倫理的な意識は、必ずしもそうした一般性を重視する理性的判断と同じものではなく、対人関係や状況についての非反省的な、いわば一種の直感によって生じるのではないか。

これと似た問題意識から人権を捉え直そうとする試みとして、リチャード・ローティの議論をあげることができる。[25]彼は、ボスニアにおける残虐行為の報告から、そうした行為を行う者に対して「人間の権利」を説いても無意味であると論じている。彼らにとって自分たちが殺したりレイプしたりする相手は「人間のかたちをして歩き回っている動物」にすぎないからだと。ギアーツやニーチェを引き合いに出しながら、彼は、人間本性をつきつめて行くと人間がひときわ性悪で危険な動物であるという事実に行き着くとして、われわれが許容しがたい行為をする人びとを「非合理的」と決めつけることを戒めている。そうした人びとは、われわれほど幸運な環境で育ってこなかっただけであり、安全と共感を剥奪された人びとなのだと言う。

ローティによれば、人権の基礎づけ主義はもはや時代遅れであって、良心の命令に従うよりは感情に頼ることによって「人権文化」を形成することが重要なのである。そのための具体的な方策は、自分たちとあまりに違いが大きすぎて同じ人間と思えないような悲惨さを被っている人びとを具体的に物語ることによって、それを自分たちの身に引きつけさせ、感受性に訴えることで相違よりも類似性に気づかせることである。この方策は、差別を正当化したり、復讐感情を煽る危険性はあるものの、一定程度有効な手だてではあるだろう。

また、自分の選択や決定が他者に危害を及ぼし、それに対する償いが十分でないと分かったときに生じる責任の意識によって人権の発生を説明しようとする議論[26]にも、これと通底するものがある。それによれば、一般的規範やルールによって押しつけられるのではなく、「内発的」に生じる責任意識からケアを実践することが当たり前だという通念が生み出されたとき、それが「人権」と呼ばれる。

もう一つ、注目される議論をあげておきたい。それは「倫理的熟達に関する現象学的説明」である[27]。それによれば、チェスのマイスターや車の運転に熟達した者は、ルールや格率に訴える能力が高いのではなく、状況に応じた対応力に優れているのである。抽象的な反省によっては将来の行動を改善できない。なぜなら、過去の状況に応じた情緒的な反応ができるためには、非難に値するかどうかの判断ではなく、自分が関与した状況を思い出す能力が必要だからである。

つまり、ローレンス・コールバーグに対するキャロル・ギリガンの議論に見られるように、何が正しいかを問う能力はある種の成熟ではあっても、それが倫理的ふるまいのテロスではなく、むしろ独自の状況に対する配慮こそが重要だというのである。原理と推論によって倫理的熟達が達成されるという仮説は確かめられていないのであり、ギリガンの問題提起を原理の適用問題として捉えてしまうハーバーマスの理解は、ギリガンおよび現象学の反認知的含意を完全に見落としているのであり、合理的な道徳判断とそれに基づく行動が、個別具体的な状況に対応した無意識的ふるまいよりも倫理的に優れているとは言えないということである。

三　暫定的結論——人権概念の見直しに向けて

Human Rights これを「人権」と訳して怪しまない習慣をわれわれは身につけてしまっているが、「人間」も「権利」もじつはかなり新しい日本語の語彙であることも忘れるべきではないだろう。事実、国際人権宣言の訳し直しの試みも行われている[28]。

あらためてGEの可能性を探るというプロジェクトの文脈に「人権」を置き直してみると、少なくとも法的制度としては人権の条約化、国際化は確実に進展している。その意味では、人権のグローバル化は着実に進んでいると見てよいであろう。しかし、その理念とはあまりにかけ離れた世界の現状を見ると、人権概念の空しさをも感じざるをえない。たとえば、国際的な人権条約の国内効力について、社会権規約は一種の努力目標にすぎず、批准国政府といえども法的に義務づけるものではないとされているし、自由権規約にしても、国内立法をまたずに「自力―執行的（self-executive)」な効力を持つかどうかについても議論のあるところである。また、人権先進国と目されるアメリカやフランスの内情を見ても、すでに触れたように、その人権外交には二枚舌外交と思わせるところがあり、西洋的人権概念の普遍性に対する各種の疑念にももっともなところがある。

カント以来と言ってよいであろう、近代ヨーロッパでは規範の妥当性を「普遍化可能性」を基準として計る考え方が主流を占めて来た。たとえば、「普遍への志向が文脈的意味の内在的理解や文脈的差異の尊重と両立する」だけでなく、「文脈的差異への十全な感受性・開放性は普遍志向性なしには不可能である」という主張がある。[29]これは、十分理解できる議論ではあるが、まったなしの対応を迫ってくる現実の諸問題に対して、少なくとも「規制理念としての普遍性」志向によって人権や正義が具体的に担保されるとは考えにくい。

たとえば、アンティゴネーの物語を考えてみる。一般にこの物語は神の法と地上の法とが対立する場合の悲劇として捉えられているが、アンティゴネーの主張とクレオンの主張のどちらにより普遍性が認められるのであろうか。それとも、どちらも普遍性を主張しているからこそ、いまだに論議の対象になりうると考えるべきなのか。この物語は、ジュディス・バトラー流の見方をすると、どちらも自分自身の愛と嫉妬をめぐる、普遍性の認められない論争、あるいはジェンダー的語り口の相違に関わる対立とも言えそうである。[30]まさにこれは、真理や正義のコンテクスト依存性を明らかにしてくれる事例と言えよう。

とすれば、生の形式の多元性をより誠実に受け入れるためには、形式主義や合理主義、手続き主義に遍しない、もう少し別の方向に普遍性を探る必要があるのではないか。もはやその糸口を簡単に示唆することしかできないが、わたしは次のように考えている。

人間というものを徹底して社会（国家や共同体、組織などを含む）の外部に置いて考える。人権ということで何らかの人間本性のようなものを考え、それを基軸に社会（公共性）を考えると、必ず対立が生じる。なぜなら、人間とは、文化のみならずさまざまな社会によって引き裂かれる存在であり、そのいずれかに重点を置く主張は当然一面的にならざるをえないからである。第一、生身の人間は、神経システムと脳、さまざま身体臓器、意識、無意識からなるコングロマリットであり、けっして高次の統一性を持つものとは言えないであろう。いかなる社会も、そうした意味での「人間」と直接的な関係は持ちえない[31]。

「社会」はもともと複合的なものではあるが、グローバル化が進むと、ますます公共性としての社会の様相は複雑化する。そうしたなかで、ある一つの社会的局面から見ると、人間はまったく「わけの分からない」非合理な存在である。人権とは、特定化された性格をもつ「人間」に固有の何かなのではなく、人間のどの部分をも無視しないための装置であると考えた方がかえってよりヒューマンなものになるのではないだろうか。その意味で、人権は、けっして完成された概念ではなく、今後もあらゆる角度から構成し直されていくべきものであろう。

そう考えることによって、人権は、近代的普遍主義の源泉としてテイラーが指摘する「宗教的仁愛」や、同じタイプの状況を同じ方法で扱う原理を求めるリベラルな正義論に対比してドレイフュスが言及する、抽象的レベルで同一な状況においても個別的に異なる対応を引き出しうる「愛」にも開かれたものになりうるのではないだろうか[32]。特にGEの基本理念としてなお有効であるとすれば、人権の概念はそのような方向に開かなければならないであろう。

註

（1）William Hitt, *A Global Ethic; The Leadership Challenge*, Battelle, 1996, p. 150. より。

（2）白石嘉治・大野英士編『ネオリベ現代生活批判序説』新評論、二〇〇五年、三二頁以下参照。また、David Hollenbach, (*The Global Face of Public Faith*, Georgetown Univ. Pr., 2003, pp. 218f.) は、民主主義と人権および市場経済と発展の二つを政策の柱に掲げるクリントン、ブッシュ両政権について、人権が直接経済的な権利を含んでいるとする理解を批判している。

（3）初宿正典「マルティン・クリーレの人権宣言史論」（『人権宣言論争――イェリネック対ブトミー』みすず書房、一九九五年、二二三頁以下）参照。

（4）S・ルークス「人権をめぐる5つの寓話」（S・シュート・S・ハーリー編（中島吉弘・松田まゆみ訳）『人権について』みすず書房、一九九八年、三四頁）より。

（5）前掲『人権宣言論争』九二頁。

（6）たとえば、セイラ・ベンハビブ『他者の権利』法政大学出版局、二〇〇六年（特に一六九頁以下）参照。

（7）Hans Küng, *A Global Ethic for Global Politics and Economics*, Oxford Univ. Pr., 1998, pp. 97f.

（8）これについては、井上達夫『共生の作法』（創文社、一九八六年）、同「共同体の要求と法の限界」（『千葉大学法学論集』第四巻第一号、一九八九年）、拙稿「人間と社会――システム論的正義論をめぐって――」（土方透編『ルーマン／来るべき知』勁草書房、一九九〇年）を参照されたい。

（9）ホセ・ヨンパルト「日本国憲法解釈の問題としての『個人の尊重』と『人間の尊厳』（上）（下）」（『判例タイムズ』三七七―八号、一九七九年）、同「再び、『個人の尊重』と『人間の尊厳』は同じか」（『法の理論』一九、成文堂、二〇〇〇年）。なお、同教授古稀祝賀記念論文集『人間の尊厳と現代法理論』成文堂、二〇〇〇年（特に第一部の諸論考）、および押久保倫夫「『個人の尊重』か『人間の尊厳』か」（前掲『法の理論』一九）をも参照。

（10）H. Küng, *op. cit.* の他に、たとえば、Sumner B. Twiss, "Religion and Human Rights: A Comparative Perspective", in: Twiss & Bruce Grelle ed., *Explorations in Global Ethics; Coparative Religious Ethics & Interreligious Dialogue*, Westview, 2000. 等参照。

（11）David Hollenbach, *The Global Face of Public Faith*, Georgetown Univ. Pr., 2003.

（12）Charles Taylor, *Sources of the Self*, Harvard Univ. Pr., 1989, pp. 11f.

（13）*Ibid.*, p. 507. なお、ここでテイラーを取り上げたのは、人権の基礎となる自己像の歴史的生成プロセスを確認するためであって、現在における多元性克服の道筋をユダヤ－キリスト教の教義に見出そうとする姿勢（p. 521）についての評価はまた別の問題である。

（14）J. Rawls, *A Theory of Justice*, Harvard Univ. Pr., 1971, Chapter VII.

（15）Cf. John Kenes, *Against Liberalism*, Cornell Univ. Pr., 1997, 200f. Kenes は本書で、本文最初にあげた善の概念に関して、リベラリズムは人間性や社会そのもののもつ悪性について素朴すぎると指摘している他、責任、平等、配分的正義、そして多元性の問題をあげている。

（16）Charles Taylor, "Cross-Purposes: The Liberal-Communitarian Debate", in: *Philosophical Arguments*, Harvard Univ. Pr., 1997.

（17）Christian Bay, "Self-Respect as a Human Right: Thoughts on the Dialectics of Wants and Needs in the Struggle for Human Community", *Human Rights Quarterly4*, 1982, pp. 53-75. 以下3までは、Mark R. Amstutz, *International Ethics*, Rowman & Littlefield, 1999. による。

（18）Charles R. Beitz, "Human Rights and Social Justice", in: *Human Rights and U. S. Foreign Policy*, ed., by Peter G. Brown and Douglas MacLean, Lexington Bokks, 1979, pp. 45-63.

（19）Henry Shue, *Basic Rights: Subsistence, Affluence, and U. S. Foreign Policy*, Princeton Univ. Pr., 1980.

（20）Mark R. Amstutz, *op. sit.*, p. 74.

（21）Michael Ignatieff, *Human Rights as Politics and Idolatry*, Princeton Univ. Pr., 2001.

（22）これはもちろん、アマルティア・センの用語であるが、さしあたり、鈴村興太郎／後藤玲子『アマルティア・セン　経済学と倫理学』実教出版、二〇〇一年、一八五頁以下参照。Cf., A. Sen, "Rights as Goals", in: S. Guest & A. Milne ed., *Equality and Discrimination*, Franz Steiner, 1985.

（23）ドゥルシラ・コーネル（仲正昌樹監訳）『正義の根源』御茶の水書房、二〇〇二年、第八章等参照。

（24）Rhoda E. Howard, *Human Rights and the Search for Community*, Westview, 1995, pp. 212f.

（25）R・ローティ「人権、理性、感情」（前掲『人権について』）。

（26）最首悟『星子が居る』世識書房、一九九八年。

（27）ヒューバート・L・ドレイフュス／スチュアート・E・ドレイフュス「道徳性とは何か――倫理的熟達の発展に関する現象学的説明」（D・ラスマッセン編（菊地理夫他訳）『普遍主義対共同体主義』日本経済評論社、一九九八年）。

（28）アムネスティ・インターナショナル日本支部編『わたしの訳　世界人権宣言』明石書店、一九九三年。

（29）井上達夫『普遍の再生』岩波書店、二〇〇三年。井上はここで、（西洋的）覇権、画一化・同質化、確定性、基礎づけ主義と普遍性を混同する議論を批判しながら、普遍性を「規制理念」と規定しているが、「普遍化は果たしてどこまで可能か」

「そもそも何を公共的理由として提起するのか」という疑問（大江洋『関係的権利論』勁草書房、二〇〇四年、一三〇―一三一頁）と重なりつつも、それらを超えて、そうした規制理念がいかにして生じうるのか、人間理性なのか、共感的同情なのか、それとも神の恩寵なのか、そんな疑問を禁じえない。

（30）J・バトラー（竹村和子訳）『アンティゴネーの主張』青土社、二〇〇二年。

（31）Vgl. Niklas Luhmann, *Soziologische Aufklärung 5. Konstruktivistische Perspektiven*, Opladen, 1990, S. 7.

（32）方向性は本報告と必ずしも一致するわけではないが、森田明彦『人権をひらく』（藤原書店、二〇〇五年）も参照されたい。

第五章　グローバル・エシックス構想に向けて

——普遍主義と個別主義の二元論の調停の試み——

ギブソン松井佳子

言葉には破壊する力、省く力、消し去る力があることを、わたしはすでに知っていた。だが詩の言葉には復活させる力がある。
（アン・マイクルズ『儚い光』[1]）

わたしは小さな部屋にいた。すべてのものが脆《もろ》く見えた。ほんの少し身動きするだけでなにかを壊してしまいそうだった。わたしの手はつかんだものを溶かしてしまいそうだった。**ここのピアニッシモは完璧でなくちゃいけない、人の耳にまずそっとはいって、それから聞こえるように**——。

ナチの政策は反ユダヤ主義をこえた、反物質主義だった。なぜならユダヤ人は人間とはみなされなかったからだ。歴史上しばしば使われてきた古い言葉のレトリックが使われた。非アーリア人は人間ではなく、〝人形《フィグーア》〟とか〝かけら《シュテュック》〟などとよばれたのである。ガスを浴びるのは人間ではなく、〝人形〟にすぎない、だから道徳に反しないのだとされた。社会の汚れた地下室にたまったごみやぼろきれやがらくたを燃やしても咎《とが》められることはない、放っておくと火事の原因になるのだ！　災害が起きるまえに燃やしてしまうしかないではないか……。だから、ユダヤ人絶滅政策は、ある道徳律を別の道徳律に優先させるという問題ではなく、どんな道徳律にも反しない必要な措置だった。同じ理由からナチはユダヤ人にペットを飼うことを禁じた。動物が動物を飼うとはどういうことか、昆虫や木切れがなにかを所有することなどあるのか、というわけだ。ナチはユダヤ人に石鹸を買うことを禁じた。鼠や鼬《いたち》には必要ないものだからだ(2)。

一　グローバル化時代の〈普遍〉と〈個別〉をいかに考えるべきか

一九八九年の東欧革命、一九九一年のソビエト連邦崩壊後、冷戦は終結した。そしてグローバリゼーションやIT革命・情報化が急速な進展を見せる一方で、テロリズムや民族紛争および環境問題は更に深刻化している。この近年急速に拡大するグローバル化現象は、それと雁行する形でローカルなものを各地で現出させ、市場の開放や自由貿易、トランスナショナルな交流が拡大すると同時に監視統制的な圧力も強化されている。グローバル・スタンダードの構築という一元化の主張が唱えられる一方で、ナショナリズムの動きや民族紛争が噴出する。このような不透明でわけのわからない世界状況のなかでひとつたしかなことといえば、国民国家つまり近代国家のウェストファリア・システムに揺るぎが生じていることである。そしてこの国民国家主権の機能不全は翻ってフランスや米国その他における移民問題を激化させ、〈国民〉と〈非−国民〉の線引きをめぐる成員資格の問いを切迫した形で照射する。現代社会に押し寄せているラディカルな変容は通信メディア技術革新とも共振しつつ、個人がさまざまな帰属媒体物を抱えながらも、意図すればそれらを飛び越してグローバルなものに直接アクセスができるようになって人々の自由が広がったと同時に、家族や地域共同体などへの帰属意識の希薄化によって、諸個人は寄る辺なき不安と孤立感に苛まれているという側面もあるのではないか。

一九八〇年代から一九九〇年代に急速に広がった不可逆的とも思える社会の多元化と脱伝統社会化の流れのなかで、生活様式の多様化や価値観の多元化が進み、人の生き方や社会のあり方についての指標が見つけにくくなっている。価値多元主義が相対主義的な虚無感と背中合わせであり、共通の価値基準を欠いたポストモダン的な現代世界のなかで、さまざまな形のコンフリクトが表面化している。この価値多元主義は、たしかに人びとを価値の対立と通約不可能性へと追い込む側面がある。多様な価値の称揚のみではさまざまな形のコンフリクトの解決には至らない。グローバル化の進展に伴う個人責任の重視、つまり自己決定できる／自己責任が取れる個人が望ましいものとされる個人化現象にタイムリーに呼応する形で、社会理論や公共哲学その他の領域においてリベラリズムの功罪が白熱した議論を醸成させている。リベラリズムは価値多元主義（多文化主義や共同体主義なども含めて）に対立するものとして、またリベラリズムの普遍的価値は世界の価値多元主義を抑圧するものとして、厳しい批判の矢面に立たされているという現実は歪めない。

しかし果たしてリベラリズムと価値多元主義は不可避的に対立関係にあるのだろうか？　近年の多文化主義や共同体主義の〈反普遍〉趨勢に迎合して、普遍主義的理念／原理を手放し、個別主義／文脈主義へとシフトすることで倫理的な〈共生〉はより容易になるのであろうか？　諸価値が混在するボーダーレスなグローバル時代に生きるわれわれは Anything goes! の相対主義に陥ることなく、どのようにして公共的な妥当性を有する道徳規範・エシックスを構想できうるのか。合理主義的一元論と文化・価値多元主義の闘争は、われわれの道徳・倫理意識を大きく変容させずにはおかない。これだけ境界線が流動的かつ曖昧になりつつある現代世界において、リベラリズム・コミュニタリアニズム論争もある種の社会的価値の共有の存在を認識せざるをえない所まで質的変化を遂げているといえよう。社会における争点が従来の「社会経済的な再分配をめぐる闘争」から個人のアイデンティティや文化／生活形態の差異に関する「承認をめぐる闘争」へと重心がシフトし、アクセル・ホネットはこれを批判的社会理論の〈承認論的転回〉と呼んでいるが、いずれにせよ、われわれの〈生〉をめぐる価値観がドラスティックな変容を被っていることは間違いない。

チャールズ・テイラーは多元主義擁護の立場から、〈個人主義〉と〈共同体主義〉の二元論を調停すべく、人間の生来の対話依存性に注目して「対話的自己」の概念を紡ぎ出している。またセイラ・ベンハビブはリベラリズムの核心というべき普遍的規範へのコミットメントを共同体の民族的・文化的多様性と連動させ、普遍主義と個別主義を〈調停〉させることで〈普遍〉を鍛え直すことが可能であるという見解を主張している。これらの二元論調停の哲学的企ては公共的なグローバル・エシックスの新局面を実現させる希望の光といえるものではないだろうか。予想不可能かつ多元的な現代グローバル社会のなかで、われわれはどのような形で〈正義〉〈善き生〉〈望ましい社会〉をめぐるグローバル・エシックスを構想することが望ましいのか。たとえ誰もが合意できる絶対的な倫理規範を設定することは不可能であるとしても、紛争解決（conflict resolution）の手段としての暫定的な合意を形成することは緊急課題といえよう。従来の普遍主義と個別主義（文脈主義）を、二項対立的な発想法に依拠せず、これらを相互触媒的な関係としてとらえ、現代のグローバル・エシックスにふさわしい倫理的な熟慮を発展させることが要請される。進行するグローバル化の流れのなかで、リベラリズムは啓蒙の申し子としての機能をこえて、対立する価値観や文化、生活様式を調停する公共の理念的根拠としての役割を担うことができるし、また担うべきであろう。

ロールズは『正義論』（1971）において諸個人の善き生（goodness of life）は多種多様であり、それらを統合して社会秩序を創出するにはメタレベルの規範的原理が必要であるとして、どのような社会が望ましいかという問いと向き合いながら、社会を秩序づけ人々の協働を可能にするような社会制度の徳（virtue）としての正義を考え、それを個人の〈善き生〉に優先させて公正（fairness）としての正義の意味を包括的な道徳哲学原理としてまとめあげた。多元主義の対立／紛争を調停する役割を果たすべく、この社会的〈正義〉という公共的価値を説得力のあるものにしなければならなかった。ロールズの想定した〈無知のヴェール veil of ignorance〉による〈原初状態 original position〉という概念は、現代の予測不可能な世界状況を考えるとき、個人からその具体的な歴史的・身体的な文脈を引き離すことによる一般化／抽象化行為にほかならないとして、個別主義的な立場から批判されてもいるが、これによって諸個人の属性や資源や能力をいったん括弧に入れたうえで〈不偏的 impartial〉な観点から〈公正〉をめざすことが可能となるのであるという点を評価すると、有意義な配慮といえるのではないだろうか。個人あるいは集団間の利害対立を解決するには、普遍的な妥当性を有する〈社会の望ましさ〉が求められるが、そのさい、レヴィナスの二人称の〈他者〉へのまなざしとともに三人称の〈他者〉への賢慮がなければ、グローバル・エシックス構想とはいえまい。そしてロールズの〈内省的（反照的）均衡 reflective equilibrium〉は現代のグローカル化の文脈における〈普遍〉と〈個別〉の往還プロセスとして、リベラリズムの再定式化の観点から十分擁護されうると考えられる。

以下、まずグローバル・エシックス構想の探求に不可欠な、異質な他者と共存するための〈自由〉原理の検討から始めることにしよう。

二　〈自由〉の原理

そもそも〈自由〉とは何か。残念ながらこの深遠かつ重要な概念に明確な定義はない。しかしこれまで〈自由〉概念に関しては歴史的にさまざまな理念化をめぐる議論がなされてきた。リベラリズムはジョン・ロックの社会契約論にオリジンを持つ。政府の役割は個人の生命・自由・財産についての自然権を保障・保護することであり、個人の内面の自由（宗教などの）に政府は介入すべきではないとされる。市民の原初的コンセンサスに依拠した政教分離、国家の中立性および個人の内面的自由の保障は、リベラリズムの基本的原理である。その後ベンサムの功利主義原理に基づく「最大多数の最大幸福」という人々の功利（快楽）の最大化が正義の原理となる。これに対してジョン・スチュアート・ミルの功利主義は、〈個性 individuality〉の自由な発展による人格の育成は個人にとって望ましいものであるのみならず、社会にとってもその多様性を増大させるという意味でメリットであると考えたのである。個人の能力と個性が伸ばされることが重要であり、だからこそ他人を傷つけない限り自由が確保されねばならない。

第一にまず他人に関係があるというのではない事柄においては、個性が自己を主張することが望ましいのである。己れ自身の性格ではなくて、他人の伝統や習慣が行為を規律するものとなっているところでは、人間の幸福の主要なる構成要素の一つが欠けているし、また実に個人と社会との進歩の最も重要な構成要素が欠けているのである。……個性の自由な発展が、幸福の主要な要素の一つであるということが、痛感されているならば、また、それは文明、知識、教育、教養というような言葉によって意味されている一切のものと同位の要素であるに止まらず、それ自体がこれのすべてのものの必須の要素であり条件である、ということが痛感されているならば、自由の軽視される危険は存在せず、また自由と社会による統制との境界を調整することについても、特別の困難を惹起しないであろう。しかるに不幸なことには、一般の考え方によると、個人の自発性が固有の価値をもち、あるいはそれ自体のゆえに何らかの尊敬に値するものであるとは、ほとんど認められていないのである。(3)

この文脈を考慮するとミルの「危害原理」の目的がより明確になる。

この論文の目的は、用いられる手段が法律上の刑罰というかたちの物理的な力であるか、あるいは世論の精神的強制であるかいなかにかかわらず、およそ社会が強制や統制のかたちで個人と関係するしかたを絶対的に支配する資格のあるものとして一つの極めて単純な原理を主張することにある。その原理とは、人類がその成員のいずれか一人の行動の自由に、個人的にせよ集団的にせよ、干渉することが、むしろ正当な根拠をもつとされる唯一の目的は、自己防衛（self-protection）であるというにある。……いかなる人の行為でも、そのひとが社会に対して責を負わねばならぬ唯一の部分は、他人に関係する部分である。単に彼自身だけに関する部分においては、彼の独立は、当然絶対的である。個人は彼自身に対して、すなわち彼自身の肉体と精神に対しては、その主権者なのである。(4)

人は他人に危害を与えないかぎりにおいて誰も社会も干渉してはならず、人は自分自身のみに関係することについては自己決定する自由を有しているのであるという主旨であるが、「自己防衛」ということばに注意を向けたい。すなわち人が自分の個性を発展させようと欲したときに、脅威としてあらわれてくる権力は実に多様であり、政治的、法的権力のみならず多数者の世論さえその範疇に入る。自由が守られなければならないのは、この個性の養成という重要な「人間の幸福の諸要素の一つ」として不可欠なものだからである。現在われわれを取り囲む世界情勢に目を向けるとさまざまな権力構造によって〈自由〉や〈自律〉が脅かされている。国家権力だけでなく、法制度、軍事、市場経済、身体、医療、市民社会、伝統的習慣、文化といった諸領域において権力はマクロおよびミクロのレベルでわれわれを脅かしている。この現況を考えるとき、〈他者危害原則〉は今も倫理的な価値として普遍的妥当性を有していると考えられる。

バーリンは「二つの自由の概念」（講演一九五八 原著一九六九）のなかで、〈消極的自由〉と〈積極的自由〉を区別した。前者の〈消極的自由〉は干渉されない自由、拘束からの自由であり、諸個人の〈善き生〉の考え方がどのようなものであってもそれが危害原理に反しないものであれば自己決定原理に従うべきだとする。ミルのことばを借りれば、個人は自分自身に対して主権者である。これは価値多元論を前提としている。人々の生が多元的な価値に基づき営まれるなかで、調和を保つには個人の最低限の自由が確保されなければならない。多くの人びとの自己実現が可能となるように極力邪魔をしない、介入を避けるという方策が必要となるのである。それに対して〈積極的自由〉は価値一元論に依拠し、合理的な自己実現、自己支配を意味する。自己を支配するのは自分自身であり、他人に支配されてはならない。理性を通して自己創造を遂行し、それが社会制度の規範的原理へとつながっていく。〈消極的自由〉においては、個人の考えはその中身には関係なく尊重されなければならないが、〈積極的自由〉においては、自律的な個人にとって理性的であるという価値が最上の価値であるととらえられているのである。

この二つの〈自由〉概念について、もう少し異なる観点から〈自由〉の形式と内容について考察を続けよう。テイラーは、〈消極的自由〉を「機会概念」とし、〈積極的自由〉を「行使概念」として区別を試みているが、ここにはコミュニタリアンでありながら、個人主義的な倫理観をも併せ持っている彼の思想的立場が如実にあらわれている。テイラーは〈普遍〉と〈個別〉、〈個人主義〉と〈共同体主義〉といった二項対立的発想法を〈全体論的個人主義 holistic individualism〉という概念構築によって超克しようとする。この概念はグローバル・エシックス構想にとって大変有益なものだと考えられる。なぜなら、ネオリベラルなグローバル化によって公的機関が社会的な連帯や絆を結ぶ役割を果たさなくなったことで、公共圏が縮小し、個人の自律性が自己決定や自己責任という形で脅迫観念化し、世界の国家間および各国内部で社会経済的な格差がますます増大しているからである。イラク戦争や各地の移民排斥運動や宗教をめぐる紛争など、世界中で社会的な亀裂が拡大しつつある。このような不安定な世界情勢のなかで個人のアイデンティティ感覚・意識は未曾有の質的変容を生み出し、ひいてはわれわれの人間観や世界観に影響を与え、それと連動する形で、〈自由〉という概念の解釈も多層性が見られるようになってきている。

テイラーは多元主義への真正なコミットメントを通して、近代思想や哲学の画一化・均質化・一元化のファクターを批判し、もっぱら多元主義（pluralism）を擁護する立場を主張してきた。テイラーはロールズに代表される現代リベラリズムの普遍的規範としての正義概念に疑義を呈し、コミュニタリアンとして個々の文化の多様性や個別性、および共同体や〈善き生〉の多元性を堅持する一方で、個人主義的あるいはリベラリズム的側面も保持している。これは期せずして、個人主義と共同体主義の二者択一的解釈を内側から脱構築させるモメントを提供しているといえよう。テイラーは功利主義的な人間観を批判し、人間が持つ「強い評価」能力を価値あるものと認める。すなわち、人間の生物学的欲求や本能レベルの判断や選択という「弱い評価」とは明確に区別される、自己の欲求を内省し言語によって分節化する「自己解釈」能力を評価しているのである。この内省行為によって自分の欲求や感情を変革することができるという点で、人間存在は「自己解釈的存在」であり、これが決定的に重要である。ここにはたしかにリベラリズム的な自律性を有する人間観を読み取ることができる。しかし同時にテイラーの自己論の核として、「対話依存性」という重要ファクターがあることを忘れてはならない。ここでは近代の対話に先立つ主体としての自己ではなく、対話というコミュニケーション・プロセス（「対話の網の目」）のなかから立ち上がってくる自己を想定している。このようにして人は人格形成という営為を対話を通して行うのである。そしてこの「対話的自己」は、言語表現を通して自分の感情を解釈しながら他者との関係を構築しつつ、言語コミュニティのなかに位置づけられることになるが、これはけっして共同体に従属するということではない。重点はあくまで個人の内面の深化である。個人は言語表現によって自己の内省を行いつつ真正な感情を吟味しながら自己のアイデンティティを形成していく。この道徳的源泉としての個人の内面化と他者との対話は、共同体と分ちがたく結びついている。テイラーはこう述べている。「人間の生の、この決定的な特徴とは、それが根本的に対話的（dialogical）な性格を持つということである」[5]。

テイラーの道徳的強調点としての〈真正さ authenticity〉は感情に根ざし、他者との関係が自己確認・自己肯定あるいは自己否定の核心的な磁場として機能することになる。

三　討議倫理（discourse ethics）の可能性

グローバリゼーションがわれわれの生活圏を席巻し、価値多元化と世界の重層的構造化が進むなかで、特定の文化や伝統に依拠した道徳規範を設定することはますます困難になりつつある。周知のとおりこれまでにハーバーマスの討議倫理学およびコミュニケーション的合理性に対する批判はさまざまな視点からなされてきたが、もちろんその批判を考慮しつつも、なおかつグローバル・エシックスの視座から見るとその価値は小さくはないと考えられる。ハーバーマスにとってコミュニケーションとはなにより社会的行為の核であり社会生活に不可欠なものである。意思疎通の手段であるのみならず人々の行為調整の機能を果たし連帯意識を創出する。そしてとりわけ個人のアイデンティティ形成および人格同一性獲得において中枢となる役割を担うものである。

特定の文化や伝統にとらわれない道徳はどのような形をとることができるのであろうか。ハーバーマスは規範の形式化として「討議倫理」を主張する。この討議はコンフリクト解決に必要なものである。すなわち規範の正当性について疑問が提出されたときに討議が開かれ、参加者全員が対等な立場でどんな権威からも自由で一切の強制を受けることなく、みんなが同意できる規範を実践的討議を通じて見つけようとする。ハーバーマスによるとすべての発言は三つの妥当要求を掲げるべきである。一つ目は真理の表明、二つ目は正しい規範の遵守、三つ目は誠実な意見陳述という「妥当要求」群である。これはハーバーマスの世界を三つに分類する考え方に照応している。世界は①客観的世界　②社会的世界　③個人の内面世界　に分類することが可能であり、各々の妥当要求は①真理性　②正当性

③誠実性　に照応する。討議はつねに質問や批判に開かれ、理性的な討議プロセスは妥当要求を相互に提出し、対話を通して一般意志の獲得がめざされる。合理的なコミュニケーション共同体のなかで討議を通して規範的価値がつくり出される。現代社会において個人はかなりボーダーレスに動き、伝統的で固定的な共同体に生きるのではなく、流動的かつ暫定的なアソシエーション的なつながりを持つことが多くなっているが、この状況に対応するにはこのハーバーマス的コミュニケーションによる合理的な討議は、実質的なコンフリクト解決の有効な方策となりえるのではないだろうか。ここではコミュニケーション重視の多様性（差異）原理とコンフリクト解決のための合理的コンセンサスという同一性原理を有機的に合体させる戦略が取られる。ここで肝心な点は、ハーバーマスがどんな規範的価値もわれわれの社会生活の事実性との関係がなくては、不十分であると述べていることである。そしてハーバーマスのこの反省的・批判的スタンスは、自己の文脈（生活世界・経験世界）から距離を取りながら、しかもそこから離れてしまうことのないある種の「つかずはなれずの」バランス感覚を有する臨界面のようなものとしてとらえることができる。いわば〈普遍〉と〈個別〉の編み込み作業である。要するに、この普遍化原則は実践的討議の対話から導出されるべきものなのである。

なおハーバーマスは実践理性を①実用的（pragmatic）②倫理的（ethical）③道徳的（moral）に分類し、②は個別主義的なもので個人や集団の偶然的な歴史に依拠し、③は普遍主義的なもので歴史的文脈から引き離された形で〈正義〉の問題を扱うとして、②と③を明確に区別している。しかしながらアイデンティティ・ポリティクスをはじめとする〈差異〉をめぐる諸問題が激化する状況のなかで、ハーバーマスの②と③を峻別する姿勢は必ずしも生産的ではないとする批判が生まれ、ハーバーマス自身も②の領域を軽視する傾向にあったことを反省するという態度を取っているようであるが、この区別それ自体が間違っているとはいえないのではないか。むしろ③の道徳的ディスコースが自己アイデンティティと不可分である生活コンテキストから距離を取る、つまり②から自分を引き離す抽象化を主張していることは意味のあることだといえよう。歴史社会的文脈から自己を引き離し、ある種の抽象化・普遍化・一般化することの重要性は、アイヒマンやゾフィー・ショルなどの例を考えると、われわれの公共世界における倫理的・道徳的判断の不可欠な条件だということは明らかである。近年のポストモダニズムやアイデンティティ・ポリティクスその他からの〈普遍〉批判の激化のなかで、だからこそあえて、〈個別〉と共存すべき〈普遍〉の価値を強調しておきたい。

四　ベンハビブの〈普遍〉と〈個別〉の調停

共同体主義者は、道徳性の要求を個別の倫理的、文化的、政治的な共同体の主張に還元する。現実主義者やポストモダニストは、政治的規範がいつも道徳的規範に従わされうるということに懐疑的である。しかし、討議倫理学者は道徳的なものと倫理的なもの、道徳的なものと政治的なものとのあいだで必要とされる分離および必要とされる調停を強調する。そこでの仕事は調停であって還元ではない。いかにして道徳的普遍主義と倫理的個別主義を調停しうるのか。いかにして法的および政治的な規範と道徳的な規範を調停しうるのか。成員資格をめぐる問いは、こうした調停の難しさをつねに提起している。もし道徳的なものと倫理的なものが区別されないならば、個別の文化的、宗教的、民族的共同体の排他的な市民資格と成員資格の実践を批判することはできないであろう。そして、もし道徳性と合法性が区別されないならば、法的に制定された民主的多数派の規範が、難民の入国を拒否し、亡命者を門前払いし、移民に国境を閉ざすものであったとしても、それらを批判することはできないであろう。最後に、もし道徳性と機能性が区別されないならば、自らの大切な道徳的、立憲的、倫理的な信念をふみにじっている、移民、帰化、国境管理の実践に異議を申し立てることはできないであろう。(6)

ベンハビブは著書 *The Claims of Culture: Equality and Diversity* の第二章「われわれと〈他者〉」の副題を「普遍主義は自民族中心的か?」という挑発的な疑問形として提示している。そして現代社会の諸文化や文明間における複雑かつグローバルな対話がいかなるものであるかという現状を鑑みると、各々の文化・文明が内的な整合性と純粋性を持っているとは考えられないとして、すべての文化における生来の混成性（radical hybridity）と多声性（polyvoality）の認識が重要であると主張する。つまり個々の文化は相互浸透しつつ存続するがゆえに、そもそも「われわれと〈他者〉」の境界線は明確ではないということであり、多文化主義の文脈で自明視されている文化の内部的均質性・同質性という理解は還元主義だとして斥けられる。

このベンハビブの多元性と相互関係の認識は、差異を同じ規準で計れない通約不可能性として性格づけるのではなく、社会的な位置性あるいは視点のちがいとしてとらえるわけだが、この考え方はグローバル・エシックスのヴィジョンに確かな光を投げかけるものとして評価したい。ベンハビブは慎重に文化的本質主義にも相対主義的認識論にも反対の意を表すが、ここにある厳しい評価基準となっているのが、まさしく〈普遍〉と〈個別〉を有機的にリンクさせるモメントが看取できるかどうかという尺度である。ベンハビブは共同体主義者的発想、つまり道徳の要求が具体的なエスニシティ・文化・政治に基づく共同体によって正当性を付与されることを支持しない。ベンハビブにとっての哲学的なコミットメントは、〈道徳的な普遍主義〉と〈倫理的な個別主義〉を峻別したうえで、これらをいかに調停させうるかという課題への取り組みであり、これは〈対話的普遍主義〉と称される方法である。翻ってベンハビブのコスモポリタニズムはこの意味で、グローバル化時代の市民社会において諸個人の関係を統制すべき調停の規範の表れとして理解できる。たんに道徳的なものでもなければたんに法的なものでもない、強いて言えば〈法律の道徳性 morality of the law〉だとして、ベンハビブは二者択一的な還元を周到に回避する。一方が他方を包摂してしまったり支配してしまったり還元してしまったりする状況を避けて、あくまで二項を調停するという機能を探求するわけだが、この〈普遍〉と〈個別〉あるいは〈理想・理念・原理〉と〈具体的な現実〉の調停・交渉の民主的反復のプロセスこそが、〈普遍〉と〈個別〉を往還する反省的＝再帰的な規範理論の具体的なインターフェイスなのである。ベンハビブは、近年の国家主権の脆弱化を伴いつつ拡大している国境横断的な移民、難民、亡命者を含む〈移動・移住〉現象に注目する。そしてそこに自由民主主義体制の不可避なジレンマを見出す。つまり国家主権の自己決定の要求と普遍的人権原則の間にある調停困難なアポリアをどのようにして解決に導くことができうるのかという難問に、合理的な即答を用意するのではなく、忍耐強く差異の自覚プロセスを吟味しながら道徳的正当化をめぐる討議を続けていくことを提唱する。

ベンハビブは別のところで、普遍主義を〈代理主義的普遍主義 substitutionalist universalism〉と〈相互行為的普遍主義 interactive universalism〉に二分して、次のように説明している。やや長い引用となるが重要な視点・論点に触れているので挙げておくことにする。

ホッブズからロールズにいたる西洋の伝統における普遍主義的道徳理論は、それらが擁護している普遍主義が特殊な主体の集団の経験を人間そのもののパラダイム的なケースと同一視することによってひそかに定義されているという意味で、代理主義的である。(7)

相互行為的普遍主義は、人間の存在様式の多元性と人間の間の差異が事実として存在することを認めているが、それらが道徳的および政治的に価値があるものとは是認していない。規範的な論争が合理的に解決されるということを認めるかぎり、また公正さ、相互性および普遍化可能性の手続きが構成的だということに賛成するかぎり、つまり、道徳的な観点の必要条件を認めるかぎり、相互行為的普遍主義は差異を反省と行為のための一つの出発点であると見なしている。この意味で「普遍性」は、肉体化され、かつ状況に埋め込まれた我々のアイデンティティを否定しない一つの規制的理念であるが、それは道徳的態度を発達させ、万人が受け容れることができる一つの観点を付与しうる政治的な転換を促進することを狙っている。普遍性は、擬制的に定義された自我についての観念的な合意ではなく、自律をめざして努力している具体的な、肉体化された自我の、政治と道徳における闘争の具体的過程なのである。(8)

現代の普遍主義的道徳諸理論が前提としている「一般化された他者」(「無知のヴェール」)という条件のもとでは自己とは異質の〈他者〉は消滅してしまうとして、ベンハビブはロールズの「原初状態」を批判する。そして「……ディスコース・モデルまたはコミュニケーション倫理モデルは、これよりも望ましいものである。なぜなら、そのモデルは、平等な道徳的行為者と考えられる『一般化された他者』と、還元できない差異をもつ個人である『具体的な他者』いずれでもあるような現実的な自我間の現実的な対話を制度化するものだからである」(9)と、討議倫理の長所に言及する。しかしここで重要な点は、ベンハビブが普遍主義を手放すことは回避し、個別主義と普遍主義を有機的に接合することで、普遍主義を真正なる普遍主義に鍛え直し現代社会にとって有効な道徳理論となる可能性を提示しているということだ。ここで援用される他者概念は「一般化された他者」と「具体的な他者」であるが、慎重にもベンハビブはこの二つが記述的な区別ではなく批判的な区別であることを強調する。

「一般化された他者」とは理性的な存在であり、自他関係は公共的・形式的平等と相互性の規範に基づき尊厳や尊敬という感情を伴うものであり、権利・義務といった道徳的構成要素を有するものである。他方「具体的な他者」は、具体的なアイデンティティや属性を持つ個人的存在として、相互行為は非制度的な〈愛〉や〈配慮・ケア〉の規範によって、お互いの能力や才能を承認・確認する相互補完性と公正さを有するものである。そしてここでの道徳的構成要素は責任および連帯である。ベンハビブはこれまで主流であった普遍主義的道徳理論は圧倒的に「一般化された他者」中心主義であったことの問題を指摘する。その批判の中枢を占めるのが、ロールズの〈無知のヴェール〉が、公正性の獲得を必ずしも約束しないのみならず、他者の〈他者性〉不在という状況を引き起こすという致命的な欠陥の指摘である。ベンハビブはこう述べている。「具体的な他者の観点を想定することなしに、いかなる首尾一貫した普遍化可能性の検証も遂行されえない。なぜなら、われわれは自分の状況が他者の状況と『似ている』か『似ていないか』判断するために必要なエピステーメ的な情報を欠いているからである」[10]。ベンハビブは真の他者理解は〈無知のヴェール〉を通してではなく、他者との向き合い・対話・対立といった現実的な接触によって可能となるのだと主張する。ここにベンハビブの道徳的判断におけるダイアローグ・モデルとでも呼べるものが存在する。この倫理的論争は特権的規範が用意されているわけではなく非制限（open-ended）であり、参加者は討議プロセスのなかで自分の主張に同意を獲得すべく論証を提示して他の参加者との対話（論争）を行う。しかしここで確認すべきは、それではいかにして他者の声を聞き届ければよいのかという問いに対して、ベンハビブがそれを可能にする原理、制度や手続きといった形式面の整備を決定的に重視しているという点である。〈普遍〉と〈個別〉の相互媒介のモメントを、その人の自己語り（物語）を聴くことによって、一般化された他者（generalized other）としてとらえると同時に他者の他者性（otherness of others）への気づきも可能であると述べて、多文化主義の文化間対立や紛争問題解決の方法として有効ではないかと提言をしている。

このベンハビブの対話要請のモメントがおのずと、〈討議倫理〉との親和性につながることは納得がいく。ディスコース倫理の道徳的な根拠は対等の立場で参加する当事者の実践的討議のなかで紡ぎ出されるのであり、普遍的規範があらかじめ用意されているわけではないのである。そのうえ、〈一般化された他者〉と〈具体的な他者〉を有機的に重ね合わせたベンハビブの考え方は、〈正義〉と〈善き生〉の両方に関する〈大きな物語〉と〈小さな物語〉の両方の声に同時に耳を傾けることを可能にする。この二重性をまさしく〈普遍〉と〈個別〉の対立・対話の同時的な相互浸透として再定式化することでベンハビブの倫理的地平線がバランスを保つことになる。

ベンハビブは続ける。「私の目的はパースペクティヴの可逆性および『拡大された思考様式』の観点から『道徳的観点』を定義する普遍主義的な道徳理論を発展させることにある。そうした道徳理論は、具体的な他者の持つ道徳的アイデンティティが事実として存在することを認めることを通じて、われわれが一般化された他者の尊厳を認識することを許容する。代理主義的普遍主義は、合理的存在としてのあらゆる者の限定的アイデンティティというヴェールの背後にある、具体的な他者を簡単に片づける。これに対して、相互行為的普遍主義は、あらゆる一般化された他者はまた一つの具体的な他者であることを承認する」[11]この〈相互行為的普遍主義 interactive universalism〉においては、個人としての他者は〈一般化された他者〉であると同時に〈具体的な他者〉でもあるのであり、二つの他者は不可分である。この二種類の他者概念の相互浸透あるいは共存の発想は、道徳理論の領域のみならず、従来二項対立としてとらえられてきたさまざまな概念枠組みやカテゴリーの二元論を再考するモチベーションとならざるをえないであろう。このようにベンハビブの他者論から導出できる〈普遍〉と〈個別〉のラディカルな問い直しは、〈原理〉と〈現実〉の緊張に耐える知的誠実を培りだし、現代の倫理的思考の「新局面」への駆動力となりえていくにちがいない。

五　結びに代えて——ヌスバウムの〈コスモポリタニズム〉と〈愛国心〉

〈愛国心〉をめぐって、ヌスバウムは〈コスモポリタニズム〉との関係で次のように述べている。「われわれはたんなる統治形態や世俗的な権力にではなく、全人類の人間性によって構成される道徳的共同体に第一の忠誠を誓うべきだ」「人はつねに、あらゆる人間のうちにある理性と道徳的選択能力の尊厳を、等しい敬意でもって扱うようにふるまわなければならない」「政治において合理的思慮を妨げる最大の障壁の一つは、自らの好みやり方は中立的で自然なものだ、という未検討の感情である。国境を道徳的に重要なものと見なす教育は、歴史の偶然であるものに道徳的な重みと栄光の誤った外観を与えることによって、あまりにもしばしばこの種の不合理を強化する」。続けてヌスバウムはコスモポリタン的教育支持を表明するなかで、ストア派の哲学者の見解を取り上げ、〈生まれ落ちたローカルな共同体〉と〈人間的な討議と志の共同体〉の両方に住んでいるわれわれは、この二つを二者択一的に考える必要はないことを確認する。ローカルな帰属からどんどん属性の同心円を拡大していき、そのもっとも大きい円として人類全体があるという説明を引いて、「世界市民」となることを求める。要するに、究極的には〈個別〉が〈普遍〉に包摂されるとヌスバウムは考えている。しかしその一方で、ヌスバウムはストア派が理性のみならず個別主義的および感情面での配慮をないがしろにしていなかったことに注意をうながす。「他人が言うことに対して冷淡でないように習慣づけよ、そしてできる限り人の心に共鳴せよ」「概して人は、他者の行為を知性で判断できる以前に、まず多くの事柄を知らねばならない」「自分自身の圏域に特別配慮するということは、普遍主義的な観点から正当化できるのであり、私が思うにこれがもっとも説得力のある正当化なのである」[(12)]。

以上〈普遍〉と〈個別〉の二元論を調停しながら、討議（対話）を通して倫理的規範を創り上げていくという非制限（open-ended）の普遍化プロセスのいくつかに考察を加えてきたが、今後のグローバル・エシックス構想のなんらかの牽引力となってくれることを願ってやまない。

註

(1) アン・マイクルズ（黒原敏行訳）『儚い光』早川書房、二〇〇〇年、八三頁。
(2) 同書、一六九―一七〇頁。
(3) J・S・ミル（塩尻公明・木村健康訳）『自由論』岩波文庫、一九七一年、一一五―一一六頁。
(4) 同書、二四―二五頁。
(5) チャールズ・テイラー「承認をめぐる政治」エイミー・ガットマン編、チャールズ・テイラー、ユルゲン・ハーバーマス、マイケル・ウォルツァー、他著（佐々木毅、辻康夫、向山恭一訳）『マルチカルチュラリズム』岩波書店、一九九六年、四七頁。
(6) セイラ・ベンハビブ（向山恭一訳）『他者の権利』法政大学出版局、二〇〇六年、一四頁。
(7) セイラ・ベンハビブ「一般化された他者と具体的な他者」マーティン・ジェイ編（竹内真澄訳）『ハーバーマスとアメリカ・フランクフルト学派』青木書店、一九九七年、一一七頁。
(8) 同書、一七七―一七八頁。
(9) 同書、一九九頁。
(10) 同書、一九二頁。
(11) 同書、一九三―一九四頁。
(12) マーサ・C・ヌスバウム「愛国主義とコスモポリタニズム」マーサ・C・ヌスバウム他（辰巳伸知　能川元一訳）『国を愛するということ』人文書院、二〇〇〇年、一九―四四頁。

第六章　〈共生〉[1]の「可能性の条件」をめぐって

――チェルノヴィッツを鏡としてカントを読む――

山根雄一郎

チェルノヴィッツをひとつの街だと思ってはいけない。それはひとつの世界なのだ。――Nora Gray[2]

一　問題設定

第二次世界大戦後の中東情勢の緊張とそれに連動する世界情勢の推移が、地球上における人間の〈共生〉という普遍的理念の実現に試練を課し続けている。この緊張の遠因は、さらにさかのぼって第一次大戦中に、アラブ民族とユダヤ人国家建設運動の双方にパレスチナを含む地域での独立支援を約束した、英国の二枚舌外交[3]にある。こうした外交姿勢の根底には、欧州ユダヤ人との共生努力を回避し、できることなら「お引き取り」願いたいとする意識が見え隠れする。それは英国に限った話ではない。ドレフュス事件（一八九四―一九〇六年）に見られるように、近代に入ってなお間歇的に暴発していた、ユダヤ教とその文化伝統に連なる個人・集団への、汎ヨーロッパ的偏見の究極相であったと言える。

総じて「排他的」と特徴づけられうるこうした趨勢とはすくなからず対照的な状況が同時代のハプスブルク帝国（一八六七年以降は「オーストリア＝ハンガリー君主国《モナルヒー》」）に見られた。多民族・多言語国家であった「神聖ローマ帝国のこの最後の生き残り」（W・チャーチル）は、中世以来の多様な集団の混住という地域の現実を踏まえ、ユダヤ人をも含めた「共生」を模索してきていた。[4] 一八四八年の革命以来、民主・平等理念の徹底を図るべく連邦化へ向けて各種の「ドナウ連合」構想が主に非ドイツ人の側から提起された。[5] 時期にもよるが、端的な分離独立論はけっして主流でなかった点は重要である。[6] 独露両大国の谷間における平和維持システムとしての「帝国」の枠組み[7]が日常生活レベルでも機能し、とりわけオーストリア地域（„Cisleithanien“）では、一八六七年の憲法（Staatsgrundgesetz）に明示された民族・宗教にかかわりない市民的平等理念の実現への努力が[8]、マイノリティの側からも一定の支持を得ていたことの反映と見なすことができるからである。冷戦体制崩壊後の今日、中東欧諸国は、国家間レベル[9]でも地域間レベル[10]でも、旧ハプスブルク帝国の版図を意識しつつ共生の具体化を試みている面がある。かりに当事者にとってその枠組みが忌むべき過去の記憶でしかないとすれば、こうした方向性が追求されることはありうべくもないはずであろう。

現実のハプスブルク帝国は、抜本的な民主化を実現できないまま、第一次大戦を機に解体した。それは「諸民族の牢獄」だったとする否定的な総括が下された。しかし、二十一世紀の今日の眼から見て、その後の「民族自決」の展開が理想的だったかと問われるなら、とても単純には肯定できない。[11] この理念が「民族浄化[12]」を容易に正当化しうる排他性と裏腹であることを歴史は教えているからである。むしろ今日にあっては、〈共生〉の可能性を阻害しかねないような民族概念そのものの相対化が必要なのではないか。こうした問題意識から、次節以下では、ハプスブルク帝国の一辺境ブコヴィナとその首府チェルノヴィッツ（現ウクライナのチェルニウツィ[13]）に展開した多文化の「共生」の実態を手掛かりに、人間の〈共生〉の「可能性の条件」という「指導理念」の方向性を探る（二、三節）。ついで、カント（一七二四―一八〇四）の政治哲学における „Volk《フォルク》" 概念の奥行きをも参照しつつ、エトノスの論理に絡め取られないこと、「個」を基点とした人間集団の設立、といった論点を再確認する（四節）。

二 チェルノヴィッツにおける「共生」の成立と展開(14)

東ヨーロッパの一隅に総面積一万平方キロメートル強（日本の岐阜県より若干狭い程度）を占めるブコヴィナ地方は、現在はウクライナ領とルーマニア領に二分されているが、前世紀のある時期までは、ウクライナ人やルーマニア人だけでなく、ドイツ人、ポーランド人、ユダヤ人、アルメニア人、マジャール人その他（順不同）が全土に分布していた多民族地帯であった。古来、ライプツィヒを起点としてブレスラウ、クラカウ、レンベルクを経てきた東方への交易路がクリミア半島、コンスタンティノポリス（イスタンブール）、ジーベンビュルゲン（トランシルヴァニア）の各方面へと分岐する交通の要衝であり、十五世紀初頭にはチェルノヴィッツ近傍のプルト河畔に税関が存在したことが、この地を治めていたモルドヴァ公とガリツィア地方（当時はヤギェウォ朝ポーランド領）のレンベルクの商人ギルドとが交わした文書から知られる。ブコヴィナ南部のスチャヴァには貨物中継基地が設けられドイツ人商人の団体も存在した。一時はポーランドの宗主権下にあったモルドヴァ公国は一五三八年にオスマン帝国の属国となるが、ドイツ中部と結ぶ幹線交易路の結節点としてのブコヴィナ地方の性格から見て、この「民族の十字路」では、支配権力の交代にかかわらず、現在のルーマニア語に連なる土地の言語や隣接地域のポーランド語などと並んで、ドイツ語が広域的な経済文化活動を媒介する共通語として早くから通用していたことが窺われる。

十八世紀に入るとオスマン帝国はモルドヴァ公国の自治を否定して独特のファナリオティス統治[15]を強化するが、他方でロシアのトルコへの干渉が始まる。一七七四年に対トルコ戦争でロシアが勝つと、ヴィーンに拠るハプスブルク家のヨーゼフ二世は、自家領であるジーベンビュルゲン北部と、一七七二年に第一次ポーランド分割で得たガリツィアとを直結して辺境の安定を図るべく、オスマン帝国と交渉して一七七五年にブコヴィナをオーストリア領に編入する。在来のルーマニア人土地貴族（ボイェリ）には共同支配権が認められ、その六割がたが文字どおり「ブナの茂る土地（Buchenland）」だったブコヴィナ[16]の開墾のため、一七八二年からハプスブルク家領に住むドイツ人の入植が進められた。三百世帯強が住むだけだった寒村チェルノヴィッツの発展もこれに並行する。一七八三年に正教の司教座がヤシから移され、三年後にはブコヴィナ（当時はガリツィアの一部とされた）を管轄する郡《クライス》庁が置かれ、十九世紀半ばには行政上ガリツィアから切り離されたブコヴィナ公国の首府とされた。

注目すべきは、この間、ガリツィアとモルドヴァから多くのユダヤ人が流入したことである。行政当局は当初はこれに難色を示したが、まず農業と手工業の担い手として、ついで穀物の仲買人として、ユダヤ人のブコヴィナへの来住が図られ、一七八九年には職業選択の自由と耕作目的の借地が認められた。こうした環境下で同地のユダヤ人は一七八六年から一八〇二年にかけて倍増し、一八一二年以後、域内での定住も認められた。一九一三年にはチェルノヴィッツ市の人口のじつに四七・四パーセントをユダヤ人が占め、集団としては群を抜いていた。

中世以来のこの地とのかかわりも考慮するなら、ルーマニア人やウクライナ人（後述）と並んでユダヤ人こそ「土地に根づいた（bodenständig）」人びとだったとする見方もある。チェルノヴィッツ社会の多方面に進出していた彼らは街全体に散住し、他所と異なり第二次大戦に至るまで特定の居住区での集住と無縁だったことも特筆されよう。その知識層にはドイツ語の、手工業者や小商人にはイディシュ語の話者が多かったとされる[17]。

ウクライナ人もまた、ガリツィアのポーランド人地主層の下からブコヴィナに流入し、多くはルーマニア人大土地所有者に雇われた。全ブコヴィナでもチェルノヴィッツ市でも、その後、ウクライナ人はルーマニア人と数的にはほぼ拮抗するに至る。一八八〇年以後の同市では、国家公用語であったドイツ語のほか、一八六四年以来州語として公認されていたウクライナ語とルーマニア語の三言語で街路標記が行われていた（他都市では街路標記に用いる言語をめぐる紛議が訴訟になりさえしていた）[18]。諸民族から選出された帝国議会代議士団は最後まで結束を保った。帝国崩壊直後には、ルーマニアへの併合前の束の間ではあったが、同市はルーマニア人とウクライナ人の共同地域であると宣言された。これらの事実に同地での多民族「共生」の深まりの一端が窺われよう。

三　〈共生〉の「可能性の条件」への回路としての、民族概念の流動化

チェルノヴィッツの多民族性をもう少し点描しよう。第一はメディア事情である[19]。人口十万人に満たないこの都市に、第一次大戦前にはドイツ語日刊紙だけで五紙があり、週刊紙も刊行されていた。どの新聞の編集者も例外なくユダヤ人であった。一九三八年まではイディシュ語による一紙もあった。第一次大戦後には非ルーマニア語紙は減少したものの、総じて一八四八年から一九四〇年まで三百七十紙以上が刊行され、うち二百紙がドイツ語、六十八紙がウクライナ語、五十紙がルーマニア語、二十八紙がポーランド語、二十五紙がイディシュ語による新聞であった。第二に、日常生活ではラテン文字とキリル文字とヘブライ文字が併用されていた。第三に、正教、ギリシア・カトリック、ローマ・カトリック、アルメニア・カトリック、福音派、ユダヤ教（正統派、急進正統派）といった諸種の信仰が共存していた[20]。第四に、一八七五年に創設されたチェルノヴィッツ大学は多民族社会の特質を反映し比類の

ない学風を誇る「学者共和国」を現出していた[21]が、その風土は民族別の学生団体《ブルシェンシャフト》にも生きており、ユダヤ人（学外の公的統計では多くはドイツ人と見なされた[22]）による独自の団体も組織されていた[23]。

これらの事実によるなら、オーストリア時代のチェルノヴィッツはさながら「民族のサラダボール」であったとも言えよう。とはいえ〈共生〉の実現した理想郷だったわけではなく、個々に見るなら、反ユダヤ主義が定着していたルーマニア本国に隣接することにも由来するユダヤ人との反目や、ウクライナ人の政治的地位向上をこころよく思わないルーマニア人の動きなど、軋轢は絶えなかった[24]。「混沌」状況にあった点では現代世界と相似的なのであり、単純に美化できない。それにしても、今日の眼からは、この程度の「共生」さえ容易ではないことも明らかである。むしろチェルノヴィッツでは、いかなる状況にあっても共生努力がつねに払われ続けた点にこそ、注意が向けられるべきであろう。このとき、複数の論者が指摘するように[25]、どの民族も絶対多数を占めてはいなかった事実が意味をもってくる。この場合、「民族（Nationalität）」とは、各人が申告する「日常語」を指標とする統計上の概念である。とすれば、国家公用語とされたドイツ語人口が多めに出ておかしくない[26]が、にもかかわらずチェルノヴィッツ市では、一九一〇年の時点でさえ全人口八万七千百二十三人の四八・四パーセントと半数に満たず、以下、ウクライナ語、ポーランド語、ルーマニア語をそれぞれ日常語とする者が一七・九パーセント、一七・四パーセント、一五・七パーセントの順であった。ドイツ語人口にしてもこの地域では相当数がドイツ語を常用するユダヤ人であった。一八六四年からの半世紀間に市長を務めた六人の内訳は、アルメニア人とポーランド人が各一名、ドイツ人とユダヤ人が各二名であった。地主優位の州議会ではルーマニア人が優勢だったが、一八七〇年にはウクライナ人も代表を送り出した[27]。さらに、多様な言語メディアが完備していた事実からして、ドイツ語を日常語としないことがただちに教育程度（とこれに連動するかぎりでの社会的地位）が低いことと同値だとも考えにくい[28]。ようするに、チェルノヴィッツでは、支配者と被支配者とが「民族」に即してリジッドに区別される状況ではかならずしもなく、諸民族が相応の勢力を保ちつつ同居していた。だからこそ〈共生〉への努力も絶えず求められ（そうでなければ一定の「共生」さえおぼつかない）、そのことが、メディアの繚乱に示されるとおり、このオーストリアの「辺境」都市の文化水準を低いどころでないものにもした、と言えるように思われる。カントの洞察する人間社会の「非社交的社交性」の一実例をここに見ることはけっして的外れではなかろう。

以上のことは——旧ハプスブルク帝国の版図にあたる中東欧一帯では現在に至るまで一般的に見られる——民族そのものの「可変性」[29]とも関係していよう。ここに「民族」とは、言語を介して個人の精神的な帰属を示すものと考えられる（個人の法的な帰属を表す「国籍（Staatsangehörigkeit）」とは異なる概念であることに注意）。ところが、ブコヴィナのように長い歴史をもつ多民族地帯では、公的にはX語を日常語として申告し、したがって統計上はX人に分類される場合でも、そのことがただちにY語やZ語を解さずその言語にまつわる風俗習慣とも無縁であることを意味するわけではない。事実、当時編纂された全二四巻におよぶ一大叢書『図説　オーストリア＝ハンガリー君主国』のうちブコヴィナを扱った第二〇巻（一八九九年刊）には、「ブコヴィナの人間は、比較的低い階層の者でさえ、三言語ないし四言語——たいていはドイツ語にウクライナ語、ルーマニア語、ポーランド語であるが——を流暢に話す者がきわめて多い」との記述がある[30]。一家が複数の「民族」からなっていることも珍しくない[31]。こうしたなかでは、本人の申告時の自己意識や社会環境次第で同一人物がY人にもZ人にもなりうるのであり、その意味で「民族」そのものがすでにリジッドではないのである[32]。

一七七五年のブコヴィナには修道院学校が一校あるだけで、貴族・聖職者・官吏を含む住民の大半は「非識字」者だった。その後の展開で注目されるのは、上述の民族概念の流動性が、オーストリア時代には初中等教育の制度設計のレベルでも是認され促進されていたと見られることである。学校教育の普及は十九世紀半ばまでは緩慢なものだったが、一八六五年に存在した百三十三の小学校について見ると、十二がドイツ語の、十三がウクライナ語の学校であったほか、残りのじつに八割以上は複数言語併用の学校だったからである（——ちなみに小学校就学率は、一八七五年に一八パーセントだったが、一八八二—三年に三五パーセント、一九一二—三年には九七パーセントに達した）[33]。都市部ゆえにドイツ語教育の比重が高まる点を除けばチェルノヴィッツ市の事情も同様で、公立学校の大半にはドイツ語とルーマニア語またはドイツ語とウクライナ語の並行クラスが設けられ、ユダヤ人子弟はドイツ語によるギムナジウムに通うことができた[34]。

総じて、多民族の共存を大前提とし、民族概念を否定するのではなく、これをかぎりなく可塑化しながら、ある特定の民族の一員としてのアイデンティティよりも、オーストリア市民としてのそれを確立する教育が目指された、と言いうるのではないか。のちにドイツに成立したナチ政権は、ブコヴィナのようなドイツ以外の地に定住するいわゆる「民族ドイツ人（Volksdeutsche）[35]」のドイツへの「帰還」を画策したが、当の彼らは、ナチスの思惑に反して、「何百年にわたって、彼らが暮らしている国の（忠実な）一員と自己理解していて、一九一八年までは、（中略）チェルノヴィ［ッ］ツで暮らしていようと、自分たちはオーストリア＝ハンガリー帝国の市民だと思っていて、「ナチズムが鼓吹し糾合しようとしたような」「ドイツ民族」の一員とは考えてはいなかった[36]」のだとする歴史家アリー（一九四七—）の指摘は、そうした見方の妥当性を裏書きしうるものであろう。集団化した民族意識（民族の規模の大小は問題でない）の暴走が紛争の種となる状況は今日なお依然として変わっていない。それだけに、一世紀前のチェルノヴィッツならびにブコヴィナでは、「民族平等」を個人のレベルで保障したとされる一八六七年憲法の理念にも呼応しつつ、教育を受ける側に言語選択を委ね、言語選択の問題を究極的には個人の人生設計の一環と位置づけるこ[37]

とで、民族意識を逆説的に相対化した地点から市民意識を涵養しようと試みていたのだと理解できるとするならば、その実験はまさに先駆的とも言えるだろう。

四　チェルノヴィッツに読み取るケーニヒスベルクの哲学者の理念(38)

民族という実体がまずあるのではなく、各個人が民族という機能にその都度コミットしこれを駆動するのだという思想を以上から見て取ることができるとするなら、ここでの民族概念は、チェルノヴィッツから八百キロ強ほどの距離にあるケーニヒスベルクの哲学者が『人倫の形而上学』第一部「法論の形而上学的定礎」（一七九七年刊）の「国際法」節の冒頭で述べた Volk《フォルク》 概念の内実からも、さほど遠からぬ位置にあるように見える。カントは言う、「ひとつの Volk をなす人々は、土地に生まれついた者たちとして、ある共通の祖先から生まれたものという類比にしたがって、思い描かれることができる――もっとも、実際にはそうではないのだが」(39)（VI 343 : §53）。

周知のように、„Volk“は、「国民」や「人民」をも表現しうる単語だが、ここでは「民族」と訳されるべきことは、„das Recht der *Staaten*“（諸国家間の法つまり国際法）のことをドイツ語では „*Völkerrecht*“ と表記するのは「かならずしも正確でない」とする直後の言明（Vgl. ebd.）から見て、疑う余地がない。ところで、カントがここで問題にしているのは、事実（歴史）上の、ではなくむしろ権利上の、「民族」のステイタスであることに注意したい。自由で平等な諸個人が「根源的契約」を通じて国家を設立するとき、この行為に参画する諸個人は、実際にそうであろうとなかろうと、「土地に生まれついた者たちとして、ある共通の祖先から生まれたものという類比にしたがって、思い描かれることができる」とカントは言うのである。この捉え方を、彼自身「知性的かつ権利上の意味」に理解し、この見地からは「民族」は「(共和国という) 共通の母から生まれ、いわば一族 (gens, natio) をなしており、その成員 (国家公民 Staatsbürger) はすべて同等である」(Ebd.) とする。ここでは、公共体 (res publica) としての国家を形成している „Volk" が「国 (家公) 民」とも言われるので、結局、権利上の「民族」と「国 (家公) 民」(ラテン語「全市民 (civitas)」) とは、カントの眼からは異名同義の交換概念となる (Vgl. VIII 349, Anm.)。「一民族一国家」が自明視されるのはこの水準においてであり、(既存の言語などを単位として判別される) 諸民族がそれぞれ固有の国家をもつこと (このかぎりでの「民族自決」) をカントが推奨しているわけではない。このことを踏まえるなら、チェルノヴィッツで試みられたように、各自が言語選択を介してコミットする民族 (Nationalität) の多元的並存を認める一方で、カントの説くように、同じ土地に暮らすかぎりでみずからを権利上ひとつの「民族 (Volk)」(市民) の一員と見なして〈共生〉を追求する態度[40]は、原理的には両立可能だと言ってよい。

カントの発想の射程が、権利上の「民族」の主体として「地球民族」(単数形の) といったものにまでおよびうるとすれば、ただちに「世界政府」の可能性に道を拓くことにもなり、今日的には刺激的ではある。しかし、テキストにしたがうかぎり、彼が「土地に生まれついた者たち (Landeseingeborne)」を語るさいの「土地」が、それほど広い領域を意味しうるとは考えられない。はたしてカントは、「普遍的な国家連合 (allgemeiner *Staatsverein*)」によってこそ「真の平和状態」が担保されるとする一方、「このような Völkerstaat が広大な地域へとあまりにも大規模に広がりすぎると」「一群の諸社団 (eine Menge solcher Korporationen) [すなわち国家連合のメンバーであるもとの諸国家] はふたたび戦争状態を招く」と明言する (VI 350 ; §61. 傍点は原文の隔字体表記に対応)。文脈上、„Völkerstaat" とは、「国家連合」によって成立した複合国家、すなわち、複数の民族を擁する複合民族国家ないし多民族国家、を意味している。その構成要素であり〈共生〉追求の単位である「諸社団」が火種となって、過大な多民族国家はかえって〈共生〉をまっとうすることができずに「戦争状態」に陥るというのだから、この「諸社団」を国家の下位概念としての「諸邦」にもし重ねうるとすれば、十指にあまる諸民族を擁し、地域ごとに実情に即した〈共生〉への努力（一九一〇年の「ブコヴィナの和協《アウスグライヒ》」はその一例である）を重ねつつも、全体としては破綻したオーストリア＝ハンガリー（公式には「帝国議会に代表を送る諸王国と諸邦ならびにハンガリーの聖イシュトヴァーン王冠の諸邦」）の運命を、はからずも一世紀以上も前に見通しえたカントの炯眼が称えられてもよいだろう。

『人倫の形而上学』においては、権利上の「一民族を、国家となし」、そうして成立した適正規模の国家を単位とする「若干の諸国家の連合」を介して、永遠平和という理念へと漸近することが意図されていた（Ebd. 傍点は原文の隔字体表記に対応）。すべての、ではなく「若干の諸国家の連合」という表現を強く読むなら、かならずしも地球規模での平和が構想されているわけではないようにも見える。そのかぎりでは、カントの平和実現モデルに比較的対応するのは、地球上のほぼすべての国家が参加する協議体（現行の国際連合のような）よりも、存外、地域ごとの国家連合の試みなのかも知れない[41]。とはいえ、通信交通手段（カントにとってはせいぜい船とラクダであった［Vgl. VIII 358］）のその後の飛躍的発達を考慮に入れるなら、カントの当時と現代とでは、国家そのものの、ひいては「国家連合」の適正規模が異なる、と理解することは十分可能である。たとえば、既存の「国家は一つの相対的な存在だと見なし」[42]、独自の議会を擁し、批准をめぐる困難はあれ実質的な「共通憲法」の制定に向けた道筋までつけた最近のＥＵの動き（二〇〇七年のいわゆる「改革条約」案）は、通常そう見なされるように国家連合の深化である以上に、それ自身、カント的意味での権利上の「民族」ひいては新たな「国家」設立の試みとも解しうる[43]。この場合には、カントの言う「国家連合」とは、こうして諸地域に成立する「国家」群を束ねる、まさに地球大の組織に相当しうる。とすれば、いまやカントの言う「若干の諸国家の連合」とは、事柄としては、現国連にかぎりなく近い「国際連盟

（*Völkerbund*）」（VIII 354. 傍点は原文の隔字体表記に対応）と異ならないと考えることも、あながち強引ではないだろう。

いずれにしても、〈共生〉の可能性の最低限の条件とは、カントに即して言うなら、事実上の「民族」（エトノス）の水準に蠢く民族主義を戒め、どこまでも個人の資格で、権利上の「民族」の設立にコミット（すなわち「根源的契約」に参加）するよう努めることである点に、変わりはないであろう。ここに権利上の「民族」とは、「根源的契約」を表象するべき「憲法 Konstitution（群集がそれによって一国民となる一般意志の作用）」（VIII 352）のみに依拠するさしあたりは空虚な思考枠組みにすぎず、特定の歴史記述や文化に集団的に拘束されるものでもない[44]。この枠組みは、事実上の「民族」に極力囚われることのない、自由な諸主体が積み重ねゆく討議によってのみ充塡されてゆくべきもの（――こうした諸主体の創出のためには、長期的な見通しの下で、事実上の「民族」間の障壁を低めてゆき、帰属意識の多元化を容易にする努力が要請されよう[45]）であって、権利上の「民族」設立に向けてのその営みは、カントのいわゆる「理性の公共的使用」の主体としての「市民」への不断の自己形成の道程と別のものではない。それゆえ、逆説的なことに、もはやこの水準では、（ひとたびカントの文脈を離れた現実においてはとかくファナティックな響きすら伴いがちな）「民族」なる語を今後あえて用い続けるべき理由も失われる。討議への個々人のコミットのプロセスを担保するためには、カントの言う「土地に生まれついた者たち」に等しく開かれた代議制民主主義（「代表制度」［VIII 353］）は不可欠であろう。この意味で、カントが『永遠平和のために』の第一確定条項において、平和実現の大前提として「どの国家における市民的体制も共和的であるべきだ」と論じたのはまことに的確であった（Vgl. VIII 348ff. 傍点は原文の隔字体表記に対応）。

そうであるとすれば、非「共和的」国家、すなわち代議制民主主義を欠いた「専制的（despotisch）」（VIII 353）国家が存在するかぎり、永遠平和を望むべくもないことにもなる。「外的に相互影響関係にある人々や諸国家は、汎共同的（allgemein）な人類国家の市民と見なされることができ（anzusehen sind）」、これが「世界市民」と言われる（Vgl. VIII 349, Anm.）。つまり、世界市民であるためには、まずは各国の「民主化」が必要条件となるわけである（——これを前面に押し出した点に、国家連合としてのEUの、現国連に対する一日の長があるだろう）[46]。

二〇〇八年、チェルニウツィ市は「創基六百年」を祝う（同市ホームページによる）。「民族の十字路」であった中世に出自を求め、EU圏に隣接する現代に接続させようとする意志が、そこには窺える。それは、人間集団の「共生」の実践を介してカントの批判的思考にも通じる〈共生〉の「可能性の条件」へのひとつの道筋を照らし出したチェルノヴィッツの精神はたんにローカルでも過去の遺物でもないのであって、〈共生〉の具体化に向けての試行錯誤を引き受け続けることこそ、現代世界の課題なのだと語りかけるもののようにわたしには思われる。

註

（1）本章では歴史的に実在した共生形態を「共生」、目指されるべき理念としてのそれを〈共生〉と記して区別する。

（2）Gray, Nora: „Czernowitz ist überall“, in: Rychlo, Peter (Hg.): *Europa Erlesen. Czernowitz*, Klagenfurt 2004, S. 15.

（3）「《五枚舌》外交」と評する向きもある。諸留能興「パレスチナ問題から見た世界の動向」、平成一五―一八年度科学研究費補助金・基盤研究（B）・課題番号　一五三二〇〇〇五・中間報告書『「〈9.11〉を多角的に考える哲学フォーラム」の歩み』、二〇〇五年九月刊、一一二―一一三頁。

（4）「一八八〇年以降、ハンガリーを統治したティサ・カールマン政権は二重王国の体制を軌道に乗せ、オーストリアの寛容なエドゥアルト・ターフェ政権の采配もあって二重帝国は従属民族の牢獄とはならず、少なくともヨーロッパの他地域に比してはるかに生存しやすい場所となった事実はいくら強調してもし過ぎにはなりません」（小島亮『中欧史エッセンツィア』風媒社、二〇〇七年、一三〇頁）。他方、ヒルスナー事件（一八九九年）として露呈したように、反ユダヤ主義的空気が絶無だったわけではない。K・チャペック（石川達夫訳）『マサリクとの対話――哲人大統領の生涯と思想』（成文社、一九九三年）一〇六―一〇七頁、林忠行『中欧の分裂と統合――マサリクとチェコスロヴァキア建国』（中央公論社、一九九三年）九四―九五頁を参照。

（5）以下、ハプスブルク帝国時代にかんする本章の記述において、ドイツ人とは同国内でドイツ語を日常語とした人を指す。同時代に存在したプロイセンやドイツ第二帝政下のドイツ人とは関係がない。

（6）たとえば以下を参照。広瀬佳一『ヨーロッパ分断1943――大国の構想、小国の思惑』（中央公論社、一九九四年）一一一―一一三頁。羽場久浘子『統合ヨーロッパの民族問題』（講談社、一九九四年）六三頁以下。

（7）オーストリア＝ハンガリーは、中核部分で先行的に形成された国民国家システムを周縁へと暴力的に拡大し海外植民地の獲得に乗り出していくといった帝国主義特有の膨張過程を同時代の大英帝国や大日本帝国などと共有せず、むしろ中世以来の地域共同体的な性格を最後まで維持した点で、特異な「帝国」であった点に注意。

（8）S・ベラー（坂井榮八郎監訳）『フランツ・ヨーゼフとハプスブルク帝国』（刀水書房、二〇〇一年）二〇七―二〇八頁を参照。民族平等を規定した一八六七年憲法第一九条は形式的には今も存続している。同規定の原型は流産した一八四九年基本法草案にすでに見られるという。J・L・リデー（田口晃・板橋卓己訳）『中欧論――帝国からEUへ』（白水社、二〇〇四年）八一頁を参照。

（9）たとえば中欧四ヶ国（ポーランド、チェコ、スロヴァキア、ハンガリー）による「ヴィシェグラード地域協力」。羽場久浘子『拡大ヨーロッパの挑戦――アメリカに並ぶ多元的パワーとなるか』（中央公論新社、二〇〇四年）二六頁を参照。

（10）たとえば現チェルニウツィも含まれるウクライナ、ポーランド、スロヴァキア、ハンガリー、ルーマニア諸国境地帯における「カルパチア・ユーロリージョン」。詳細は、吉田康寿「ユーロリージョンの役割と展望――カルパチア山脈周辺を事例として」、『外務省調査月報』二〇〇三年第四号、一七―三八頁を参照。

（11）この点は近年のハプスブルク史研究の立場からも強調されるとおりである。大津留厚『【増補改訂】ハプスブルクの実験――多文化共存を目指して』（春風社、二〇〇七年。元版は中央公論社、一九九五年）を参照。

（12）〈共生〉の可能性を半永久的に摘み取るという事柄の本質に鑑みるならば、いわゆる民族皆殺しだけでなく特定地域や大学などの公共施設から特定民族を暴力的に追放・排除することも含まれうる。第一次大戦前のハプスブルク帝国期にも、ポーランド語とウクライナ語とを「併用される（utraquistisch）」公用語として一八七一年に再出発したガリツィア地方のレンベルク（ルヴフ、リヴィウ）の大学で、一九〇一年秋、ポーランド人側がウクライナ語の使用を否定した事件を機に多数のウクライナ人学生が抗議退学した事例がすでに見られることから（Vgl. Masan, Oleksandr: „Das Problem einer ukrainischen Universität in Österreich-Ungarn“, Slawinski, Ilona / Strelka, Joseph P. (Hg.)：*Glanz und Elend der Peripherie. 120 Jahre Universität Czernowitz*, Bern u. a. 1998, S. 83-98, bes. S. 85f., 90-92）、民族自決理念の過度の強調が既存の民族対立をかえって煽り立てる側面をもったことは否定できない。

（13）中東欧では地名についても多言語による複数の呼称が併用されてきた（伊東孝之・井内敏夫・中井和夫編『新版世界各国史20 ポーランド・ウクライナ・バルト史』山川出版社、一九九八年、見返し裏の諸言語対照地図を参照）。本章ではドイツ語地名を採用することが多いが、これは、ハプスブルク帝国期の事象に関説することや、主としてドイツ語研究文献を参照したことに基づくものであり、他意のないことをおことわりしておく。

（14）本節の記述（地名表記を含む）は主に次の文献に依拠した。Hausleitner, Mariana: „Eine wechselvolle Geschichte. Die Bukowina und die Stadt Czernowitz vom 18. bis zum 20. Jahrhundert“, in: Braun, Helmut (Hg.)：*Czernowitz. Die Geschichte einer untergangenen Kulturmetropole*, Berlin 2005, S. 31-81.

（15）オスマン政府によって任命されたギリシア人、あるいはギリシア化したファナリオティス（イスタンブールのファナル地区に住む富裕なギリシア人商人や銀行業者）の公による間接支配。柴宜弘『図説 バルカンの歴史』（河出書房新社、二〇〇六年新訂版）四七頁と七一頁を参照。

（16）一七七五年の推定人口密度は一平方キロメートルあたり六人程度。Vgl. Mosser, Alois: „Bildungsentwicklung und Modernisierung in der Bukowina vor dem ersten Weltkrieg“, in: Slawinski / Strelka (Hg.)：a .a. O., S. 31.

（17）当段落の記述は次の文献に基づく。Rychlo, Peter: „Czernowitz als geistige Lebensform“, in: Braun (Hg.)：a. a. O., S. 10.

（18）具体的には、大津留［二〇〇七］八五―八六頁を参照。

（19）Vgl. Scheer, Evelyn / Schmidt, Gert: *Die Ukraine entdecken*, Berlin, 8. überarb. Aufl. 2004, S. 227.

（20）Rychlo [2005]（wie Anm. 17）: S. 7.

（21）拙稿「多民族社会のなかの「学者共和国」――オーストリア・チェルノヴィッツ大学の場合」大東文化大学国際比較政治研究所編『IICPS ニューズ・レター』第一五号、二〇〇六年三月刊、六―一〇頁。この稿では、歴史的にドイツ語圏の一部でもあったブコヴィナのチェルノヴィッツ大学における学術文化の展開と多民族性との連関を通時的に記述することを試みた。以下、若干の補足をしておく。①この大学の設立に向けて、地元選出でウクライナ人を父とするルーマニア人代議士K・トマシュチュク（Konstantin Tomaszczuk）は「ドイツ語による教養形成の普遍性」（前稿で「ドイツ式の」と書いたのは「ドイツ語による」の意味に理解されたい）を強調したが、これは、隣接するガリツィアの大学が事実上ポーランド語化されたこと（本章前註(12)をも参照）に伴う他の諸民族の不利益を補塡すべく、一八六七年憲法の定める民族平等の理念に基づき諸民族が同等の条件で学べる大学の新設を求める意図から出た戦略的発言でもあり、他民族、たとえばウクライナ人からも支持されたことを確認しておく（Vgl. Masan: a. a. O., S. 86f.）。ドイツ語大学の設置が歓迎されたことは、この大学の後身にあたる現チェルニウツィ大学の歴史研究者も指摘するように、この言語が「多民族の住まうブコヴィナでは、この土地の多様な民族集団間の、ひいてはブコヴィナと［ハプスブルク］君主国の西部地域との間の、意思疎通言語の役割を果たしていた」（Ebd., S. 87）という地域固有の事情の帰結であり、外からの「ゲルマン化」の意図をことさらに忖度することは適切でない。②八頁下から七行目の「有力教授」は「有力政治家」が正。③経済学者シュンペーターにかんし、九頁二―三行目「ボン大学」以下を次のように訂正する（原文は横組みで数字はアラビア数字）。「ボン大学在職中の一九三二年九月、翌年一月のナチ政権成立を目前にして活動の拠点を米国に移した。」

（22）他方、オーストリアではユダヤ人の「民族」としての公的な認知を求める運動も根強く展開された。それ自身多岐に分節されうるこの運動の詳細にここで立ち入ることはできないが、さしあたりブコヴィナの状況に言及するものとして、大津留［二〇〇七］、一二九―一三二頁を参照のこと。

（23）Vgl. Wagner, Rudolf: „Vivat, crescat, floreat universitas czernoviciensis!", in: ders. (Hg.): *Alma Mater Francisco Josephina. Die deutschsprachige Nationalitäten-Universität in Czernowitz. Festschrift zum 100. Jahrestag ihrer Eröffnung 1875*, München 1975, S. 319f.　同時代ドイツの大学の次のような状況と比較せよ。「［ヘルマン・］コーエンは（中略）、このドイツの文化と社会が、合法的反ユダヤ主義を、公式で制度的な形で実践していることをよく知っていた。（中略）それは学生の同業者団体におけるユダヤ人学生の排除という形を取っていた」（ジャック・デリダ（鵜飼哲訳）「INTERPRETATIONS AT WAR――カント・ユダヤ人・ドイツ人（承前）」、『現代思想』一九九三年六月号、青土社、一八五頁）。

（24）Vgl. Hausleitner: a. a. O., S. 40 u. 49.

（25）Vgl. Rychlo [2005] (wie Anm. 17): S. 28; Mosser: a. a. O., S. 36.

(26) 大津留［二〇〇七］、四〇頁を参照。

(27) Vgl. Hausleitner: a. a. O., S. 38f. なお同書五三頁の記述によればドイツ人市長は二名でなく三名。

(28) もっともどの言語にせよ活字メディアの享受者それ自体が限定的だったろう。後註(33)を参照のこと。

(29) 羽場［一九九四］、五四頁以下を参照。

(30) Vgl. Zintzen, Christiane (Hg.)：*„Die österreichisch-ungarische Monarchie in Wort und Bild“. Aus dem ‘Kronprinzenwerk’ des Erzherzog Rudolf*, Wien u. a. 1999, S. 188.

(31) たとえば、ウクライナ人とルーマニア人はともにその多くが正教徒であったことから、（その社会的地位の格差にもかかわらず）両者間の通婚は多く見られた。世代を経るにつれ両民族の区別が容易でなくなるのは自然であろう（Vgl. Hausleitner: a .a. O., S. 38)。なお、当然ながら、この事実は、信仰を異にする「民族」間の流動が一般に不可能であることを示唆するものではない。次註を参照されたい。

(32) ミーラン・ドゥブロヴィッチ（鈴木隆雄訳）『歴史の横領——サロンと文学カフェから眺めた両大戦間期およびナチス体制下のウィーン』（水声社、二〇〇三年）がその数奇な生涯を伝える「サウジアラビア外交官」が元「東欧ユダヤ人」であり、ハプスブルク帝国末期から瓦解直後にかけてのヴィーンで自己形成期を過ごした彼が、チェルノヴィッツから遠からぬレンベルク出身であったという事実は、象徴的と言えよう（五四—五九頁）。

(33) Vgl. Mosser: a. a. O., S. 42f.　こうした初等教育の普及の一方で、一八九〇年末時点でなお、ブコヴィナの「非識字」率はオーストリア地域全体の平均に倍する約八〇パーセントにも達していたともいう。Vgl. Zintzen (Hg.)：a. a. O.

(34) Vgl. Hausleitner: a. a. O., S. 63; Burger, Hannelore: „Das Problem der Unterrichtssprache an der Universität Czernowitz“, in: Slawinski / Strelka (Hg.)：a. a. O., S. 79f.　後者はブコヴィナの諸ギムナジウムでの複数言語状況を具体的に伝えている。

(35) この語自体はナチ時代以前から用いられていたという。進藤修一「「新しい中央ヨーロッパ」はどう構想されたか——「アウトサイダー」たちのヨーロッパ」、大津留厚編『中央ヨーロッパの可能性——揺れ動くその歴史と社会』（昭和堂、二〇〇六年）所収、二六〇—二六二頁を参照。

(36) ゲッツ・アリー（山本尤・三島憲一訳）『最終解決——民族移動とヨーロッパのユダヤ人殺害』（法政大学出版局、一九九八年）一八頁。［ ］は引用者による。三島氏による「訳者あとがき」は、戦時経済体制確立の一環に位置づけられた「民族ドイツ人」の「帰還」工作の帰趨がホロコーストの深度化と不可分であることを示そうとするアリーの論旨の簡潔な見取り図を与えており有益である。なお、第一次大戦後にルーマニア領に編入されたチェルノヴィッツ改めケルナウツィの政治経済社会におけるルーマニア化とユダヤ人排斥の急激な進行に対抗して、同地のドイツ人とユダヤ人は当初は共同戦線を張っていたが、苦境に陥ったドイツ人社会のドイツへの依存がナチズムの浸潤を許す結果となり、これが両者を決定的に離間し（Vgl. Hausleitner: a. a. O., S. 65-67）、歴史あるブコヴィナの多民族社会を最終的崩壊に導いた。人間集団の共生可能性を根底から破壊したナチズムの非倫理性を指弾してしすぎることはない。

（37）最初からX人だからX語を使うのは当然だと考えるのでなく、X人でもある可能性をX語を使うという選択を通じて現実化する、という構造がここには見られる。「言語はアイデンティティと不可分であるとする議論」への異論は、少数言語の話者の側からも提起されている（宮島喬『ヨーロッパ市民の誕生――開かれたシティズンシップへ』岩波書店、二〇〇四年、四六頁）。ただし、いずれにしても、現にヨーロッパ連合（EU）が膨大なコストを払ってその維持に努めているように、関係するすべての言語を等しく尊重する態度（脇阪紀行『大欧州の時代――ブリュッセルからの報告』岩波書店、二〇〇六年、一四―二〇頁を参照）が大前提となるべきであって、それはチェルノヴィッツにおける「共生」が遺した教訓でもある。なぜなら、「普遍的な人類の名前でユダヤ人を解放し、社会的インフラの整備、鉄道や工業の誘致、学校教育から衛生にいたるまでの整備を行うため「帝国スタンダード」＝「ドイツ語とドイツ的なもの」に依拠せざるをえなかったとき、本物の矛盾は生み出され」（小島前掲書、一一二頁）、それが同地での「共生」の破綻（前註参照）を予兆したことは否定できないからである。ここでの「帝国スタンダード」＝「ドイツ語とドイツ的なもの」という構造の問題性は、「グローバルスタンダード」＝「英語と米国的なもの」へと衣替えして現代にまで引き継がれている。

（38）本節の記述は拙稿「平和の形而上学――『永遠平和のために』の批判哲学的基底」（坂部恵・佐藤康邦編『カント哲学のアクチュアリティー――哲学の原点を求めて』ナカニシヤ出版、二〇〇八年）の「6」と一部重複することをおことわりする。

（39）カント『人倫の形而上学』からの引用の場合は節数も付記する。

（40）この態度はブコヴィナ選出の代議士トマシュチュク（前註(21)を参照）が帝国議会演説で示した多民族性をめぐる次の認識によく表れている。「民族のちがいを擁護するにあたり、民族的であることが人間らしさを忘却してしまうとすれば、そうした民族的であることは満足なものではないと言うべきなのであります。われわれは、たんにポーランド人であり、ドイツ人であり、ルーマニア人であるのではなく、まず何よりも、われわれがそこから共通の力を引き出してくる、ほかでもない同じ土地に根を下ろしている人間なのであります」（Wagner: a. a. O., S. 29）。《九・一一》後の今日、トマシュチュクの見識を、どの民族も多数派ではない地球に向けてみるなら、もっぱらその政治性のみをあげつらって無造作にかたづけて済ませられるものでもないだろう。

（41）これにたいして、たとえば『永遠平和のために』（一七九五年刊）第三確定条項の論述に依拠して、カントも地球大の国家連合の必要性をやはり洞察していたのだと論じる方途もありうるだろうが、ここでは立ち入らない。

（42）脇阪［二〇〇六］、二〇七頁。

（43）つとに一九九五年にハンガリー大統領ゲンツが表明した「EU加盟こそ、中・東欧の歴史的［!］民族問題を解決する最善の方法」（羽場久美子・小森田秋夫・田中素香編『ヨーロッパの東方拡大』岩波書店、二〇〇六年、八頁）との認識はこうした思考に近いように見える。

（44）したがって、憲法忠誠ないし憲法擁護の態度と民族ないし国を愛する態度とは論理的に等価となる（——この件にかんしては、長谷部恭男『憲法とは何か』岩波書店、二〇〇六年、二二—二六頁をも参照）。このとき、前者の態度から後者の態度が帰結するのであってその逆ではない点に注意。

（45）詳述する余裕はないが、文化や人間集団の共存努力に取り組み続けたブコヴィナの過去は、百年後の日本の直面する現実とまったく無縁ではないとも思われる。以下のレポートを参照のこと。石村博子「多文化共生を目指す大久保の、明るい未来」、月刊『東京人』第二二七号（二〇〇六年五月号）、都市出版、八八—九五頁。

（46）EU条約第四九条は、建前上、民主的な［!］欧州国家すべてにたいして加盟可能性を開いている。

付記　本章は、日本倫理学会第五七回大会の枠内で行われたワークショップ「グローバル・エシックスとは何か？」（二〇〇六年一〇月一三日、於東京大学本郷キャンパス）での提題原稿に加筆修正のうえ、右の註（3）に掲げた科学研究費補助金による「研究成果報告書」に収録された同題の論考に、さらに手を入れたものである。

第七章　近代日本の道徳とグローバル・エシックスの問題

――教育勅語の倫理性格についての研究[1]――

大橋容一郎

序

以下の概説的な論述は、筆者がここ数年続けてきた「近代日本における精神性と道徳性の問題」に関する研究の導入部分にあたる。現代のグローバル・エシックスのみならず日本における倫理の原理を語るためには、この分野の倫理学的ないし道徳哲学的研究が必須の研究課題であるにもかかわらず、小論は歴史的事実の部分的収集とそこに見られるいくつかの原理的問題を整理することに終始している。この分野の取り扱うべき内容は膨大かつ複雑であるにもかかわらず、従来あまりにイデオロギー的な先入観をもって論じられまた解釈されてきた。そのために、議論の振幅がきわめて大きく、一定の視点をとろうとしてもままならないという、嵐の海で多少とも平衡を保つことすら容易でないのとおなじ困難が生じているのだとも言えよう。しかし以下に筆者の論点や視点が、精緻なテキスト分析によってではなく各々の問題について短く箇条的に示されているのは、以上のような歴史的事情によるためだけではない。むしろより深刻な問題として、これらの問題点を含んだ議論にあたって、われわれがどのような根本的な叙述形態をとればよいのか、という点がいまだに解決されていないことがある。

そもそも以下に示される問題点やテキストの多くについては、すでに教育史、文化史、政治思想史などの分野で、おもに歴史的実証的研究が数多く行われている。ところが、それらの内容はいずれも倫理や道徳教育の基本的問題を扱っているにもかかわらず、倫理学の原理をめぐる問題提起にはなっていないという、ちぐはぐな印象を受けることが多い。具体的に言うとたとえば教育勅語の研究は、現代の教育史や日本近代史の学者や学生にとってはもはや常識に属するものですらある。筆者の近傍でも日本語版だけでなくドイツ語版教育勅語についてさえ、それぞれの領域で読解や内容解説が毎年のように行われる。にもかかわらずそれらの成果は、現代の倫理学や道徳理論を論ずる場面には姿を見せていない。価値中立的で分析的な社会科学の実証研究に対して、おなじ問題についての倫理学的ないし道徳哲学的研究がどのような方法論に立ち、どのように問題を論じるべきか、という問いは、たとえば現代の多くの生命倫理委員会において哲学者や倫理学者がどのような方法論に基づいた発言をなすべきなのか、という問いとおなじものであり、現代の応用倫理やグローバル・エシックスにかかわる根本的な問題なのである。

一　一八八〇年代以降の欧米における「グローバル」な道徳化運動と日本の国民道徳論

さて十九世紀後半のヨーロッパは、本来のグローバリティとはあいいれないローカルな帝国主義と民族主義が政治経済状況として急速に台頭してきた時代である。学術的にも、理想主義の普遍的統一的なコスモス思想が破綻して、個別科学化がおなじく急速に進展した。そして倫理的にも、ニーチェが当時の保守的な市民道徳や伝統的なキリスト教倫理に叛旗をひるがえし、規範道徳の奴隷性を糾弾して他者への同情を否定した時代である。

しかしまさにニーチェが、グローバリティの対極にある超人思想を唱えていた一八八〇年代に、それに反応したかのように欧米の学者が連帯して道徳の刷新を唱えはじめ、世紀末の時代に、道徳運動の協会を設立し国際会議を催して、新しい普遍的倫理の可能性を論じていたという事実は、哲学や倫理学の世界でもあまり知られていない。こうした共同作業は結局、第一次世界大戦という帝国ローカリズムの衝突の前で消滅してしまうことになるのだが、それでも当時としてはまさしくグローバルな倫理の確立を視野に入れた道徳の刷新運動ではあった。この運動の消長の歴史それ自体も、現代のグローバル・エシックスにとっての貴重な経験として研究課題となるものではあるが、ここではこの十九世紀末のグローバル・エシックスの試みを、あくまで後述の立論のための導入として扱いたい。

この道徳運動 Ethical Movement の創始者であり触発者とされるのは、アメリカのユダヤ人でラビ、教育家、倫理学者であった、フェリックス・アドラー Felix Adler（1851-1933）である。彼は一八七六年に「ニューヨーク倫理文化協会 Society for Ethical Culture」を設立した（平田 111）。彼の宗教的立場は、ユダヤ教の学者としてはムーサール運動などと同様に反シオニズムの改革派に与するものと見なされる。しかしそれとともに重視されるべきなのは、彼がヘルマン・コーヘンに師事した新カント派の倫理学者であり、とくに倫理においては師のコーヘン同様、カントの理性的な自律原理に基づいて特定の宗教に依存しない道徳を遵守しようとしたことである。そのためにアドラーは、人格主義に基づく倫理の実践を社会の中心とする見方をとり、結果的に、ユダヤ教にもキリスト教にも依存しない道徳教育の実践者となった。とはいえこれはアドラーが無宗教的な道徳観を持っていたということではない。むしろ同時期以降のヨーロッパで、やはりユダヤ人学者が主要なメンバーであった論理実証主義者たちが、宗教（キリスト教）や民族（ゲルマン主義）に依存しない科学的論理学を掲げて、のちのインターナショナルな科学主義の先駆となったのと同様に、アドラーの倫理教育思想も、十九世紀末の個別帝国主義がもつローカリズムではない、よりグローバルな方向を目指していた、ないしは目指さざるをえなかったのだと言える。

特定の宗教性からの独立というカント倫理学の強い影響下にあるものの、「信条（クレド）」よりも実行（ディード）」というアドラーのスローガンに見られるのは、グローバルな倫理の基礎に形而上学的な規範原理や道徳法則を設定しようという思想的立場ではない。アドラーの道徳原理はむしろあくまでも社会改良の成果を重視するプラグマティズムに与するものであったと言える。これを倫理規範の原則主義を否定したものと見るのか、それともユダヤの思想家にとっては、論理実証主義から成立した分析哲学と同様に、欧米の既成宗教や民族主義に依存しない倫理の立場を設定したことで、十分に批判主義的原理の立場となりえたと見るべきなのかは、評価がわかれるところであろう。いずれにしてもアドラーのこの運動は急速に欧米諸国に拡大した。一八八〇年代以降、アメリカ各地の倫理文化協会によるアメリカ倫理連合の設立、さらにロンドン倫理協会をはじめとして英国でも三十あまりの倫理協会の設立、ドイツにおけるドイツ倫理文化協会の設立など、当時としてはまさにグローバルな倫理運動となったのである。英米やドイツでの倫理運動の拡大とその後の消長について小論では詳述できないが、最終的には、一八九六年に国際倫理協会連合がチューリッヒに設置され、アドラーが会長に選出されている。

十九世紀末の倫理状況のこのような事実を見ると、現代のいわゆるグローバル・エシックスが二十世紀末から開始されたまったく新しい動向であるなどと主張することはできないだろう。さらにまた現代において重要なのは、グローバリティをたんなるローカリティの対抗原理として唱えることではなく、こうした歴史の教訓に学びつつ、倫理にかぎらず現代におけるグローバリティとはそもそもどのような意味を持つものなのかを、まずもって明確にすることであろう。とはいえ小論は十九世紀の道徳運動と比較しながら、現代倫理のあるべきグローバリティを直接に論じようとするものではない。むしろ小論がとくに目を向けたいのは、この十九世紀におけるグローバルな道徳運動に、日本も公式に参加していたという歴史的事実である。その参加は、明治維新後の内外の混乱からようやく解放され、さらに日清日露戦争をへて国力の飛躍的な伸展が期待された明治期日本という、国際政治的な文脈を抜きにしては考えられないものではあった。しかしここで問題としたいのは、政治的動機がいかなるものであれ、そこで日本の代表がどのような内容の倫理的立場を主張し、欧米と競合してゆこうとしたのか、そしてその倫理性の内容はどれほどグローバルなものであったのか、という点である。

上にのべた十九世紀末から二十世紀初頭における道徳運動の展開（平田 113-114）のなかで、アドラーの国際倫理協会連合は、一九〇六年にドイツのアイゼナッハにおいて第二回の大会を開催した。日本からその大会に参加していたのは、文部省からの給費留学生であり井上哲次郎の義理の息子となる吉田熊次だった（平田 124）。道徳教育および社会教育を専門としていた吉田は、のちに東京帝国大学の教育学教授として長く日本の国民道徳論および精神文化論の主唱者となり、倫理学、教育学の原論、また修身教科書のはじめからの編纂者として、第二次世界大戦以前の道徳教育の代表的なイデオローグと目された人物である。吉田の道徳教育観は、英国のグリーンのような形而上学的超絶主義に立つのではなく、むしろアドラーと同様に、非宗教的な立場からの社会的実践を重視するものであった。

しかし哲学的理論が社会的実践と乖離してしまうことを認めないといっても、吉田は日本においても道徳の自律的原理性を無視したり、倫理性を価値中立的な科学主義の上に基礎づけようとはしない。カントやヘルバルトに見られる厳密な法則的原理主義を踏襲している吉田の見解によれば、日本においても自律的道徳の原理はもちろん存在する。それどころか日本においてはその原理は古来から定まっているのであり、その原理の自律性を端的にあらわしているのが『教育勅語』なのである。彼の『教育勅語釈義』は一貫してそうした原理の立場の先置という観点から書かれている。

一九〇六年の国際倫理協会連合での吉田の講演は、「日本における道徳理想としての天皇の『教育勅語』Die "Edukationsrede" des Kaisers als Moralideal in Japan」と題されていた（平田 130）。講演のなかで吉田は、主体的意志によるカントの自律的道徳を尊重しながらも、真の自律は行為者による真理の内的確信から生じるものであり、命法へのたんなる服従によるものではないとし、日本人の伝統的民族意識に基づいて真理の内的確信を展開しているのが「教育勅語」であるとする。そしてさらに、人間の共同体であるかぎり古今東西に共通であるような普遍的な規範、不変の法則が、「教育勅語」のなかに具体的な徳目として示されていると主張するのである（吉田 138）。平田諭治による研究によっても、吉田は教育勅語の内容を、日本人が自律的に遵守している道徳理想と位置づけることで、日本人の国民道徳が自由、自律、普遍的理想というグローバリティをもつことを主張している、とされていた（平田 131）。

グローバル・エシックスという概念に示されているグローバリティとは、特定の類種、民族、宗教、伝統に依拠しないという、ローカリズムに対する批判的な意味のみに用いるのがむしろ安全なようにさえ思われる、きわめて曖昧な概念である。他方で上述したように近代日本の道徳論においては、「国民道徳」が対外的にも用いられる基本的な日本の道徳概念であったわけだが、この「国民道徳」の概念はいったいどの程度の広がりをもって使われていたのか、ということもまたグローバリティの概念とともに問われねばならない問題である。この点については、周知のように和辻哲郎が一九三二年の講演に基づく『国民道徳論』のなかで、「国民道徳」概念を次の三つに区分している（和辻 148）。(1)「日本国民に特有なる道徳」、(2)「日本のみならずそれぞれの国民に特有なる道徳」、(3)「一般に国民としての道徳」。このうち(1)と(2)は「歴史的事実としての国民道徳」であって道徳史の研究対象であり、これに対して(3)は国民的存在としての人間が普遍的に突きあたる「当為としての国民道徳」であって、倫理学が扱う原理的研究分野に属する、というのが和辻の見解であった。公民ないし市民としての人間にとって普遍的な基礎原理となるべきという点からすると、(3)の国民道徳は、カントの世界公民的見地を継ぐものとしてグローバルな原理性を示すもののようにも思われる。しかしながら、和辻の見解はそれとは異なり、「人間性（Menschheit）の理念の実現は特殊態としての国民を通じてでなければならぬ。普遍的道徳はただ国民的道徳としてのみ具体性を得ることが出来る」（和辻 158）というものであった。この立場に基づくかぎり、「国民道徳」はいくら普遍的理念にかかわりうるものだとしても、特定の歴史性と風土性によってしか理解しえないローカルなものとなるだろう。

さて、先の吉田熊次講演によれば、「教育勅語は、われわれの旧来のモラルに存する真実と価値を新たに全人類に承認されるような不可欠の要素として与えたもの」（平田 129）であり、「歴史的真理と普遍妥当性を具現した教育勅語が日本国民の道徳の規範となっていることを吉田は披瀝した」（平田 同頁）のであった。和辻が提出した「国民道徳」論に対照させて、国際倫理協会連合における吉田のこの「国民道徳論」をふり返ってみると、それらにいくつかの興味深い特徴と共通点を見出すことができる。第一に、日本の国民道徳におけるグローバリティの重視、第二に、グローバルな普遍的道徳規範が日本において歴史的に現実化していることの是認、第三に、そしてこれがもっとも重要な点となるのだろうが、そのグローバルな普遍的道徳規範が「教育勅語」という形式とその内容として示されているという事実である。もちろんその他にも、自由な自律的意志が理想を目指すというカントの心術倫理的な方式にも道徳原理の普遍性が見られてはいるが、それも実質的目的への意志を排除するカントとは異なり、あくまで教育勅語の内容を尊重するという特定の方向性への意志とされているのであって、結局のところ、「教育勅語」の形式と内容とが和辻の分類した「一般に国民としての道徳」の原理であるという点には違いがないように思われる。

カントの立場からすればここには実質的倫理の混入が見られるのであり、純粋理性としての自由意志は成立してはいない。それにもかかわらず普遍性と自由意志が成立していると見なす場合、そこには純粋理性に基づくのではない意志、理性的自由ではない自由が介在していると考えられる。和辻によればそれは「しめやかな激情」という日本人の情念に基づく意志と、そこにおける自由の感情なのである（和辻 164）。純粋実践理性のアプリオリ性に似て、しかもそれとは相反するような、純粋感情のアプリオリ性とでも言えばよいかもしれない。この点は吉田の自律論もほとんどおなじであろう。ここにはたんなる国体主義や国民道徳論では片づけられない日本人の自然観や、江戸期の国学、古道の道徳観が反映しているように思われるが、その点については後述することとし、次節ではまずもって、吉田によって普遍的な道徳原理の日本的表現形態であるとされた「教育勅語」について、もっぱら倫理的な観点からいくつかの分析を試みることにする。

二　教育勅語の倫理学的分析

一八九〇年秋に発布された教育勅語の成立過程については、梅溪昇の『教育勅語成立史』や八木公生の『天皇と日本の近代』などに詳しいが、いずれにしても「伊藤（博文）、井上（毅）の主導する政府の『近代的』立憲主義」と、「元田（永孚）の儒教主義」とが軋轢、抗争した（梅溪 7）ことを底流とし、井上、元田と中村正直（敬宇）の三名の異なる思想的立場によってそれぞれ草案が起草された事実が確認される。また実際の勅語成立までにはこの三者に文部大臣や文部省の手も入り、紆余曲折の修正をへて、最終的には井上毅がまとめ上げたものであるという歴史的、政治的事情についても疑いがない（梅溪 56-163）。そして先の三者が起草訂正した勅語を比較対照することによって、教育勅語の道徳原理の在処がよく見えてくる。

文部省から最初に勅語の起草を依頼されたのは、中村正直であった。彼は元来儒官であったが、英国に留学して近代的な人権思想や自由思想に触れ、ジョン・スチュアート・ミルの自由論を翻訳したことで知られる。同時に彼はキリスト教の「天」の思想に強く惹かれ、メソジスト派の牧師から受洗して自らキリスト者となり明治天皇に受洗を進言したこともあった。その中村の教育勅語起草案では、次のように説かれる。「父は子の天なり。君は臣の天なり。臣子をしてもし君父に対し不忠不孝なれば、罪を天に得て逃れるべからず。また忠孝を尽くすときは自ら天心に合い福祉を得るの道なり。（中略）敬天敬神の心は人々固有の性より生ず。」（梅渓 249-250）ここに見られるのは、天が真理であり、敬天敬神という宗教的信が人間固有の道徳原理となっていることである。忠孝や仁愛のような社会的道徳は、敬神の心が現実世界にあらわれた形態にほかならない、と中村は主張する。また「善を好み悪を悪（憎）むは人性の自然に出づ。而して善に福し淫に禍するは天道の常なり。」（梅渓 251-252）という箇所からは、宗教的「天道」に基づく原理と自然主義的「人性」に基づく原理が、善と幸福との一致という点ではおなじ原理性格を持っていることが読みとれる。この共通性によって、道徳原理は中村においては国家や社会を超えた形而上学的原理であり、かつ同時にまた宗教的信として個人の心術の原理となるのであった。

これに対して、すでに一八七九年に「教学大旨」を著し、儒者であり明治天皇の侍読であった元田永孚が一八九〇年に私的に起草していた「教育大旨」第三案では、次のように説かれる。「我が皇祖皇宗、国を肇め民を育し、その徳広遠、天壌窮り無し。我が臣民の祖先、よく忠によく敬し、万世易にす。これ我が国体にして人道の基礎、教育の本原なり。」（梅渓 219）ここに見られるのは、祖宗の遺徳への忠孝という態度と心術が日本人の道徳の根源であるという思想であるが、元田はこれをそのまま「国体」と読み換えている。したがって道徳の原理は国体ということになるが、問題は「国体」という概念がそもそも何をあらわしているのかということである。とりわけ重要と思えるのは、「祖宗の遺徳」自体が国体なのか、それを歴史的に尊重してきた「忠孝」という心術を含めての国体なのかが判然としていないという点である。元田は上の言に続けて「君臣・父子・兄弟・夫婦・朋友」の順で儒教の五倫の道と、「仁・智・勇」の三徳を説いている（梅渓 219-220）。元田の五倫は出典である孟子の「父子・君臣・夫婦・兄弟・朋友」の順とは異なり、君臣間の忠孝を第一義とするものだが、いずれにしても忠孝が五倫の道に基づく道徳原理であれば、それらは祖宗の遺徳という「徳」原理と直接につながるものではないことになる。祖宗の遺徳という歴史的原理そのものが尊重されるべき対象であるのか、遺徳への忠孝という心性の歴史的事実が尊重されるべきであるのか、それともそうした道徳的心性が歴史とかかわりなく純粋に尊重されるべきであるのか、という原理性格の問題は、元田のテキストからでは明確な形では示されない。とはいえそこに、国体と五倫という原理的性格を持った対象や心術が見られるということについては否定できない。

さて当初の中村の起草案は井上毅によって痛烈に批判された。井上によれば「文部の立案（中村案）はその体をなしていない。このような勅語は宗教ないし哲学に関する知識を教義としたもので、君主の口から出るべきものではない」（梅渓 72）のである。井上によれば、勅語においては「天を敬い神を尊するなどの語は避けねばならない。これらの（宗教的）語は宗旨上の争端を引き起こす種子となる」。また「深遠な哲学上の理論を避けねばならない。なぜなら哲学上の議論はかならず反対する思想を引き起こす。道の本源についてはただただ専門の哲学者の穿鑿に任せればよいのであって、君主の命令によって定まるようなものではない」（梅渓 312-313）。井上のこうした脱宗教的、脱倫理的志向は、彼の持論である立憲法治主義によるとされる。「今日の立憲政体の主義に従えば、君主は臣民の良心の自由に干渉しないものであり、イギリスやロシアのように宗旨上国教主義があって君主自らが教主を兼ねるのは特殊な場合である」（梅渓 311）という見解にもそのことがあらわれている。

井上は上述の理由から勅語という発布形式にも反対した。教育勅語が最終的には井上の監修によるものであれば、それは日本の国民道徳の表明などではなく、むしろ「社会上の君主の著作広告として看」られるのでなければならない（梅渓 312）。しかし実際には、勅語という発布形式がとられ、日本の国民道徳の表明とされたばかりでなく、後述するように諸外国にも公式にその旨が通知された。勅語の内容は倫理の根本原理とされ（八木 281）、小学生以上の児童はすべて教育勅語の本文を暗記させられ、その国体思想は一九三七年の『国体の本義』などの公式文書をへて、天皇への絶対随順のみが「忠孝一本としての国体の精華であって」（資一 49）、そこに「国民のすべての道徳の根源がある」（資一 34）、「国民道徳の要諦である」（資一 49）などと変成され、日本人の絶対的な道徳原理と見なされるにいたったことはもはや言うまでもない。したがって井上の個人的意思とはかかわりなく、成立した教育勅語は普遍的な倫理的指針と見なされ、そこには何らかの道徳原理が記されているのだと考えられることになった。しかし本来、教育勅語における道徳原理とはどのようなものであったのか、ここで勅語の文言自体を再検討せねばならないだろう。そこで、以下にまず勅語の全文を掲げたのちに、いくつかの点を検討したい。

教育勅語（明治二三年発布）全文

朕惟フニ、我ガ皇祖皇宗、国ヲ肇ムルコト宏遠ニ、徳ヲ樹ツルコト深厚ナリ。我ガ臣民、克ク忠ニ克ク孝ニ、億兆心ヲ一ニシテ、世々厥ノ美ヲ済セルハ、此レ我ガ国体ノ精華ニシテ、教育ノ淵源亦実ニ此ニ存ス。爾臣民、父母ニ孝ニ、兄弟ニ友ニ、夫婦相和シ、朋友相信ジ、恭倹己レヲ持シ、博愛衆ニ及ボシ、学ヲ修メ、業ヲ習ヒ、以テ智能ヲ啓発シ、徳器ヲ成就シ、進デ公益ヲ広メ、世務ヲ開キ、常ニ国憲ヲ重ジ、国法ニ遵ヒ、一旦緩急アレバ義勇公ニ奉ジ、以テ天壌無窮ノ皇運ヲ扶翼スベシ。是ノ如キハ、独リ朕ガ忠良ノ臣民タルノミナラズ、又以テ爾祖先ノ遺風ヲ顕彰スルニ足ラン。斯ノ道ハ、実ニ、我ガ皇祖皇宗ノ遺訓ニシテ、子孫臣民ノ倶ニ遵守スベキ所、之ヲ古今ニ通ジテ謬ラズ、之ヲ中外ニ施シテ悖ラズ。朕、爾臣民ト倶ニ、拳々服膺シテ、咸其徳ヲ一ニセンコトヲ庶幾フ。

この勅語の前後段と中段を分けて考えるのが教育史などでは常識とされるが、その分類は倫理学的に見ても妥当なものと思われる。ただし委細は省くがここでは前後段を、「朕惟フニ、我ガ皇祖皇宗、国ヲ肇ムルコト宏遠ニ（中略）、此レ我ガ国体ノ精華ニシテ、教育ノ淵源亦実ニ此ニ存ス。（中略）是ノ如キハ、独リ朕ガ忠良ノ臣民タルノミナラズ、（中略）朕、爾臣民ト倶ニ、拳々服膺シテ、咸其徳ヲ一ニセンコトヲ庶幾フ」とし、中段を残りの部分である、「爾臣民、父母ニ孝ニ、兄弟ニ友ニ、夫婦相和シ、朋友相信ジ、恭倹己レヲ持シ、博愛衆ニ及ボシ、学ヲ修メ、業ヲ習ヒ、以テ智能ヲ啓発シ、徳器ヲ成就シ、進デ公益ヲ広メ、世務ヲ開キ、常ニ国憲ヲ重ジ、国法ニ遵ヒ、一旦緩急アレバ義勇公ニ奉ジ、以テ天壌無窮ノ皇運ヲ扶翼スベシ」と見なすことにする。

勅語の前後段に見られるのは、すでに元田の「教育大旨」第三案の検討でも示された国体思想である。ただし勅語の文言では、国体の精華とされているのは「祖宗の遺徳」そのものではなく、皇祖皇宗が始めた国風を臣民がともに形成してきたこととされており、歴史的形成の観点がより強調されている。さらにそれが日本人としての教育の淵源とされるが、「人道の基礎」であるとのテーゼは示されない。またもちろんそうしたテーゼを遵守することが「天道」であるというような中村案の超越的原理の方向もまったく示されていない。「是ノ如キハ、独リ朕ガ忠良ノ臣民タルノミナラズ、又以テ爾祖先ノ遺風ヲ顕彰スルニ足ラン」という言い方でのべられているのは、中段の儒教的道徳の遵守が善良な日本人としての生活規範となりうる、ということであり、それが同時に祖宗の遺徳を顕彰することにもなりうるという、勅語と言うにしてははなはだおよび腰に近い見解である。井上の目指したように、たしかに道徳原理としての国体という側面は希薄化されており、守るべき道は具体的には、「父母ニ孝ニ、兄弟ニ友ニ、夫婦相和シ、朋友相信ジ、恭倹己レヲ持シ、博愛衆ニ及ボシ、学ヲ修メ、業ヲ習ヒ、以テ智能ヲ啓発シ、徳器ヲ成就シ、進デ公益ヲ広メ、世務ヲ開キ、常ニ国憲ヲ重ジ、国法ニ遵ヒ、一旦緩急アレバ義勇公ニ奉ジ」ることである。その具体的内容も、儒教の五倫の道を含みつつ、しかし忠孝については前段に回すことによりここには特記せず、反対に国憲や国法の遵守を明文化して求めている。そうした特徴からして、ここに見られるのは道徳原理の宣布などではなく、大日本帝国憲法と同様にもっぱら近代立憲政体としての明治国家における日本人の法治的な生活指針である、とする解釈にもうなずける面がある（八木 277-279）。

ただしそうだとするなら、修身や国民道徳の最大の指針として実際に使われてきたこの教育勅語は、じつを言えば仁義礼智信のような生活指針の提示に基づいているのみであり、それ以上の道徳的ないし宗教的あり方の原理をなんら含んでいないものだ、ということになるのだろうか。あるいはまた、こうした生活指針に従うべきだという規範性も、井上の言うように君主である天皇のたんなる個人的見解であり、臣民の良心の自由にはかかわらないということになるのだろうか。たしかに教育勅語がその後の日本人の精神文化の基礎に置かれたのは、倫理的内容によるというより、むしろもっぱら政治的理由によっていたのであろうから、すくなくとも国家的指針として、その内容の倫理性はおよそ重視されてはいなかったのかもしれない。だがその一方で、勅語を奉守して死んだ多くの教育者がいたという事実は、適法性という法政治的側面からだけでは理解できない勅語の持つ重大な倫理性の側面を示しているように思われる。とするならばその倫理的性格の帰するところはどこにあるのだろうか。

この疑問への回答として、小論ではここでひとつの点だけを指摘したい。それは勅語の本文に含まれている、「朕、爾臣民ト倶ニ、拳々服膺シテ、咸其徳ヲ一ニセンコトヲ庶幾フ」という文言にかかわるものである。天皇である自分が汝ら臣民とともに（中略）コイネガフ、「願う」という結びは、政治的命令としては諸外国のものと比較して異様な形式に見えるが、これは天皇が臣民に対して何ごとかを願っているわけではないにもかかわらず、いかにもそのように読めるからである。この「庶（請）い幾（願）い奉る」という文言は、第二次世界大戦後の昭和天皇以降は

「希望します」「期待します」という言葉に置き換えられてはいるものの、今日でも続いている。そのさいはたいていの場合天皇が国民に正対する形で述べられるので、一般には国民に対する天皇自身の希望を述べているのだと理解されている。しかしながらこの文言は、そもそも神主の祝詞の末尾文であり、それが勅語の末尾に置かれているのは、勅語というものが、形式上は神武建国以来、実態としてもすくなくとも明治期以来今日まで続いている、神道の祭司としての天皇職の文言だからである。神職が氏子とともに祈願ないし宣誓を行う場合、神職は氏子に正対はしない。神職も氏子もともに神殿正殿の方向に向き、神職が一同を代表して「神（カミ）」に助力を願う祈りを捧げつつこの文言を唱える。勅語においては、天皇は臣民に対してではなく、臣民を代表して皇祖皇宗ないしは国体に対して祈願ないし宣誓を行っているのである。こうした祈願の方式は神道にとどまるものではなく、代理者制をとっている多くの宗教に一般的に見られる形態であろう。一例をあげればカトリック・キリスト教においても、第二バチカン公会議以降は司祭が信者に正対するようになったが、それ以前は、特別の場合をのぞいて司祭は信者と同様に祭壇の方を向いているのが決まりであり、それが超越的な力に感謝し助力を願う司祭としての務めの姿だった。

してみれば、教育勅語は他のすべての勅語と同様、その生活世界での具体的な徳目などの内容や法政治的形式がたとえいかなるものであるにせよ、そうした「些末」事以前の大前提として、共同祈願という宗教的祭祀の姿をアプリオリに含んでいるのである。そして、戦前においては日本人全体の家父長であり現世での最高の存在とされていた天皇すらも、それに向かって祈願するという対象は、歴史的な祖宗の遺徳であり、それが歴史的現実として顕現してきたかどうかということにかかわらず、現世を超越した神的なものたらざるをえないのである。このように勅語の末尾文は、たとえ政治的命令でなく天皇の個人的発言であっても、皇祖皇宗や国体が、現天皇すら超えた超越的な原理として尊重されるべきという、宗教的で絶対的な規範性を意味するだろう。このように、具体的な内容や規範的形式以前の問題として、教育勅語はすくなくとも共同体に帰属するものに対してアプリオリな原理としての規範性を持つものである。したがってそれにしたがうかぎりでの日本人の倫理性の根本もまた、欧米のように記述されうる徳の内容や定言的形式によるのではなく、そうした記述以前のアプリオリな部分に依拠するということになるのではないか。

こうした点に注目しながらあらためてふり返ってみると、勅語の後段に示されているのは、規範的な当為と同時に祖先神への祈念と誓願を行う誓文の型であり、そこでは他力的な「願われる」と自律的な「誓う」の混合に倫理の基礎が置かれているのであって、当為そのものへの絶対的な信頼が基礎となっているのではない。また、当為を課される対象の範囲は子孫臣民一般という理性的概念だが、しかし実質的な当為は各人のいわば高級感情にまかされている。道徳原理としての心術は父母兄弟夫婦朋友家庭への愛から、国家愛、さらには歴史的に拡大されて人類愛にまでいたるとされる。その普遍化可能性は前提されており、個別の愛から人類愛に拡充するさいに特別な質的変化は不要である。さらには普遍的原理と個人的心術との同一性は、「心を一にする」こととして、その可能性がやはりはじめから前提されているように思われる。このように考えるとき、上述した吉田熊次、中村正直などの見解に示されていた、日本人の自由意志としての道徳性や人性の自然としての道徳性という見方も、また勅語の文言に見られる「我ガ臣民、克ク忠ニ克ク孝ニ、億兆心ヲ一ニシテ、世々厥ノ美ヲ済セル」という歴史的「事実」の見方も、結局のところ、特定の記述的道徳規範以前に存する日本人の自然宗教的態度、共同祈願的態度のアプリオリ性ないしはアプリオリな普遍化可能性を語っているのだと見なされてよいだろう。

そうした記述的原理以前のアプリオリな道徳原理を強く主張していたのは、周知のように近代国学の祖となり、したがってまた近代国体思想の淵源ともなった本居宣長の古学神道思想である。宣長はほとんどカントと同時代の思想家であり、カントと同様に道徳的原理のアプリオリな事実としての性格を主張していた。しかし宣長がカントと決定的に異なるところは、道徳原理の記述可能性ないしは分析可能性を否定するところである。カントでは超越論的事実としての道徳法則こそが道徳の根本原理であり、その法則の導出と記述が理性的に可能でなければ倫理学は成立しない。しかし宣長によれば、大御国（日本）の古代には道（道徳）というような言葉はなかった。これこれの道というような記述は本来異国のものであり、時代が下って日本に書物が渡来してからそれを読んで研究するという漢国（からくに）のスタイルを踏襲したにすぎない（本居 一）。学問をして道を知ろうとするなら、まず漢意（からごころ）を潔く除き去らねばならない。道は生まれながらの真心のことであり、アプリオリな事実として自然に身に付いているものである（本居 二）。しいて求めたければ汚い漢意を祓い清め、清々しい大和心で古典を読めばよい、のである（本居 一）。理性的に記述可能な道や原理などはなく、そうした漢意を捨てて「もののあはれ」のような古典的で自然な感情に従うことが道徳なのである（田原 130）。

もちろん、宣長から教育勅語までの百年間には、国学思想のさまざまな展開や明治維新による国家神道の成立など、神道概念に大きな変化があった。まして儒教道徳の道を中段に置く教育勅語の内容に、そうした記述的な道徳理論を忌み嫌った宣長の思想が直接に影響を与えているとは言いがたい。また前後段の国体思想についても、宣長自身が疑わなかった天皇中心の国家主義の色彩は、井上の立憲君主制の法治思想によって希薄なものとなっている。しかし勅語において道徳に関するそうした記述内容の前提となっている自然主義的アプリオリズムの方は、まさに宣長のいうところの古道の精神を受け継いでいる。一般に神道は教義教理のない宗教であるとされるが、記述的な教義にさき立つ自然主義的な倫理であるという点では、他の実定的な宗教をはるかに凌ぐアプリオリな原理性を持っていることになる。その意味に限定すれば、勅語における国体を形成してきた道が「神」の道であるかぎり、近代日本があらためてその国民の道徳的、教育的教化のために採用した道徳原理は、根本的にやはり「神道」の原理であったと言えるだろう。

三　展望と結語

教育勅語に関する倫理学的再検討という、これまで行ってきた試みは、事実としては第二次世界大戦までの日本精神史や教育史上の過去に属するものではあるが、しかしそれだけにとどまるものではない。第一に、教育勅語は吉田熊次によって世界の道徳運動のなかで日本の立場として主張されただけではなく、その後文部省による各国語への翻訳と海外への普及活動を通じて、英米独仏の国際社会にも知られることとなった（平田 481-508）。そうしたグローバルな世界において日本の道徳原理はどのように受けとられるのかを知ることは、今日でも同様に重要な問題であろう。とりわけ自然感情から生じる道徳性に基づく国家共同体論は、いわば論理性や客観性を重視する西欧のカント的な義務倫理や功利主義的倫理と並立しうるものであるために、以下に見る天野貞祐のようにカント主義にして国体主義というような複合的倫理観を許容してきたとも言える。

第二に、敗戦後の一九四六年年頭に公布された「昭和二十一年年頭詔書」（いわゆる天皇人間宣言）は、五箇条の御誓文を称揚し教育勅語とほとんど同様の形式と内容をもつ勅語であり、第二次大戦後の世界においても、日本の道徳思想や倫理性に関する公的な見解には根本的な変化がないように思われるからである。たとえば、教育勅語は一九四八年に衆参両院で失効の決議がなされた（資四 233-234）にもかかわらず、文部省の見解では、よりよい基準ができるまで一時的に「棚上げ」になっているにすぎないものとされている。その新しい道徳規準を検討するため一九四六年に招集されていた教育刷新委員会には、天野貞祐、務台理作、大島正徳をはじめ、多くの倫理学者や哲学者も参加しており（資 四）、その成果が個人的人格と世界普遍主義を強調する教育基本法（旧）であった。しかし、その後の朝鮮動乱をへて国家主義的立場が再燃した吉田内閣になると、以降の文部大臣となる文教族や文部官僚も多く参加した道義懇談会が、「教育勅語にかわる新道徳問題」として新たな国民道徳のための会合を重ねていた（資 一四）。それらのなかでは、日本人には元来規範的倫理性などないとして、国民の個人的自発性に基づく倫理という考え方に対する不信の声が多く（資 四 33 資 一四 11）、道徳涵養のために教育勅語に代わって時代に即したあらたな勅語を発布してもらいたいという強い意見があった（資 四 67）。一例をあげれば、吉田内閣の文部大臣であった哲学者天野貞祐は、大臣在任時に、勅語ではないがあらたな修身要領として『国民実践要領』を発表しようとして反対にあい、退官後の一九五三年に発表している（資 四 325-369）。これらに対しては、当時の文部次官であった山崎匡輔などの文部省側がむしろ、道徳は国民の自発性にまかせるべきだとして抵抗しているほどである（資 一四 4）。一九五一年の教育課程審議会による「道徳教育に関する答申」、文部省の「道徳教育のための手引書要綱」、そして二十一世紀になって改変された教育基本法（新）も、こうした議論の綱引きの延長線上から生じてきたものである。ここには勅語の政治的国策あるいは歴史的文書としての性格とは別に、日本人の道徳原理をめぐる、個人的人格、家族的国家共同体、世界普遍主義のあいだでの理念的争いが見え隠れしている。こうした影響関係までを考え合わせるとき、教育勅語の倫理学的検討は過ぎ去った戦前の問題ではまったくなく、むしろ戦後から今日までの、日本人の道徳原理を考えるうえでももっとも重要な問題点のひとつなのである。

註

（1）註は原則としてすべて本文に繰り入れ、下記の参考文献の略称および研究書についてはページ数を記載した。また古文、漢文の原典についてはすべて筆者の責任において現代語に訳出ないし書き下し文等に改め、そのさい適宜必要な語をおぎなった。

参考文献（略称）

（資 二）『戦後道徳教育文献資料集（第一期）第二巻、国体の本義、臣民の道』日本図書センター、二〇〇三年。

（資 四）『戦後道徳教育文献資料集（第一期）第四巻、教育刷新委員会総会議事録、教育刷新委員会特別委員会議事録』日本図書センター、二〇〇三年。

（資 一四）『戦後道徳教育文献資料集（第二期）第一四巻、教育勅語にかわる新道徳問題審議記録、文部省発表　道徳実施要綱の解説』日本図書センター、二〇〇四年。

（梅渓）梅渓昇『教育勅語成立史（下）、含教育勅語関係図版資料』青史出版、二〇〇〇年。

（平田）平田諭治『教育勅語国際関係史の研究、含教育勅語翻訳資料集成』風間書房、一九九七年。

（吉田）"Die "Edukationsrede" des Kaisers als Moralideal in Japan / von Yoshida. -1906", In: *Ethische Kultur: Wochenschrift zur Verbreitung ethischer Bestrebungen*; 14 (1906) 18, S. 138-139.

（八木）八木公生『天皇と日本の近代（下）、「教育勅語」の思想』講談社現代新書、二〇〇一年。

（和辻）和辻哲郎『人間存在の倫理学』京都哲学叢書第八巻、燈影社、二〇〇〇年。

（本居 一）本居宣長『古事記伝巻一、直毘霊』。

（本居 二）本居宣長『玉勝間』。

（田原）田原嗣郎『本居宣長』講談社、一九六八年。

第三部　国家と暴力

第八章　狼はいかにして羊になるのか
――ホッブズ国家論を読む――

福田俊章

一　誰がおまわりさんになるのか――ホッブズ国家論のアポリア

筆者が子供の頃、誰がおまわりさんになるのか不思議で仕方なかった。泥棒を捕まえてくれるおまわりさんのような役柄が必要とされることは子供心にも分かる。しかし、同じ人間なのに――つまり、泥棒になるかもしれないのに――おまわりさんをやれる人間がいるというのが分からない。「誰がおまわりさんになるの」という幼い頃の筆者の問いかけに対する母親の答は「悪いことをしない人がおまわりさんになるのよ」という投げやりなものだったと記憶する。しかし、世間の人間の誰もが悪いことをする（おそれがある）からこそ、おまわりさんが必要になるのだろう。では、いったい誰がおまわりさんになれるというのか。そんな特権的な人間など、どこにもいないはずではないか。こうして、「おまわりさんをやれる人がいないからこそおまわりさんが必要であり、おまわりさんが必要だからこそおまわりさんをやれる人がいない」という奇妙なことになるのである。

ホッブズの国家論も同じ困難をかかえている。いな、「対等な個人間の合意が支配を正当化する」という論理を採用する社会契約理論、あるいは「人間がみずからによってみずからを支配する」という立て前を取る近代は一般にこの困難を共有しているのではなかろうか。

ホッブズに言わせれば、人間はその本性をむき出しにすれば――つまり、自然状態に生きていれば――誰もがお互いにとって狼である。狼稼業に疲れたからといって、自分だけが足を洗って羊の衣をかぶることにしたら、それこそ他の連中に食われてしまう。狼に囲まれて羊でいることは狼の餌食となることだからである。狼に囲まれている以上、いやでも自分もほえて狼を演じ続けなければならない。

こうして、お互いに誰もが「狼をやめたいのにやめられない」という状態が生じる。この状況を打破するには、皆がそろって「それ、一、二の三」で狼をやめる以外にないだろう。すると、今度は抜け駆けする者がいないよう約束の遂行を監視する誰かが必要になる。ホッブズの言う「主権者（Sovereign）」とはまさしくこの監視者のことだが、ではいったい誰がこの監視者になるのか。それは結局のところ同じ狼仲間の誰かでしかあるまい。狼が羊となり、羊であり続けるよう監視するその当の監視者自身は羊に化けずに、狼であり続ける。全員が狼をやめる約束だったはずなのに、その約束を一人破って自分だけ狼であり続ける者。ホッブズの言う主権者は実に「約束破り」「羊の番犬をする狼」なのである。

しかも、ホッブズの言う主権者はもうひとつ別の矛盾した位置づけをもっている。主権者は一方で約束を可能にするものでありながら、他方でその約束によって可能になるものでもあるということである。主権者は関係者の全員が狼をやめる約束を実行するよう監視する番犬なのだった。この約束が実際になされうるのを保証しているのは主権者ないしはその権力である。他方、その地位は狼たちの約束によって生み出されるのだとされる。こうして、しばしば指摘されるように、ホッブズ国家論には「主権者権力なくば契約なく、契約なくば主権者権力なし」という抜き差しならない堂々めぐりが伏在しているのである。

ホッブズ国家論にかぎらず、一般に社会契約説はこの「秩序なくば契約なく、契約なくば秩序なし」という堂々めぐりの困難をかかえている。社会契約説とは国家なり（政治）社会なりの成り立ちを当事者たちの契約ないし合意に求める立場だが、契約が可能なためにはお互い契約相手に対する最低限の信頼がなくてはならない——その意味で、何らかの社会状態がすでに成立していなければならない——という逆説がそこにはあるからである。

それどころか、この困難は政治原理として民主主義を標榜するようになった近代が一般にかかえる困難でもなかろうか。「民主主義」という言葉はたしかに多義的だが、ここでは「民衆による民衆の支配（統治者と被統治者との同一性）」のことだと受け取っておきたい。ここで、民衆は「統治の客体（支配されるもの）」であるのみならず、同時に「統治の主体（支配するもの）」でもある。民衆は統治者としても被統治者としてもみずからを自覚する。そのことによって、民衆ははじめて統治の当事者になると言うべきであろう。

民主制はけっして権力の空白状態ではない。そこにも統治はあるのであって、民主制だからこそかえってわれわれはそれを自分たちのこととして真剣に考えなくてはならない。しかも、その統治は「みずからを支配し、みずからによって支配される（自己支配）」という堂々めぐりをはらんでいる。「神ないしその代理人が人を支配する時代は終わった、人間は人間によって支配されなくてはならない」というわけだが、では人はいかにして同時に支配者でありかつ被支配者であることができるのか。そのためには、結局のところはみずからの代理人によって支配されるしかないのではあるまいか。もしそうなのだとしたら、その代理人はいかにして選任されるのか。ここには、「ホッブズの言う主権者はいかにして立ち現われるのか」というのと同型の問題が横たわっていることになる。

ホッブズの議論に難点を見て取るのはたやすい。しかし、彼の国家論がはらむ問題点は彼の思想がかかえる誤りというより、事柄の本質そのものに由来する困難である。彼の揚げ足取りをしていても、あまり生産的ではない。ホッブズ国家論の課題は近代そのものの課題であり、それがかかえる矛盾は近代そのものがかかえる矛盾である。彼の議論はいまだにそのままわれわれ自身の問題なのである。

ひるがえって、さまざまな事象が国家の枠を超えて地球規模で（グローバルに）広がり、相互に影響を与え合う「グローバル化」の時代を迎えて、国家は機能不全をきたしつつあるようにも見受けられる。実際、グローバル・エシックスが焦点として見定めるべき場所は「国家をも超えてグローバル化しつつある市民社会」ということになるのかもしれない。だとしても、われわれはこの近代の一大発明とも言うべき国家に代わるものをなおも手にしえていないように思う。「グローバル化」時代における世界のあるべき秩序を構想しようとするグローバル・エシックスにとっても、国家の問題は避けて通れないのである。

ここはまず、虚心にホッブズを読むことから始めよう。古典はそうした読み方を許容する。彼は社会契約論者だというのだから、はじめに社会契約説一般について考えておきたい。ホッブズ国家論の典拠として『リヴァイアサン』を取り上げることに異論はあるまい。

二　社会契約の有効性と「外部」の不在——自律的支配のアポリア

国家の創生について、あるいは一般に国家について何を語っても、結局はありもしないことをさもありうることである（あった）かのように語る「神話」に陥るだろう。「脱神話化」もまた新たな「神話」を生むことにしかなるまい。実際、相手が「神話」だということになれば、こちらも「神話」で対抗する以外にない。ホッブズもキリスト教というヨーロッパ世界最強の「神話」に支えられたキリスト教会と対決するために、みずから新たな「神話」を作り出したとも言うべきなのであろう。

現今、国家とは何かを説明し、国家権力の正当性を弁証する理論として社会契約説が標準的な理論と目されていることに異論はあるまい。そこでは、ポリス的人間がその本性からしておのずと作り上げる運命としての社会ではなく、非社会的な人間が作為の果てに作り上げる人為としての社会が構想される。

言うところの契約は歴史的な事実を叙述したものなのか、それともただの擬制なのか。いずれにせよ、社会契約説がたんなる記述理論ではなく、当事者間の取り決めに訴えかけることで国家の正当性を弁証しようとする規範理論であるのは間違いない。ある国家が正当で、個人的な利害得失を離れてそれに従うべき権威を備えているのは、その国家を設立する契約が有効なものとしてなされた（と考えられる）からなのである。

契約ないし約束は自由で平等な（対等な）当事者の間でその当事者の自発性に基づいて任意に取り結ばれるものでなければならない。逆に言って、そうした任意のものであれば、何が約束されるかは原則として当事者の勝手である。自由で平等な個人が任意に取り交わせば、いかなる約束もひとまずは正当なものとなる。

しかし、社会契約の場合はそうも言っていられない。国家の正当性を契約に基づけようというのだから、その契約は気の向いた誰かが任意に関わればすむような「私的」なものではない。それは少なくとも国家の成員となることが予想される者全員に関わる「公的」なものでなければならない。社会契約説は社会契約の不可避性ないし全当事者性――この契約の締結は避けがたく、誰もがその当事者なのだということ――を示さなければならない。(1)

すると、ここに何らかの意味で強制された――つまり、任意ではない――契約という奇妙なものが生じることになる。誰もがその契約を受け入れないわけにはゆかないのだからである。それが奇妙なのは「強制された自粛」が奇妙なのと同じである。契約の論理的な不可避性という論点を避けるなら、あとはその歴史的な事実性にでも訴えるしかあるまい。しかし、過去の歴史的事実であることが確かめられたとして、ではどうして父祖の取り交わした契約を履行し続けることを後代のわれわれが強いられるのか。[2] もし歴史的な出来事性を確かめることができず、契約が遠い昔の神代の出来事として語られることにでもなれば、そうした議論はそれこそ「神話」ではあるまいか。

ともあれ、社会契約が有効なものであるなら、関係者の全員がその契約の当事者になるはずである。人間本性や客観的事態のうちに、人をしていやおうもなく契約に向かわせる何かがある。その契約はしてもしなくてもよいような任意のものではない。誰もがその当事者なのだということになる。しかし、これは社会契約の当事者とはならない人間の居場所などないということでもある。社会契約説は関係者の全員をその内部に取り込むことで、「外部」を否定せざるをえない。「契約を強制される」といった事態のありうることが社会契約に「外部」がないこと、あるいはむしろ「外部」を消し去ることで社会契約が成立することを示している。もちろん、現実には社会契約の「外部」は厳然として存在するであろう。だが、それを正当に語る文法が社会契約説にはないということである。

社会契約に「外部」がないということは、それによって誕生する国家にも「外部」がないということである。社会契約説では、本質的に国際関係が語れない（実際、ホッブズにとってその第一の関心は内乱の防止にあったようである）。「外部」の人間は契約の当事者ではない以上、その契約には拘束されない。「そんな契約、俺たちには関係がない」のだから、彼らに契約内容を押しつけるのは筋違いというものである。

では、ホッブズの場合にいかにして関係者の全員がもれなく社会契約の当事者になるというのか。「外部」は実際にはどのようにして抹消されているのか。

国家や社会の成り立ちを契約によって説明しようとする以上、社会契約説は契約がなされる〝以前〟の「自然状態」というものを想定する。この状態をいかなるありさまと捉えるかは論者によってさまざまだが、ホッブズの言う自然状態は周知のように「人間ハ人間ニトッテ狼ナリ」という戦争の状態である。かの有名な、自然状態は《万人の万人に対する戦い（Warre of every one against every one)》(I：13, p. 62）なりである。

こうした「自己保存を許れば計るほど、自己保存が危うくなる」という倒錯した状況にあって、恐怖にさいなまれる人間は「平和を求めよ」との「自然法」の呼び声に耳を傾ける。全員がそろって自己保存の自然的権利（「自然権」）を遺棄し、かわって各個人を代理ないし代表する「主権者」が立ち上がることで、平和が実現されることになる。この唯一の主権者権力が契約の遵守を保証し、かの「平和を求めよ」との要求を実効あるものにするわけである。こうして、強大な主権者権力を備え、「地上の神」とも称すべき国家（リヴァイアサン）が民衆の上に君臨することになる。

こうして成立するのが「設立による国家」(II：17, p. 88. 以下、「設立国家」と呼ぶ）である。この場合、人々はお互いに対する恐怖から主権の設立に向かうというわけである。この有名な議論と対をなす形で、ホッブズは「獲得による国家」(*ibid.* 以下、「獲得国家」と呼ぶ）というもうひとつ別の国家設立の類型をも用意している。これは典型的には、侵略によって征服者を主権者とする国家が創始される場合を指す。ここでは、人々は被征服民として征服者に対する恐怖から主権の承認に向かうのである。

関係者の全員がもれなく社会契約の当事者になる次第はこのように「死の恐怖（Feare of Death)」(I：13, p. 63）にうながされて誰もが契約に向かうということで容易に説明される。まことに、この情念はおそらく万人に共通するであろうもっとも基本的な情念のひとつである（自爆テロを志す人たちのことは考えないことにして）。この情念のゆえに契約に向かうとなれば、なるほど誰もが契約に向かうことになるに違いない。

こうして、なるほど関係者の全員が契約を取り結んで、当該国家の内に取り込まれることになる。しかしながら、ここにもじつは「外部」が潜在している。ホッブズの考える国家にも外国があるというだけではない[3]。国家の設立に異を唱える者がいるなら、彼らもまた「外部」だと言わなければなるまい。たしかに、一般論として国家を立ち上げること自体に異論の生じる余地はないはずである。しかし、具体的にいかなる国家を作り出すか――つまり、誰を主権者に指名するか――という点をめぐってはいくらでも異論がありうるに違いない。そうした「外部」を排除することで、国家は成立するのである。

それだけではない。国家の内部にも「外部」が潜在する。国家状態のあちこちにはじつはさまざまな自然状態がひそんでいるが、それらはすべて国家の内なる「外部」と言うべきである。たとえば、刑罰の執行にさいして個人が示す抵抗は自然状態への還帰以外の何ものでもない。刑罰は――たとえそれがどれほど正当なものであったとしても――国家権力による個人の自己保存権に対する侵害だから、それに対する抵抗は自然権の行使としてまっとうなものである。「人は彼の生命を奪おうとして力づくで彼に襲いかかる人々に対して抵抗する権利を遺棄することができない」（I : 14, p. 66）のであり、《国民は合法的な侵害に対しても自分の身体を防衛する自由をもつ》（II : 21, p. 121）のである[4]。

逆に言って、主権者による刑罰の執行は自然状態における他者への襲撃と本質的に何ら変わらない。主権者の刑罰権は元をただせば自然状態における自己保存権に由来する。刑罰を執行する主権者のあり方こそ、じつに自然状態的だと言うべきであろう。ホッブズは《処罰の権利はどこから引き出されるのか》（II : 28, p. 161）で、この点を明確に語っている。主権者の有する処罰の権利は民衆から与えられたものではありえない。それは各個人が自然状態においてもっていた他者を攻撃する権利に由来する。もともとは誰もが有していたこの他者攻撃権を各個人が遺棄することで、この権利は主権者にだけ独占的に残されて、他者処罰権へと姿を変える。各個人から譲渡されることなどありえないにもかかわらず、しかも元来は他者を攻撃する権利でしかなかったものが変質することで、主権者には――そして、主権者にのみ――他者を処罰する権利が帰属するというのである。

主権者は国家状態において一人、自然状態におけるがごとく他者攻撃権を――ただし、刑罰権として――振りかざす。主権者とは、国家状態に一人生き延びた狼である。主権者が一方的に殺すだけだから、殺し合いにならないというだけのことである。狼が自分一人しかいないがゆえに、「人間ハ人間ニトッテ狼ナリ」という自然状態は顕在化しない。ホッブズの言うリヴァイアサンはたしかに「羊の番犬をする狼」なのである。

自然状態のありさまを見るとき、あるいは侵略を受けたといった状況を想定するとき、関係者全員の当事者性は（自爆テロリスト以外のわれわれにとって）たしかにひとまず納得のゆくものとして説明できる。主権者（権力）が平和を担保しうるのなら――そして、そのかぎりにおいて――それは正当化される。しかし、その当の主権者は国家の秩序からはみ出ている。獲得国家の場合に主権者は征服者というまぎれもなく異質な存在である。設立国家における主権者もまたそうである。この場合に国家状態に移行するとは関係者の全員が羊になるということだが、主権者は国家状態においてもただ一人狼であり続ける。主権者は「皆で羊になるべし」との約束を破って狼でい続ける存在、たしかに「約束破り」なのだと言わなくてはならない。[5]

獲得国家の場合、征服者という特権的な存在がいる。力の圧倒的な非対称性を前にして、被征服民は彼に命ごいするしかない。設立国家の場合、そうはゆかない。そこには、主権者となるべき突出した実力者などいないのだからである。平均してほぼ同じくらいの能力を備えた個人（後述する人間における能力の平等）がひしめき合うなか、各人はお互い他の個人たちに対する恐怖から国家の設立に向かう。特権的な存在としての主権者は当事者の「外部」[6]として以外には想定のされようがないのである。

他律的な支配の場合、支配者と被支配者とは別々の存在である。支配者は神であるか、人間であっても神の代理人や村の長老といった特権的な中立者でありうる。自律的な支配の場合、支配者と被支配者とは重なり合う。自分たちのなかに特権的な支配者たりうる者など本来ならいないはずなのに、しかしそれでも特権的な支配者を立てざるをえない。誰かが特権者となり、制度の内部における「外部」を引き受けなければならない。その「誰か」はホッブズの場合に約束の違反者か征服者以外にはありえないのである。

三　人間からの視点と国家からの視点——平和の創設をめぐるアポリア

このように、主権者は国家の内に取り込まれた国家の「外部」である。国家はそうした「外部」を本質的に必要とする。では、そうした主権者を産み落とす契約はいかにして可能なのか。「自然状態と国家状態とはそもそもが異質なものである以上、はなから両者に接点などありえようはずもない」と言ってしまえばそれまでだが、両者を媒介する契約——自然状態において主権者を立ち上げて国家状態へと移行する契約——はいかにして締結され、履行されるのか。自然状態から国家状態への移行とは戦争状態から平和状態への移行のことだが、この移行はどのように語られていたのか。この点に即して、ホッブズの議論を振り返ってみよう。[(7)] まずは、「人間について」と題された第一部の叙述である。

自然状態とは、人間本性が何の制約もなしに自由に発揮された状態のことだった。[(8)] この自然状態が殺し合いに陥る危険性をつねにはらんだ状態になるのはどうしてなのか。ホッブズに言わせれば、人間は本来的に——つまり、自然状態にいるなら――その能力に関して平等である。この能力の平等が希望の平等を生み、それが他人を超えようとの野心を生むのだという。皮肉なことに、平等であるからこそ闘争の状態に陥るのである。[9]

自然状態は特定の価値規準のない「何でもあり」の世界だから、そこでは「皆が平等だ」としか言いようがない。運不運に応じて勝ち負けは生じるにしても、人間が本来もっている能力など「どんぐりの背比べ」である。こうした形式的な平等を突き詰めれば、なるほど結局は「誰もがあらかじめすべてに対して権利をもっている」ということになるだろう。[10]

ホッブズの自然状態はこうした「権利の飽和状態」にある。[11] 権利の棲み分けといったことはありえず、事態は必然的に権利と権利とのぶつかり合いにならざるをえない。「他人の権利を侵害する権利がわたしにはある」のである。こうした「権利」が普通に言う意味での権利でないのは明らかだが、こうした空虚な権利が充満しているがゆえに実質的には権利など何もないのが自然状態というものなのである。そこではすべては「わたしのもの」であり、そうであるがゆえにこそすべては「わたしのもの」ではない。

しかも、その自然状態はたんに闘争の状態だというのではない。そこでは外に敵がいるのではなく、お互いが敵どうしなのだという。かの「各人の各人に対する戦争」とはこの謂である。そこにいるのは内なる敵なのであって、人々はお互いに自分以外の者によって殺されてしまいかねないという潜在的な可能性のゆえに疑心暗鬼に陥っている。そして、「死の恐怖」が自然法の呼び声に気づかせ、この倒錯した事態からの脱却を促すのだった。

こうして、かの有名な自然法が語られる（第十四章）。第一の自然法は「平和を求めよ、さもなくば全力で自分を守れ」と命じ、第二の自然法は「他の皆も同意するかぎりで、汝も自然権を放棄せよ」（I：14. p. 64ff.、大意）と命じる。ここでは、人々の全員が自然権を放棄することで平和の実現が目指されることになる。

しかし、そうした権利の放棄はいかにしてなされうるのか。それはお互いに権利を放棄し合う約束という形でなされるしかないだろう。自分一人が権利を放棄することは狼に囲まれて羊になることであって、自殺行為に等しかったことを想起すればよい。そうした状態で権利を放棄するには、皆がそろって権利を打ち捨てることをお互いの間で取り決める以外にない。ホッブズ自身が引き続いて権利放棄と契約概念の分析を試みていること（第十四章）も、これを裏書きする。自然状態を脱却するためになされる自然権の放棄は相互的な契約によってのみ可能となるのである。[12]

契約という観念の成立に伴って、はじめて正義なるものも語られうるようになる（第十五章）。第三の自然法は「締結した信約は履行すべし」と「正義」を命じる（I: 15, p. 71、大意）。正義とは、有効な契約を守ることである。逆に言って、有効な契約というものがなければ、正義もまたない。かくて、信約が有効なものとなるよう信約を履行すべく関係者を監視する国家の強制権力というものがなければならない。

こうしてわれわれは第一部でも国家にたどり着くことになるが、ここに言う国家は直接的には信約の有効性を――そして、それによって正義の観念を――保証しているのであって、それ自身が直接平和を担保しているわけではない。平和を直接保証するのはあくまでも個人の権利放棄なのである。

他方、「国家について」と題された第二部は国家創設の次第（第十七章）をめぐって端的に《国家の目的、すなわち諸個人の安全保障》（II: 17, p. 85）と語る。人間が国家的な拘束のもとに生きるのは、それが自己保存の確保を約束するからである。人間はみじめな戦争状態から抜け出したいと考えるが、自然法を遵守しないかぎり戦争は不可避である。だが、自然法だけでは自然法の遵守は保証されない。権力の威嚇なしに自然法がおのずと守られることなどありえないからである。

こうして、自然法を遵守させるものとして「国家（Common-wealth）」が構想されることになる。そのうえで、ホッブズは《国家を設立する行為とは何か》(II：18, p. 88)、それは自分たちの代表者を定めるべく各人が相互に信約を取り結ぶことだと答える。

国家が設立されたと言われるのは、多数の人々が相互に次のように合意し、信約する場合である。すなわち、彼ら全員の人格を表現する（つまり、彼らの代表者となる）権利を多数派がどの個人なりどの合議体に与えたとしても、反対投票した者も賛成投票した者と同じように彼らの間で平和に生活し、他の人々から自分たちを保護してもらうために、その個人ないしは合議体のあらゆる行為と判断とをそれらがちょうど彼ら自身のものであるかのように承認する（authorize）ということである。(*ibid.*)

国家はなるほどまぎれもなく当事者の契約によって樹立されるわけである（第十八章）。

第二部でも、国家の基本的な機能は変わらない。各個人に信約の実行や自然法の遵守を促し、そうすることで自然状態からの脱却を期するのが国家の役割である。しかしながら、第一部で直接的に平和を約束していたのは人々の権利放棄だったはずだが、ここ第二部では国家の権力が直接的に平和を約束するとされている。ホッブズはたとえば、《国家の生成》(II：17. p. 87) ということを次のように性格づけている。

人々を外国人の侵入や相互の侵害から防衛し、それによって彼らの安全を保障し、彼らが自己の勤労と土地の産物とによって自己を養い、満足して生活できるようにするのは公共的権力（Common Power）であって、そうした権力を樹立する唯一の道は彼らの権力と強さのすべてを一個人に与えるか、あるいは多数意見によってすべての意志を一つの意志とすることができるような一合議体に与えることである。(*ibid.*)

ここでは、「公共的権力」が直接的に平和を約束すると言われている。国家は人々の間の信約を可能にするものとしてではなく、それ自体が平和を担保するものとして登場する。加えて、「外国人の侵入」に「相互の侵害」という内憂外患の双方に備えることが念頭に置かれている点にも気づかなければならない。これまでは、内なる敵に備えるために個人がお互いに権利を放棄するというのだった。しかし、ここでは外なる敵というものが登場し、内敵のみならず外敵にも備えるために国家の権力が設定されることになるのである。

このように、『リヴァイアサン』第一部と第二部の叙述には明らかな相違がある。第一部では、平和は皆が自然権を放棄すること、つまり皆が羊になることで保障されるかのように言われている。主権者はその自然権の放棄を保障する存在として要請される。第二部では、平和は誰かが主権者になること、つまり狼が一匹だけ残ることで保障されるかのように言われる。主権者はそれ自身が平和を担保する存在として要請される。これに対応して、第一部の国家はもっぱら内敵に備えるものだったが、第二部の国家は外敵にも備えるものになっている。

第一部が描く「国家の生成以前」には横並びの個人しかいないから、その個人どうしが内敵として抗争し合うのを防ぐことが企図される。内と外の区別がそもそもないと言った方がよいかもしれない。第二部が描く「国家の成立以後」ではその契約からあぶれた者たちが外敵として顕在化し、国家は外敵に備えて平和を約束する存在として描かれる。ひとことで言うなら、自然状態から国家状態への移行を第一部は人間（個人）の側から移行前の視点で、第二部は国家の側から移行後の視点で眺めている。社会契約が締結されて国家が誕生するその瞬間はじつは『リヴァイアサン』のどこにも語られていない。

国家ないし主権者（権力）と契約との関係についても、叙述のずれがある。第一部では「主権者権力が契約の実効性を担保する」（主権者→契約）と語られ、第二部では「主権者権力は契約によって産み落とされる」（契約→主権者）と語られる。それぞれが別個に語られている両者を突き合わせるなら、たしかにそこに「主権者権力なくば契約なく、契約なくば主権者権力なし」（主権者⇅契約）というかの堂々めぐりが浮かび上がる。主権者を生み出す契約がいかにして可能なのかは依然として謎のままである。

いったいどのようにして無秩序な自然状態において契約が締結され、あるいは主権者が特定されて権力が立ち上がるのか。ていねいに見てみると、そこにはさまざまな仕掛けが隠されていることが分かる。以下、設立国家の場合と獲得国家の場合とに分けて考えるのが便宜である。設立国家の場合には、民衆が寄り集まって主権者指名集会とでも呼ぶべきものが開催されて、その場で多数決によって何ものかが主権者に推戴されるという事態がある。獲得国家の場合には、征服者がその力を背景に被征服民に契約の受け入れを強いることで、みずからを主権者の地位に押し上げる。それぞれの秩序生成のからくりははたしてどこまで妥当なものなのだろうか。

四　主権者はいかにして生まれ出るのか——秩序の生成をめぐるアポリア

設立国家の場合に主権者指名集会なるものが本当にありうるなら、なるほどその場で誰かが主権者に推戴されて、正当にも主権者権力というものが立ち上がることになりそうである。そのテキスト上の典拠もたしかに存在する。いずれも第二部においてのものだが、主権者指名集会を描写していると思われる記述は複数の箇所に見出される。たとえば先にあげた《国家を設立する行為とは何か》（II：18, p. 88）では、「多数の人々が相互に協定し信約して、自分たちの権利を主権者に委譲する」という事態が語られている。「反対投票した者」「賛成投票した者」「多数派」といった文言も見出される以上、ここには多数決制を採用した主権者指名集会なるものがたしかにあると言えそうである。

しかし、こうした叙述が本当に主権が設立されるその当の場面で説かれているものなのかというと、はなはだ疑問である。第二部は総じて国家の存立を前提したうえで議論がなされているのだった。その議論は事後的に国家の成立を説明するものでしかない可能性がある。実際、自然状態において主権者指名集会など成立のしようがないだろう。開催されるかどうかも怪しいが、仮に開催されたとしても一定の結論が得られるとは思われない。仮に一定の結論が得られたとしても、その実効性は担保されないだろう。

権力がなければ契約の履行はおぼつかず、履行がおぼつかない契約などそもそも締結されるはずがない。自然状態とはまさしくそうした権力が存在しない状態なのだから、かくて自然状態で契約などありえないはずなのであった。しかし、契約がありえないのなら、集会が議決をあげることもできないはずであろう。集会で議決をあげるとは皆が寄り集まって集団で約束を取り交わすことだから、契約がありえないなら同様に集会における議決もまたありえないはずなのである。主権者指名集会は国家状態を前提してこそありうる仮構であって、自然状態においてはこれを想定することができない。この集会をめぐる議論は国家の存立を前提したうえでそれを追認するもの、主権者権力が設立されたのちの後智恵と見るべきである。

さらに言うなら、仮に主権者指名集会の開催がありえたとしても、この集会が多数決制を前提しているのはやはり不当なことと言わなくてはならない。ルソーという権威(13)を引くまでもなく、少なくとも「多数決制を採用する」との最初の決定は全会一致でなされるべきであろう。主権者指名集会において多数決制を採用すべき理由は何も述べられていない。ただ前提されているだけである。これが多数決制を採用すべき何の理由もない一番の証拠ではなかろうか。多数決制そのものがおかしいというのではない。多数決制をあらかじめ前提することがおかしいのである(14)。

次に獲得国家の場合[15]、被征服民が眼前の征服者に臣従することで国家が成立するのだった。この侵略支配の正当性はあくまでも「被征服民がこの支配を受け入れた」という点に求められる。被征服民は命惜しさにこの支配を受け入れないわけにはゆかなかったはずだが、それでも彼らはこれに同意を与えたのである。

もっとも、征服者が力の圧倒的な非対称性を背景に被征服民に臣従を迫ったことに変わりはない。征服者の側からすれば、「命は助けてやるから、俺様の家来になれ」という提案を相手にむりやり飲ませたことになる。何とも乱暴な話だが、しかしそうすることでこの征服者は――おのれの望みを実現するためとはいえ――ひとつの秩序を作り出したのだと言わなくてはならない。命を助けてやるのと引き替えに何かを強要しようとするとき――つまり、何か取り引きをしようとするとき――、人はすでに自然状態を抜け出して何らかの秩序を求めている。秩序がなければ、征服者とて被征服民を皆殺しにでもするしかない。服属の確約が得られないからである。そして、ここで征服者は「俺様はもう約束を実行した（命は助けてやった）のだから、今度はお前たちが約束を実行する（俺様に臣従する）番だ（さもないと、お前たちは『約束破り』だぞ）」と言うのである。これを「履行を先取りした契約の締結」と呼んでおこう[16]。契約が締結される場面で一方の当事者が相手の同意など待たずにさっさと契約を履行してしまっているという意味である。

これから国家を打ち立てようとする場面には、いまだ秩序が存在していない。他方、国家を打ち立てるためには契約がなされなくてはならない。そうした状況では、秩序の創出と契約の履行とを一挙に行ってみせるしかあるまい。「履行を先取りした契約の締結」とはまさしくそれである。なるほど、この論理は秩序なき自然状態と秩序ある国家状態とを（強引に）架橋することにひとまず成功している。

しかしながら、この「履行を先取りした契約の締結」の論理が可能になるのはごく限られた状況においてでしかないこともまた事実である。この論理が可能となるためには、力の圧倒的な非対称性のゆえに優位に立つ存在——さっさと契約を履行してしまっても心配のいらない（元を取るあてがある）強者——がいなければならない。獲得国家の場合、征服者が自分の都合のよい提案を履行してしまえばよい。設立国家の場合、そこは「どんぐりの背比べ」なのだから、そうした特権者などどこにもいない。この論理は秩序生成の謎を全面的に乗り越えうるものではないと言わなければならない。

しかるに、ホッブズ国家論にはこの秩序生成の謎を謎のまま葬り去るさらなる決定的とも言うべき仕掛けがひそんでいるように思う。最後にこの点を見ておこう。

自然状態では、「誰もがあらかじめすべてに対して権利をもっている（権利の飽和状態）」のだった。そこでは、主権者を生み出す手立ても特殊である。主権者は他の者から新たに権利を受け取ることで、特権的な地位を得るのではない。彼はすでにすべてをもっているのだからである。逆に他の者たちが権利を捨て去って主権者の権利だけが残されることで、主権者は特権的な地位を得る。ホッブズにあって権力は足し算によってではなく、引き算によって生成するのである（権力の引き算的生成）(17)。主権者の処罰権がいかにして成立したかを想起すればよい。主権者には新たに処罰権が付与されたのではない。主権者以外の者が元からもっていた他者攻撃権をそろって打ち捨てることで、主権者にだけ他者攻撃権が残され、それが処罰権となるのだった。

だとすれば、民衆が自分たちの権利を捨て去ることと、主権者がその特権的な地位を得ることとは表裏一体のこととならざるをえない。民衆が権利を放棄すること以外に主権者が立ち上がる手立てはありえないのだからである。これは要するに、民衆が権利を放棄する契約を取り結ぶことと、主権者が立ち現われて秩序が成立することとがいわば同時になされるということである。こうして、「契約が先か、秩序を保障する主権者（権力）が先か」という秩序生

成の謎はホッブズ国家論において問題としては霧散霧消するのである。(18)

「契約なくば秩序なく、秩序なくば契約なし」という秩序の生成をめぐる謎は謎のままである。一方では「主権者も約束の当事者だ（契約は可能だったはずだ）」と考えなくてはならないし、他方では「主権者指名集会は成立しがたい（契約は不可能だ）」と考えなくてはならない。もしかしたら、「ふと気がついたときにはもうそこはいつの間にか秩序ある場になってしまっている」というのが真相なのかもしれない。ホッブズ自身に即して言えば、設立国家の場合は多数決制という秩序が契約の場面であらかじめ秘かに前提視されており、それが多数派という強者を生み出す。獲得国家の場合は征服者という圧倒的な強者が契約をまず一方的に履行してしまうことで秩序を作り出すのだった。いずれも何とも奇妙なことだと言うべきかもしれないが、しかしひと皮むけばそれが今の世界の現実でもなかろうか。秩序の創生という次元では、近代ないし民主主義そのものがじつはこうした闇をかかえている。われわれはいまだにリヴァイアサンの掌中を飛び回る孫悟空なのである。

註

*　引用符中の（　）は筆者による原語の挿入である。綴りは下記テキストのものによる。

**　ホッブズからの引用および引証はすべて『リヴァイアサン』からのものである。底本としては、T. Hobbes, *Leviathan (1651), in: The Penguin English Library*, ed. by C. B. Macpherson, 1968 を用いた。頁付けは底本に記された原著 original edition のものによる。したがって、"I: 1, p. 3" と記せば『リヴァイアサン』第一巻第一章の original edition 三頁という意味になる。《　》で囲った引用は原著欄外に付された小見出しの引用であることを示す。

***　本稿の議論は以下の拙稿に多くを負うことを諒とされたい。「社会契約と国家の外部――ホッブズ国家論覚え書き」（日本比較文化学会『比較文化研究』第六五号、二〇〇四年、八九―九七頁）、「主権者権力と民衆の権利放棄――ホッブズ国家論

における主権者と契約の可能性(1)」（日本比較文化学会『比較文化研究』第七〇号、二〇〇五年、二二三―三一頁）、「多数決制と服従契約――ホッブズ国家論における主権者と契約の可能性(2)」（日本比較文化学会『比較文化研究』第七五号、二〇〇七年、二五一―二三頁）。

（1）ただし、「強制された契約」という社会契約説のこの困難をホッブズの自由意志論はある意味で乗り越えうる側面をもっているようにも思う。ホッブズの自由意志論については、たとえばＪ・Ｗ・Ｎ・ワトキンス『ホッブズ その思想体系』（未來社、一九八八年）二〇二頁以下や、上野修『精神の眼は論証そのもの――デカルト、ホッブズ、スピノザ――』（学樹書院、一九九九年）五一頁以下などを参照せよ。

（2）この問いに対しては、「とりたてて異議を唱えないかぎりはその契約に対して暗黙の同意を与えていることになるのであり、かくてその都度契約が更新されて来たのだ」といった説明がなされるのが普通のようである。

（3）ホッブズの国家は他の国家と和戦を行ったりすることがある（cf. II : 18, p. 234f.）だけではない。たとえば、貿易相手国といった文字通り平和な他者をもっている（cf. II : 24, p. 129）。あるいは、自然法はそれ自体が国際法なのだという（cf. II : 30, p. 185）。

（4）これを一般化すれば事実上の抵抗権の承認となるが、ホッブズの場合にそれが市民的な権利として承認されることはない。この抵抗は自然権の行使にほかならないからである。また、処刑されそうなわたしが権力に抵抗するとして、周囲の人間がそれに連帯して集団で権力に反抗することが許されるのかどうかも定かではない。こうした連帯が許されないかぎり、個人の抵抗が抵抗権の行使として結実することはあるまい。いずれにせよ、主権者に対する抵抗は自然状態への還帰であって、ホッブズ国家論には平和裡に主権者を交代させる論理が存在しない。

（5）これについては、「主権者は契約の当事者ではなく、そもそも約束などしていないのだから、『約束破り』なはずがない」とする反論が提起されるかもしれない。以下に掲げる第十八章中の一文（II : 18, p. 88）のように、そう理解せざるをえないテキスト上の箇所もたしかに存在する。この場合に締結されるのは「多数の人々の協定、各人の各人に対する信約」であって、けっして民衆と支配者との間の契約ではない。それどころか、主権者と民衆との間に契約が成り立ちえない理由をあげた箇所（II : 18, p. 89）すら存在するのである。しかし他方で、立て前のうえでは関係者の全員が社会契約の当事者でなければならないのは、社会契約の本質からしても自然状態のありさまからしても疑いようがない。とりわけ獲得国家の場合に主権者が後述する「履行を先取りした契約の締結」をするのだとしたら、彼はまぎれもなく契約の当事者である。総じて言うなら、第二部における国家の視点からすれば主権者は契約の当事者でありえないが、第一部における人間の視点からすれば主権者も契約の当事者であらざるをえない。人間個人の側からすれば、主権者はやはり「約束破り」なのである。

（6）ここで「『外部』という言葉があまりに多義的であいまいだ」と言われるかもしれないが、それが「外部」という観念の本質なのだと言ってはやはりこじつけにすぎるだろうか。「外部」とは、自分にとって都合の悪いものなら何でも放り込むことのできるごみ箱のようなものである。そこに不法投棄するのだから、何も分別収拾するには及ばない。

（7）自然状態は国家権力を弁証するための論理的装置である。国家状態という秩序ある状態が眼前にあって、それを成り立たせている不可欠の契機たる何ものかがある。その何ものかが欠けたら、秩序は崩壊してしまう。ホッブズはそうしたことを言うために自然状態という言葉をもち出すのであって、自然状態から国家状態への移行機序を説明することに議論の主眼があるわけではない。われわれが問うべきなのも、「契約と秩序が可能となるためには自然状態にはない何が必要なのか」ということである。

（8）この人間本性そのものは国家状態に移行しても基本的に変わらない以上、国家状態にあっても自然状態が伏在しているのは当然と言えば当然である。

（9）見出し部分だけを拾って掲げるなら、《人々は生まれながらにして平等である》、《平等から不信が生じる》、《不信から戦争が生じる》（I: 13, p. 60f.）となる。

（10）《自然的には、あらゆる人間があらゆるものに対する権利をもつ》。「人間の状態は（……）各人の各人に対する戦争の状態なのであり……、そうした状態においてあらゆる人間はあらゆるものに対して、相互の身体に対してさえ権利をもつ」（I: 14, p. 64）。

（11）「大ざっぱに言えば、ホッブズ的自然状態は権利が充満して飽和状態であると同時に、義務の真空状態である」（稲葉振一郎「自然状態・自然権・国家【ホッブズ、ロック再読】」、『環』二〇〇一年春号、藤原書店、二〇〇一年、二二八頁、所収）という指摘は本稿の指摘と同様のことを言っているのだと思う。論文名の誤植は訂正してある。

（12）締結とその実際の履行との間に時間的なズレのある「契約（contract）」は特に「信約（covenant）」と呼ばれる（I：14,

p. 66)。たいていの契約はこの信約の形を取ることになるだろう。実際、個人の権利放棄も信約としてなされると考えられているようである。

(13) ルソー『社会契約論』第一編第五章には、次のような一節がある。「主人をほしいとおもう百人の人が、主人などほしいとおもわない十人の人に代って票決する権利は、いったいどこから出て来るのだ？　多数決の法則は、それ自身、約束によってうちたてられたものであり、また少なくとも一度だけは、全員一致があったことを前提とするものである」(桑原武夫、前川貞次郎訳『ルソー 社会契約論』岩波文庫、一九五四年、二八頁)。

(14) 平和を実現するためには、とにかく話をまとめなくてはならない。話をまとめるのに有利な多数決制の採用は、自然法に明記されていないにしても、自然法的な要請だとは言えるかもしれない。しかし、だからといって、ただちに「多数決制を採用する」との議決が全会一致でくだされると決まったわけではあるまい。自然法の命じるとおりにはなかなかことが運ばないのが自然状態だからである。

(15) 支配権の「獲得」には、「出生」による場合と「侵略」による場合とがある (cf. II : 20, p. 102)。前者は家父長的な支配のことを指すが、ここで問題にしているのは後者である。

(16) これは、上野、前掲書六二頁以下に言う「先なる履行」とほぼ同じことである。

(17) 稲葉論文 (二二八頁) はホッブズにあって「義務は一種の引き算的操作によって出現する」と言っているが、これも似たことを言っているのだと思う。

(18) ホッブズにおいては秩序の創生と統治者の指名とが一体化する。さればこそ、彼の場合には安定的に (＝秩序を破壊することなしに) 統治者を交替させるということが成り立たない。統治者の交替を目指すことはただちに秩序そのものの破壊を意味するからである。「一般に国家を創設すべきか」という総論と「誰を主権者にすえるか」という各論を区別することもできなくなる。

第九章　家族の限界・国家の限界　または自然の捏造

石川伊織

一　《家族―市民社会―国家》という三項関係

ヘーゲルの『法哲学』の正式な書名は、*Grundlinien der Philosophie des Rechts oder Naturrecht und Staatswissenschaft im Grundrisse*[1]、つまり『法の哲学または自然法と国家学・要綱』である。ここでは、「法の哲学（Philosophie des Rechts）」は、「自然法と国家学（Naturrecht und Staatswissenschaft）」と言い換えられている。ヘーゲルの言う「自然法（Naturrecht）」は、実定法（positives Recht）とは区別された哲学的法（philosophisches Recht）である（PhR35 §3）。すなわち、書名からはこの書物が、哲学的法である「自然法」の理論で、実定的な「既成国家」を批判しつつ、哲学的な「国家」を実体化するという意図を持っていることがわかる。しかも、そのための梃子である「自然法」論は社会契約説批判をその内容とする。ヘーゲルは、哲学的法としての「自然法」を手段としながら、自然法論の一方の帰結である社会契約説を批判するのである。

ヘーゲルの批判は、社会契約説が国家の成立を個別意思相互の契約によって説明する点に向けられる。ヘーゲルによれば、個別意思相互の一致によって成り立つのは特殊意思にすぎない。個別意思をいくら集積させようと、契約によって成立する特殊意思からは「国家」という普遍意思は生まれない。では、普遍意思はどこにどうやって成立するのか？　ヘーゲルの答えは明快である。普遍意思は「成立」したりはしない。なぜなら、普遍意思は〈つねに〉／〈すでに〉そこにあるから。この事態を把握できないのは、個別意思が無教養だからである。したがって、必要なのは、〈いまだ〉存在しない（と個別意思が妄想する）普遍意思を成立させることなどではなく、〈つねに〉／〈すでに〉そこにある普遍意思がみずからの本質であることを個別意思に自覚させること、すなわち教養形成である。

周知のように、ヘーゲルの『法哲学』「人倫」の章は、《家族―市民社会―国家》という三項関係で展開される。《家族―国家》という古代的な二項関係でもなく、《市民―国家》という近代の契約説的な二項関係でもなく、《家族―市民社会―国家》という三項関係によって、社会契約説が批判される。個別意思はこの三項関係の中には登場しない。個別意思が直接に国家を形成したり国家と向き合ったりしているのではないからである。しかし、他方、ヘーゲルの三項関係には、家族と国家とが〈つねに〉／〈すでに〉そこにある普遍であり実体であることが前提となる。また、この三項関係は、個別と普遍が特殊によって媒介されるという構造をとっていない。一方の普遍である家族と他方の普遍である国家が、市民社会（＝経済社会）という特殊によって媒介される。しかも、媒介項である市民社会の評価は低いのである。

こうした三項関係から、『法哲学』の意図が見えてくる。第一の目標は、市民社会の現実を受け入れて、これを媒介項として理論に組み込むことであり、やっと形を現し始めたばかりのドイツの市民社会を積極的に理論化することである。第二の目標は、第一の目標を可能にする根拠として、家族と国家を近代化すること、したがって、ドイツの国民国家化とそれを支える近代的家父長制を確立することである。そのためには、法・倫理・国家・家族といった普遍と、近代における個別者の自由とを、どう両立させるかが問題となる。ヘーゲルが模索していたのは、個別主体の実体化とそれら個別主体相互の「契約」に基づく「（擬似）普遍的」な国家を否定しつつ、かつ自由の否定にも至らない道はあるのか、という課題であった。ヘーゲルはそうした道があると答える。それが彼の考える「国家」と「家族」であるのだが、はたしてこれは妥当な結論であろうか？　本稿は、この問題をジュディス・バトラー（Judith Butler）を手がかりとしながら考察する。

二　家　族

この三項関係を成り立たせるためには、身体や性といういわゆる「自然」を、家族や国家という「人工物」と媒介する神話が必要である。しかし、ヘーゲルは家族を「自然」であると規定する。人倫（Sittlichkeit）を構成する三項関係において、家族は「自然的な精神」であり、その「分裂態ないしは現象態」が市民社会であり、「特殊な意思の自由な自立（＝市民社会、筆者補足）を許しつつ、普遍的で客観的な自由」であるのが国家である（PhR87-88 §33）。国家も最初の「民族の有機的な精神」から普遍的な世界精神へと展開する（PhR88 §33）。この最初の段階が「国民（Nation）」ではなく「民族（Volk）」であることは注意すべきだろう。「民族」の方が身体的・地理的・物理的条件に制約された概念であり、その意味でより自然に近いものとされている、と考えられるのである。

家族を自然的であるとするのは、家族が身体と性とに直接結びつくからである。「その（＝人倫の、筆者補足）最初の定在は再び自然的なものである。それは愛（Liebe）と感覚（Empfindung）の形式を持ち、すなわち家族（傍点はヘーゲル）である。ここでは個人は自分のそっけない人格性（Persönlichkeit）を廃棄して、自分がひとつの全体の中にいることを自覚する」（PhR91 §33Zu.）。ここで言う「愛」は、まずは性愛のことであり、親子の愛へと発展するだろう。愛は家族の一体感を自覚させる。理性的な自覚ではなく、感覚（Empfindung）による自覚である。家族の中では個別の主体である必要はないから、市民として必要になる人格性は家族においては不要である。

この理論が、身体と性といういわゆる「自然」を根拠にして家族の自然性とその普遍性とを一緒に説明しようとするものであることは明らかだ。しかし、自然から精神へという単純な議論をしているわけではない。引用の中でヘーゲルは「再び」と言っているが、これは、三三節の補遺の冒頭で、自由な意思を定在化させるために、意思は感性的定在である物件、すなわち外的な物質にかかわらなくてはならない（PhR91 §33Zu.）、と述べていることに対応している。議論は、自然物を最初の対象とする段階から抽象法へ、抽象法から道徳性へという議論を経て、人倫の冒頭で再度自然に回帰しているのである。してみると、家族が自然であるとはいっても、この自然性は身体や性のような自然性と同レベルのものではありえない。家族の自然性はむしろ構築されたものである。

「人倫」の家族論の冒頭は次のように始まる。「家族は、精神の直接的な実体性として、精神の自己感覚的な（sich empfindende）統一、すなわち愛を使命とする。したがって、家族の志操（Gesinnung）は、精神が自分の個体性の自己意識を、それ自体で絶対的に（an und für sich）存在する本質態であるこの（家族の）一体性の中に持つことであり、この一体性の中では、ひとつの人格としてではなく、（家族の）構成員としてあることである」（PhR307 §158）。構築された自然であった家族が、ここでは直接的な実体性になっている。構築の痕跡は一体性の中に消し去られている。こうした家族は、婚姻によって成立し、子どもの養育によって解体する（PhR309 §160）。してみると、この家族はきわめて近代的な家族であり、核家族である。核家族の使命は次世代の再生産に尽きる。ヘーゲルも家族の使命についてこれ以上には語らない。したがって、身体と性は家族における根本的な問題である。

では、性別とは何か？「両性という自然的規定は、この規定の持つ理性性によって知的なまた人倫的な意義を得る。この意義は両性という区別によって規定されているのであるが、概念である人倫的実体性は、具体的な統一としての自分の生命性をこの区別から獲得するために、みずから両性という区別へと自分自身を分裂させるのである」(PhR318 § 165)。これはすなわち、個々の男女にとっては自然的な規定である自身の身体とその性別は、自己展開する精神の自己運動という観点から見れば、人倫的実体それ自体が自己分裂して、男性・女性として産み出したものだということである。「自然」であると見なされたものは、実は「構築されたもの」である。このことを、ヘーゲルのテキスト自体が語ってしまっている。しかし、性別はあくまでも「自然的規定」として固定される。「したがって、自己分裂する精神のその一方の側は、独立して存在する（für sich seiende）人格的な自立性へと、自由な普遍態を知りかつ意思することへと、概念把握する思惟の自己意識へと、そして客観的な最終目的を意思することへと向かい、——自己分裂する精神のもう一方の側は、具体的な個別態と感覚という形式で実体的なものを知りかつ意思することであり、一体性のうちでみずからを保持する——前者は対外的な関係において力を持ち、実行する者であり、後者は受動的で主観的な者である。したがって、男性は国家や学問等において、あるいは外界および自分自身との闘争と労働において、自分の現実的で実体的な生活を営む。それゆえ、自分自身との自立的な合一（Einigkeit）を戦い取るには自分を分裂させることによるしかない。男性がこの合一を静かに直観し、感覚的で主観的な人倫性を持とうとすれば、これを家族の中に求めることになる。女性は家族の中に自分の実体的な使命（substantielle Bestimmung）を持ち、こうした家族的恭順（*Pietät*）の中に自分の人倫的志操（Gesinnung）を持つのである」(PhR318-319 § 166)。

引用が示すように、一六五節から一六六節は「したがって（daher）」で結ばれている。しかも、一六六節の冒頭は二つの側面が列挙されているだけであるのに、途中からこれまた突然に「したがって（daher）」とつながり、この前者が男性で後者が女性であるとされる。なぜ「したがって」なのかは説明されていない。むしろ、ヘーゲルにとっては、この分裂が男女の性を帰結し、そのどちらが男性でどちらが女性であるのかは自明だったのである。人倫的実体の分裂を自然的規定で説明しようとしているが、この自明性を説明しなければ、説明は説明として機能しない。しかし、ヘーゲルにはその必要は認められなかったのである。なぜなら、それは自明であるからだ。

一六六節の補遺によれば、女性は、高度な学問や哲学、ある種の芸術上の創作といった、普遍性を要求される領域には向いておらず、思いつきや趣味はあっても理念を持ってはいない（PhR219 §166Zu.）。これがヘーゲルの言う女性の「自然的規定」である。ここから、先にも引用した「家族において女性は自分の実体的な使命を持ち、家族的恭順（*Pietät*）において自分の人倫的志操を持つ」という、家族内での役割が説明される。これらの性質は女性の「女性性」であるとは言えよう。しかし、必ずしも自然性ではない。「女性らしさ」ではあっても、女性の自然的規定とは言えない。問題はこう言い換えてもよい。すなわち、ヘーゲルの議論は、自然＝本来性によって現実＝事実性・実定性を説明しようとするものだが、この説明は、何が本来的で何が自然であるのかを確定しない限り説明にならない。事実性を本来性によって説明しようとしても、本来性は事実性からしか把握できないのであるから、この議論は原理的に不可能である。かえって、本来性を事実性でもってなぞることで、この説明は、意図とは逆に、事実性から本来性を捏造することになる。もちろん、ヘーゲルには gender 概念はない。しかし、これを用いて同じことを言うなら、gender を sex で説明しようという試みは、sex それ自体の本来性を証明できない限り、同語反復に終わるばかりか、かえって sex の本来性なるものを捏造する、ということである。そして、この証明は原理的に不可能なのである。ヘーゲルの家族論の試みはまさしくこの不可能な同語反復である。

一六六節の補遺で言及される女性性に対応する男性性の、したがってヘーゲルの言うところの男性の「自然的規定」

の具体的な内容は、じつはどこにも語られていない。両性の「自然的規定」と言いながら、実際には、男性はunmarkedであり、女性はmarkedなのである。それも正常な男性の欠如態としてmarkedなのである。したがって、女性の「自然的規定」については語るべきことがあるにせよ、男性のそれについて語る必要はない。また、女性の自然的規定によって女性の役割が説明されたが、これに対応する男性の役割、すなわち、「国家や学問等において、あるいは外界および自分自身との闘争と労働において、自分の現実的で実体的な生活を営む」という役割は、説明のための自然的規定を欠いているばかりではなく、家族の中では成り立たず、市民社会や国家へと移行するとされる。これを言い換えると、自然的で連続的な差異を「両性の自然的規定」すなわち「男女」という対立項にカテゴライズすることで、家族は市民（＝男性市民）を産出する装置として位置づけられるのである。

三　市民社会

上述の家族の位置づけは、しかし恒久的なものではない。家族の使命は子の産出と養育であるから、成人に達した子が自立し、新たな家庭を築くに及んで、子らを育んだ家庭は解体することになる（PhR330 § 177）。ヘーゲルは核家族を念頭においている。「一般に家族と呼び習わされているもの、すなわち血統（stirps）あるいは家系（gens）というものは、世代を経るごとにますます疎遠となり、ますます非現実化していく抽象物となるしかない」（PhR 336 § 180An.）。家族は解体する。解体した家族が産み出す人格が、市民社会の主体となる。

家族の解体は他の側面では家族の拡大としても現象する。家族は、自然な仕方で、また人格性の原理にしたがって、数多の家族に分裂する。「これら数多の家族は総じて自立的で具体的な人格として、したがって相互に外的に関わりあう。言い換えると、家族の中には人倫的な理念がまだその概念として存在しているのであるが、家族の一体性の中に結び付けられていた諸契機は、概念から解き放たれて自立的な実在態を獲得しなくてはならない。――それが差異（*Differenz*）の段階である」（PhR338 § 181）。家族を人格が代表している。この人格は、家族の内においては男性が担っていたものであった。それが家族を代表して、家族財産の主体として市民社会に出てくる。

家族財産の主体である男性市民は「人格（Person）」である。「特殊な者であるみずからを目的とする具体的な人格は、諸々の欲求の全体であり、自然必然性と恣意との混合であって、市民社会のひとつの原理である。――しかし、特殊な人格は本質的に、同等な他の特殊態と関係していて、したがって、それぞれの特殊態は他の特殊態によって媒介されることによって、同時にまた端的に、もうひとつの原理である普遍態の形式に媒介されてのみ、世間に通用するものとなり、満足を得る」（PhR339 § 182）。人格が通用するのは、ひとつには各自の教養形成によるものであった。男性に割り振られた役割、すなわち「外界および自分自身との闘争と労働」において、「自分自身との自立的な合一（Einigkeit）を戦い取るには、自分を分裂させることによるしかない」（PhR319 § 166）という男性市民のあり方は、端的に、他の同等な特殊態との関係・媒介を必要とするのである。しかし、もう一方の側面として、人格の通用には普遍態との媒介が、すなわち、国家という普遍に関わってそのために働くことが必要となる。

ヘーゲルは、国家と市民社会は混同されてきたと言う。これは、社会契約説が「個別意思＝人格」の相互の契約によって成立する「特殊意思」を、「普遍意思」である国家と見なしている点に対する批判である。ヘーゲルの言う国家とは「個人の自立態と普遍的な実体性の巨大な統一が成り立っているような精神」（PhR91 § 33Zu.）である。国法が「最高の具体性をもった自由」（ebenda）であるためには、この統一を成り立たせる媒介がなくてはならない。それが市民社会だ、と言うのである。それゆえ、この媒介を統一と取り違えてはならない。これをしも国家であると言うのなら、それは「外的国家（der äußere Staat）」であり、それは「強制国家ないしは悟性国家（Not- und Verstandesstaat）」でしかない（PhR340 § 183）。しかし、この媒介なしには国家と個人の統一はない。労働と財産をめぐる私的権利の相克に介入する司法・行政（Polizei）、また職業団体（Korporation）は、市民社会の領域に属する。だとすると、国家に残された機能とは何かが問題となる。

四　国　家

「国家は人倫的理念の現実態である」。現実態であるとは、国家が「直接に（＝無媒介に）習俗において実在（Existenz）を有している」と同時に、「個人の自己意識と知と活動において媒介された実在を有している」（PhR398 § 257）ということである。前者は、国家が家族同様に〈常に〉／〈すでに〉そこにある実体であるということを意味している。後者は、〈つねに〉／〈すでに〉そこにある実体が生身の人間の知と活動において媒介されているのでなくては、実体として支えられないということである。〈つねに〉／〈すでに〉そこにある実体は、実体であることが諸個人に対して〈つねに〉明らかにされ、意識され続けなくてはならない。しかも、このことが諸個人自身の活動によって自己意識的に遂行されなくてはならない。近代国家はその実体性を国民の力によって再生産され続けなくては維持できないのである。

個人にとって国家が自分の本質であるということは、国家が自分の活動の目的であり、かつ活動の産物でもあるということである。だからこそ、「国家は個人にとっての実体的自由である」（ebenda）。しかし、これを国家の側から見ると、国家は個人の諸活動によって自己運動する自己目的であるから、国家という実体的自由は、国家に属する諸個人に対する最高の権利となる。ゆえに、「個人の最高の義務は国家の一員たること」（PhR399 § 258）という事態が帰結する。

こういう結論になるのも、国家においては実体的なもの（＝国家の普遍性）と特殊なもの（＝市民社会を介して国家に参入する特殊な利害を有する個人）とが融合しているからである。二六一節の長文の注解では次のように論じられている。「義務とは、私にとって実体的であるもの、絶対的に（an und für sich）普遍的なものに対するふるまいのことであり、権利とはこれとは反対に、この実体的なものの定在一般のことであり、したがって実体的なものの特殊態の側面であり、私の特殊な自由のことである。それゆえ、両者は形式的な段階ではそれぞれ異なった側面に、ないしは異なった人格に割り当てられる」（PhR408 § 261An.）。一方にとっての権利は他方の義務である。だがこれは形式的なレベルのことでしかない。国家は人倫的なものであり、実体的なものと特殊なものの融合である。であるから、「実体的なものに対する私の義務（Verbindlichkeit）は同時に私の特殊な自由の定在である。言い換えると、国家においては私の義務と権利とは唯一の連関の中に結合されている」（PhR408 § 261An.）。国家においては、国家が国民に行使する権利は、国民である私の国家に対する義務であり、それは同時に私の権利でもある。

国家においては、義務と権利は形式的には同一となるのであるが、内容からするとそうはならない。上述の形式的な同一性は、抽象法と道徳性の段階では、内容の点でも抽象的であった。誰かの権利は万人の権利であるべきだ、誰かの義務は同じく万人の義務であるべきだ、というのである。しかし、人倫態においては、内容は必然的に展開される。したがって、形式的には同一である権利と義務が、再び内容的に異なって割り振られることになる。父と子は権利・義務にかんして同等ではないし、市民は君主や政府に対して持っている義務と同等な内容の権利を持っているわけではない（PhR408-9 § 261An.）。にもかかわらず、国家においては権利と義務は同一なのである。内容的に異なって配分されている権利と義務を、「同一だ」と認識することが求められているのである。権利と義務とが同一となるような国家をあらたに「樹立」することは、社会契約説、とくにルソーの議論の問題点として批判されている（PhR400-1 §258An.）。とすれば、こうした同一性を実現するにはまず、国家という実体が〈つねに〉／〈すでに〉ここにあるということを前提とせざるをえない。かくして、議論は再び振り出しに戻る。民族とその習俗の自然性に拠らない限り、これは説明しえない。

ヘーゲルの挙げる国家の理念は次の三つである。第一に個別国家の国内法、第二に個別国家相互の関係としての対外法、第三が類としての普遍的理念である世界史である（PhR404-5 §259）。国家は国内に向かっては普遍的実体である。しかし、国家はひとつだけではない。一国の国民にとって唯一絶対の国家であっても、国家は複数あるから、国家相互の関係が生じないわけにはいかない。このとき、個々の国家は個別国家として相対することになる。ちょうど、家族が実体であり、家族内においては普遍性を有していながら、これが市民社会に向かって解体していくさいには、家族はそれを代表する家長という一個人の人格として現象し、家族を背負った個別の人格相互が市民社会で相対するように、対内的にそれ自体としては普遍である国家も、国際関係には個別の主体として参入していかざるをえない。個別主体である国家が個別利害を背負ってひしめく特殊領域である国際関係には、利害対立を調停すべき装置は存在しない。家族と市民にとっての実体であるような普遍（＝国家）は、ここにはありえない。それゆえに、世界史の審判という観点が導入されることになる。先のことはわからないから最善を尽くすのみ。戦争も辞さない。これが個別国家の対外的なあり方なのだ。

国家と家族とが、対内的なあり方と対外的なあり方で性格を変えるということには注意すべきであろう。国家も家族も、対内的には実体であり普遍的であるが、対外的には個別国家であり個別家族である。ところが、市民社会は

〈つねに〉特殊である。これは市民社会が家族と国家との媒介であって、〈つねに〉個別者相互の特殊な利害関係としてあり続けるからである。だが、この関係が成り立つのは、市民社会が一国の内部でのみ成り立ち、他国における市民社会との関係にかんしては国家が介在してくる、という前提がある場合のみである。もし、市民社会が国家の枠組みを超えて拡大し、これを国家が統御できないという事態になれば、市民社会はそれが属する国家とその国家を形作る家族とを媒介する中間項とはなりえなくなるはずだ。この事態は国際関係の場合とパラレルである。国家間の国際関係の場合、国家を超える普遍的な実体を想定することができないため、国際関係それ自体には個別国家相互を媒介する充分な機能がない。市民社会も、国家の枠を超えると媒介機能を喪失しかねないはずである。その意味で、ヘーゲルの想定する市民社会は、〈いまだ〉一国市民社会の枠を超えていないのである。

市民社会が一国の内部での媒介装置であるのは、現代の国家では当然国家の機能の一部とされる司法等の機能が、ヘーゲルの国家論では市民社会に割り振られていることからも想像できる。これらの機能が市民社会に割り振られてしまうと、国家に残っている機能はいくらもない。ヘーゲルの挙げる国内法の区分とは「（a）普遍的なものを規定し、確定する権力——立法権力。（b）特殊な領域や個別の事件を普遍的なもののもとに包摂すること——統治権力。（c）最終意思決定機関としての主観性——君主権力」（PhR435 § 273）の三つである。権利と権力に同じ「権」の字を用いる日本語では明確になりにくいが、この三つの権力は原文では Recht ではなく Gewalt である。理念においては実体の権利（Recht）であったものが、国家の機能としては暴力（Gewalt）として機能する。立法権はここでは君主の立法権力をさす。議会は「主観的で形式的な自由という契機を、すなわち、多数者の意見や思想という経験的な普遍態としての公共の意識を現存させる」（PhR469 § 301）という使命を有しているにすぎない。それは君主の立法と統治に対する助言者でしかない。というのも、ここで「議会」らしきものと見なされているのは、身分制議会

(Stände) のことであって、これは実際のところ身分 (Stand) の複数形にすぎないからである。『法哲学』のどこを開いても、国家の機能として理論上帰結する実体性と、習俗や民族によって〈つねに〉/〈すでに〉現存させられている実体性とが同じものだという論証はなされていない。国家は必要であり、それは実体的でなくてはならないが、これが人格という特殊態や、人格を持つ個々人の身体や性とを普遍的なものへと統合しうるのは、統合が〈すでに〉民族やその習俗として現にあるからだ、という断言以上のものはない。ヘーゲルには国家がこうしたいわゆる自然性に依拠して〈つねに〉/〈すでに〉現存しているということは自明だったのだろう。

五　媒介は成立しているか?

このように見てくると、ヘーゲルの議論にはいくつかの前提が存在していることがわかるだろう。まず、《家族—市民社会—国家》という三項関係は、身体や性のいわゆる「自然性」を家族や国家という人工物と媒介しなくてはならないが、この根拠とされたのは、家族や国家が〈つねに〉/〈すでに〉そこにあるといういわゆる「事実」であった。しかし、この構想は、これらの自然性から国家と家族の実体性を導出しようとしながら、その実、国家や家族の要請からこれらの自然性を説明してみせるという倒錯に行き着く。身体や性の、したがって男性性・女性性の自明性が揺らぐと、自然性そのものも揺らぐ。そこでヘーゲルは、『精神現象学』におけるアンティゴネー悲劇論の参照を求める (PhR319 § 166An.)。そこでは、人間の掟に従うか、神々の掟に従うかは両性の性別という二項原理に従って〈すでに〉決定済みであるとされたのである (PhG345ff.)。

だが、この議論には難点がある。『精神現象学』におけるアンティゴネー悲劇論は、国家という人間の掟に属する実定法の世界と家族という神々の掟に属する自然法の世界との対立で構成されている。この構成はギリシア悲劇から引用された polis と oikos という古代的二分法で構成されている。[2] しかし、ヘーゲルが『法哲学』で問題にしようとした近代社会はこうした二分法では説きえない。それゆえにこそ、ヘーゲルは《家族—市民社会—国家》という三項関係を持ち込んだはずである。それにもかかわらず、肝心の男性性・女性性を自然であると述べるくだりで『精神現象学』の当該箇所を参照するよう求めるのは、身体と性にかんする自然性の議論は古代ギリシアの段階で〈すでに〉解決済みであるとヘーゲルが見なしていたからにほかならない。

だが、バトラーはそうは見ない。バトラーは、ヘーゲルはアンティゴネー悲劇論を「母権制から父権制への過渡的段階を表すもの、だが同時に、親族原理も表すものと位置づけた」[3] として批判する。その根拠は、何よりもまず、ヘーゲルが「アンティゴネー」を「女性一般」へとすりかえる点にある。[4] アンティゴネー論は、「女性性は共同体の永遠のイロニーである」(PhG352) という結論に至る。これは、国家にとっては犯罪ではあっても、それ自体は神々の掟に従った正当なものであったはずのアンティゴネーの行為が、アンティゴネーが女性一般とすりかえられることで、女性性による共同体への犯罪的関与という理解に固定されてしまう、ということである。

だが、アンティゴネーの行為は女性一般の行為へと普遍化できる内容のものであろうか。これに対しては、バトラーは二重の批判をしていると見てよいだろう。すなわち、第一点は、はたしてアンティゴネーは女性性を代表できるのかどうかという点、第二点は、アンティゴネーがオイディプスの娘であること、したがって近親姦の結果の娘であることをヘーゲルが無視しているという点である。第一点について言えば、妹のイスメーネーとの対比で見る限り、いわゆる「女性性」と見なしうる性格を多分に持っているのはむしろ妹の方である。姉のアンティゴネーは、その言動の仕方としてはクレオンと対等に、しかし別の掟（＝人間の掟）に従って行為していると見なしうるのである。すなわち、アンティゴネーは男のジェンダーを身に纏っている。ジェンダーは自然性とは無縁なのだ。よって、アンティゴネーを女性一般とすりかえることは論理的に不可能である。第二点はさらに複雑な問題をはらんでいる。オイディプスの妻はオイディプスの母であったから、アンティゴネーの母は彼女の祖母であり、かつ兄嫁であり、彼女の父は彼女の兄であり、彼女の兄弟は彼女の甥でもある。親族関係は混乱している。こうした混乱はむしろ親族関係を破壊するものと言ってよい。にもかかわらず、ヘーゲルはこの近親姦に言及しないのである。ヘーゲルは、兄と妹の間には欲望は存在しないから、この関係は純粋であって、女性にとって人倫的実体への最高度の予感である(PhG336)ということになるのだが、近親姦であることを前提にするなら、この議論はまったくの空論となる。バトラーによれば、ヘーゲルの承認論は欲望から出発するのであるから、欲望が存在しないなら承認はありえないはずだということになる。しかし、それを認めてしまうと、自然性を実体とすることで家族と国家とを説明し、両者を市民社会で媒介させることで社会契約説の克服をはかる、というヘーゲルの構想は崩壊してしまうだろう。(5)

《家族―市民社会―国家》という三項関係のもうひとつの前提は、媒介項である市民社会は国家体制のうちに包摂されるという思い込みである。ヘーゲルが国民国家についての議論しかしていないのは明白である。家族が引き合いに出されるのも、家族のアナロギーで国家を語ることがこのレベルでなら可能であるからである。事実、日本の明治政府はこれを実践して見せたのである。

しかし、国民国家を超える議論はここからは出て来ようがない。また、市民社会が国家の枠組みを超えて肥大化する事態は、ヘーゲルの想定外であったと考えられる。国際関係についての『法哲学』の議論は、個別国家同士が特殊な利害をめぐって対立するという構図であるが、こうした構図は個別国家が国内の経済活動や司法活動を完全に包摂しているのでなくては成り立たない。国家の統御を離れた多国籍企業であるとか、犯罪の行われた場所と時刻と方法とを特定できないようなネット犯罪に対して、個別国家は無力である。ヘーゲルのいう「市民社会」もまた、国家と家族によって秩序付けられる一国民国家内部における「欲望の体系」を意味するのであって、国家の枠組みを超えることはできない。市民社会という概念はヘーゲルの発明によるものであったけれども、これが国家の枠組みを超えて肥大化している現在、ヘーゲルの立てた三項関係では市民社会を基礎付けることはもはや不可能と言うべきであろう。

六　結論

《家族―市民社会―国家》という三項関係は、家族論における性差のジェンダー化に大きく依拠している。国家主義者が家族についての反動的言説を繰り返すのは、たんに国家が家族のアナロギーで説明されることばかりが理由ではない。家族における男女の性役割（gender）を身体というういわゆる自然、すなわち自然的性差（sex）を用いて説明するというレトリックが、彼らの国家論を組み立てているからだ。ヘーゲルの理論も、身体の自然性、習俗と民族の自然性をもとに家族と国家を説明するという図式をとる以上、これと同断である。家族の多様性を認めると、必然的にヘーゲル的国家は崩壊する。あるいは、市民社会領域の拡大は国家と家族の変質を余儀なくする。

しかし、すでに見たように、男女の自然的な性差から両者の社会的な役割を説明するという体裁をとるヘーゲルの議論は、堂々巡りをする。前提となっている「自然」とは Männlichkeit / Weiblichkeit としか言い表しようのないもの、すなわち、「男」ではなく「男らしさ」、「女」ではなく「女らしさ」にすぎない。しかし、「女」を「女らしさ」で定義し、「男」を「男らしさ」で定義するなら、それはたんなる同語反復にしかならない。バトラーによって批判される個々の論点は、実際のところ、ヘーゲルのテキストそれ自体がすでにみずから吐露してしまっている。ジェンダー化というのは、性をめぐる諸現象における連続的差異を、「男・女」という二元対立にカテゴライズする原理であるが、ここでは、自然的性差と社会的性差の峻別ということはおよそ意味を成さない。バトラーが『ジェンダー・トラブル』[6]で暴露したように、自然的性差はむしろ社会的性差にかんする言説によって捏造されるのだからである。

では、ヘーゲルの議論にはなんら積極的な価値はないのであろうか? 序文における有名なせりふ「ミネルヴァの梟」(PhR28)に反して、ヘーゲルの立論はドイツの時代状況を先取りしていた、とは言ってよいだろう。たとえば、『法哲学』においてヘーゲルの論じる家族は、子どもの成長と自立によって解体する家族である。近代の核家族がこれに当たる。しかし、こうした核家族は、当時のドイツにおいてはいまだ未成立であったはずだ。『法哲学』におけるヘーゲルの家族論は、現実を先取りしていたのである。[7] さらにまた、ヘーゲルの国家論は立憲君主制をとるが、立憲君主制自体も、当時のヨーロッパですら新種の政体であったことは念頭におかれるべきであろう。『法哲学』での君主の位置付けは機関説そのものである。しかし、当時ですら、イギリスなどの国々では、経済はすでに国家の枠組みを超えていたはずである。その意味では、国民国家レベルを超えることのできぬヘーゲルの理論は、やはり「ミネルヴァの梟」でしかなかったのではないだろうか。

しかし、バトラーによる暴露に素材を提供したとも言えるような、自然の捏造の痕跡が、ヘーゲルの行間から読み取れることもまた、事実である。本稿では『法哲学』の文脈に従ってこのことを検証してみたが、同様のことは、バトラーが準拠する『精神現象学』の悲劇論にそくして展開すれば、さらにはっきりしてくるだろう。[8] もちろん、ヘーゲルが自然を意図的に捏造したわけでもなければ、捏造の自覚すらなかったことは疑いえない。しかし、論理は、ヘーゲルの筆を借り、ヘーゲルの言葉を借りて、勝手に自己展開する。ヘーゲルの意図はしばらく措くとしても、意図せざるところで、ヘーゲルは自然の捏造の痕跡をさらけ出すのである。こちらの観点から見るなら、彼はミネルヴァの梟どころではなく、一歩も二歩も時代に先んじていたことはもはや疑いえないだろう。それがたとえ本人の意図ではなかったとしても、である。

以上の議論から、グローバル・エシックスにかんして何が言えるだろうか？　国家と家族を自然性から説明するという枠組みが、媒介項の肥大化によって不可能となったとしても、国家や普遍的な権力が消滅したわけではない。むしろ、個別の国民国家を超える《帝国》とも言うべきものが地球規模で展開し始めているというネグリ／ハートの指摘[9]には見るべきものがある。普遍的な価値は万人に共有されなくてはならないが、問題となるのは、共有のされ方である。社会契約説の虚構性を認めつつも暫定的にこれに依拠するという道もとらず、自然を捏造するヘーゲルの道もとらず、しかも、国家や家族というカテゴリーが無効となったという前提で、普遍的な価値の共有を目指すとすれば、このカテゴライズの過程を監視し吟味すること、そして、ひとたびカテゴライズが成立するや、この価値を再度解体することを通して、普遍性から排除されるものを掬い取ることが、さしあたって必要となる。価値の産出は、いずれにせよ、現象する差異をカテゴライズすることに繋がる。差異は現象する。カテゴライズされる以前に現象する。カテゴライズが不可避であるなら、必要なのは、現象がカテゴリーへと変質する過程を暴くことであり、カテゴライズに対する異議申し立ての可能性をつねに万人に開くことであろう。少なくとも、ヘーゲルの展開する論理の枠組みは、このための強力な武器となりうるであろう。

註

（1）以下、ヘーゲルからの引用は G. W. F. Hegel, *Werke in zwanzig Bänden*, Theorie Werkausgabe, Suhrkamp Verlag (1970-1971) を用いる。『精神現象学』は PhG と略記してページ番号を付し、『法哲学』は PhR と略記してページ番号とパラグラフ番号を付す。An. は Anmelkung の Zu. は Zusatz の略である。検索には石川が管理・運営するヘーゲルテキストデータベースを用いた。本データベースについては http://www.nicol.ac.jp/˜iori/index1.html を参照のこと。

（2）ビルガー・P・プリッダート（高柳良治他訳）『経済学者ヘーゲル』御茶の水書房、一九九九年、二六頁。

（3）Judith Butler, *Antigone's Claim, Kinship Between Life & Death*, Columbia University Press, New York, 2000. p. 1. 竹村和子訳『アンティゴネーの主張　問い直される親族関係』青土社、二〇〇二年、一三頁。ここでは、アンティゴネー解釈について、ヘーゲル、イリガライ、ラカン等が批判されるが、本稿ではヘーゲル批判に絞って考察する。

（4）*Ibid.*, P. 36.　訳書七六頁。

（5）*Ibid.*, P. 13f.　訳書三七頁。

（6）Judith Butler, *Gender Trouble, Feminism and the Subversion of Identity*, Routledge, Chapman & Hall. 1990.　竹村和子訳『ジェンダー・トラブル　フェミニズムとアイデンティティの攪乱』青土社、一九九九年。

（7）むしろ、論理展開をわかりにくくしているのは、『法哲学』の家族論が『精神現象学』のアンティゴネー悲劇についての議論の参照を求めていることである。『法哲学』における家族が近代核家族であるにもかかわらず、参照を求められている『精神現象学』では、個別者というのが家族の中の死者のことであり、位牌に名前の書き込まれた死んだ祖先の方が生きている人間より優位に立つといった、古風な家族である。この二つの家族論は、相容れない、大きくかけ離れた理論であると言ってよいだろう。

（8）『精神現象学』のとりわけ芸術宗教の章を中心に、バトラーの主張との対比を細かに論じ、ヘーゲルの中にバトラーに通じる議論を見出した興味深い論考としては、片山善博『差異と承認――共生理念の構築を目指して――』（創風社、二〇〇七年）がある。片山は、普遍的な権力を介しての自己のアイデンティティの承認という意味で、承認論が他者排除の論理に通じるという近年の承認論批判に対して、ヘーゲルが「自己の中に他者を見る」「他者の中に自己を見る」という契機を重視していたことを指摘し、こうした観点での承認論理解はバトラーの近年の議論に通じるものであることを論じている。参照するに値する文献と思われる。

（９）Michael Hardt, Antonio Negri, *Empire*. Harvard University Press, 2000. 水嶋一憲他訳『〈帝国〉グローバル化の世界秩序とマルチチュードの可能性』以文社、二〇〇三年。

第十章　カントとテロリズム

小野原雅夫

一　グローバル・エシックスと「九・一一」

思い返せば、東西冷戦が終結してから「九・一一」に至るまでの短い期間、人類のグローバルな連帯が可能になるかもしれないという儚い希望が仄見えていた時期があったように思われる。差し迫っていた核戦争の脅威が少し遠のき、環境問題、人口問題など、国家やイデオロギーの違いを超えて連帯して取り組まねばならない課題に本腰を入れて立ち向かっていかなければならないし、また立ち向かっていける体制が少しずつ整いつつあるようにも見えたものである。

その時代に相次いで提唱されるようになってきたのが「グローバル・エシックス」であった[1]。ここでは寺田俊郎による暫定的定義を借りて紹介することにしよう。「グローバル・エシックスとは、さまざまな社会的相互作用が国民国家の枠を超えて地球規模で活性化した時代において、正義にかなった世界のあり方を規定すべき規範、およびその規範を明らかにしその根拠を批判的に問う哲学的探求である[2]」。グローバル・エシックスの具体的な取り組みとしてどのようなものがあったかの紹介に関しても寺田の論考に譲ることにするが、一九九〇年代の思潮を、グローバリゼーション（ならびにグローバリズム）の時代においてグローバルに妥当する倫理を探究する試みとして捉えることは、あながち的外れでもなかろう。

グローバル・エシックスが対峙すべき課題として、グローバルな経済、グローバルな政治、グローバルな生態系等々によって引き起こされる世界規模の根本的危機にどう立ち向かうかということが挙げられる。これらの危機に対処できるグローバルな枠組みを作ることができるのか、人類を普遍的に拘束するグローバルな倫理規範に諸文化、諸文明、諸民族、諸国家、諸宗教が合意することができるのか、そうした人類史上かつてない連帯を求めて世界が動きだそうとしているときであった。そこに「九・一一」である。人類初の試みが抱える困難を露呈し、連帯への道を断ち切るに十分なインパクトをもってこの事件は勃発し、グローバル・エシックスへの道ではなく、テロリズムの道へと大きく軌道を旋回させることになった。

ここで言うテロリズム概念の含意については後に詳しく見ていくことにしよう。グローバル・エシックスを論じるうえで、テロリズムの問題は中心的テーマではないかもしれないが、避けて通ることのできぬ問題のひとつであることは確かであろう。そこで本論では、カントの思索を手がかりにテロリズムの問題について考えてみることにしたい。(3)まず予備的考察として、戦争概念と平和概念について瞥見しておいたうえで（第二節）、テロリズムの二つの意味を確認し、それぞれについてカントがどのように論じているかを見ていく（第三節、第四節）。さらに「テロへの報復戦争」なるものをどう評価するかに関して、カントの「不正な敵」に関する議論を参照しつつ考察していきたい（第五節）。以上のような作業を通じて、カントの提言が、「九・一一」以降を生きる私たちにとってどのような意味をもつのかを考えていきたい。

二　戦争概念と平和概念

小林よしのりは『戦争論』のなかで、戦争と平和は対概念ではないと論じている。「平和」とは「状態」を表す概念であり、力によって秩序が維持された状態が平和であり、その対概念は「無秩序」や「混乱」である。これに対して、「戦争」とは「手段」を表す概念であり、政治的問題を解決するためのやむをえざる最終的な手段が戦争であり、その対概念は「話し合い」である、と言う。(4) 小林がこのように定義・分類するねらいは以下のようなものである。（1）平和は国家間ばかりの問題ではなく国内的な問題でもあって、過激な新宗教団体や若者の暴走によっても国内的平和は乱されうる。（2）平和（＝秩序）は力によって守られて初めて維持されうるのであり、国内的には警察機構、対外的には軍隊が必要である。（3）戦争とは正当な政治的手段のひとつである。かくして小林は、戦争と平和は二者択一的な関係にあるのではなく、平和という状態（＝秩序）を守るために戦争という手段に訴えざるをえない場合もあるのだとして、戦争を正当化しようとしている。

これに対してカントは戦争と平和いずれも、「状態」を表す概念としても、「手段」を表す概念としても使用しており、そのそれぞれにおいて両者は対概念を成すと考えている。まず「状態」を表す概念として次のように述べている。「人間の自然状態は戦争状態である。すなわち、たとえ敵対行為がつねに生じている状態ではないとしても、敵対行為によってつねに脅かされている状態である。したがって平和状態は創設されなければならない。なぜなら敵対行為がなされていないということは、まだ平和状態の保障ではないし、また隣り合っているひとの一方が他方に平和状態の保障を求めたのに、他方から保障が与えられない場合は、かれはこの相手を敵として扱うことができるからである（こうした保障は、法的状態の下でのみ生ずることができる）」（Cf. VI348f.）[5]。この箇所は、自然状態が戦争状態であることを論じ、かつ現に戦争が戦われていなくとも法的状態が樹立されていなければそれは戦争状態であることを述べた有名な箇所である。他にも「平和とは一切の敵対行為が終わることである」（VIII343）という有名な一節があるが[6]、これも状態としての平和を表していると言えるだろう。

上記二つの引用文中に、「敵対行為 Hostilitäten」という概念が出てきているが、カントはこの概念によって戦争のことを言い換える場合がある（Cf. VI346）。「敵対行為」と言い換え可能な「戦争」概念は、「手段」を表す概念であると言えよう。カントは、手段としての戦争を次のように分類している。「戦争とは、自然状態における諸個人の間のものであるか、あるいは、内的には法則の支配する状態にあるとはいえ、外的には（相互の関係においては）無法則な状態にある国家と国家としてのわたしたちの間のものであるかのいずれかである」（VI354）。この分類によれば、カントは戦争を、国家間ばかりでなく、国家的な権力をもたない個人や集団の間にもありうるものと捉えており、その点は小林よしのりと同様であると考えてよいだろう。ただし手段としての戦争に関しては次のような価値判断を下しており、その点は小林と一線を画している。「戦争は、自然状態において、暴力によって自分の正しさ《Recht》を主張するという悲しむべき非常手段にすぎない」（VIII346）。「いかなる戦争もあるべからず」（VI354）。

このような手段としての戦争に対置されるのが、手段としての平和である。とくにカントは、国際連合による永遠平和の樹立を唱えるさいに、「平和的方法」（VI346）や「平和的手段」（VIII373）の重要性を強調している。具体的には、「会議」における「話し合い」での解決や、国際法を確立したうえでの「訴訟手続き」に則った紛争解決が提案されている。

カントの戦争／平和概念の射程をまとめると、以下のようになるだろう。（1）戦争／平和概念は、状態を表す語としても、手段を表す語としても対を成している。（2）戦争も平和も、国家間ばかりでなく、サブナショナル《国家的な権力をもたない》な諸個人や諸集団の間の問題にも適用されうる。（3）状態としての戦争／平和概念は、法的関係の樹立に関わっている。

以上のような考察を踏まえたうえで、テロリズムについて見ていくことにしよう。

三　カントにとってテロリズムとは

現代においてテロリズム概念を定義するのは非常に困難である。一説によると、テロリズムには百以上もの定義があり、それらが相互に共通認識に達する見込みはまったくないと言う。[7] 現代的なテロをどう捉えるかに関しては次節で触れることにして、本節では、カント自身が「テロリズム」という語をどう用い、何を語っていたか、カントにとってテロリズムとは何であったかを見ておくことにしたい。周知の通り、テロリズムという語はもともと、フランス革命時、政権を握った党派によって指揮され実行された脅迫による統治、すなわち、「恐怖政治」の体制を意味していた。[8] この概念の初出はフランスで一七九四年、イギリスで一七九五年とされており、[9] これはまさにカントと同時代のことである。

実際、カントもすでにテロリズム概念を使用している。一七九八年に出版された『実用的見地における人間学』のなかでは、名詞 Terrorism を使っている（VII133）。また、同年出版された『諸学部の争い』では、名詞 Terrorismus と形容詞 terroristisch が使われている（VII81）。書簡や遺稿も含めて全著作中、カントが用いているテロリズム概念はこの三つだけである。[10] この二著はカント最晩年の著作であり、本人がみずからの責任で出版することのできた最後の著作でもある。そうした最後の著作に初めてテロリズム概念が登場してくるというところに、この概念の真新しさを感じ取ることができるであろう。ただし、いずれもフランス革命の恐怖政治を直接指すのではなく、比喩的な用法で用いられている。『実用的見地における人間学』では、第一編「認識能力について」の冒頭で、自分自身の心のなかを観察して、恐怖や不安を引き起こすような超自然的な力や表象を見出してしまう錯乱のことを「恐怖主義 Terrorism」と呼んでいる。『諸学部の争い』では、第二部「哲学部と法学部の争い」の冒頭で、人間の歴史の見方には三種類あり、人類はより悪い方へと退化していると捉えるか、より善い方へと前進していると捉えるか、永遠に静止していると捉えるかのいずれかであると論じていて、このうちの第一の歴史観を「道徳的恐怖主義 Terrorismus」とか「人類の歴史に関する恐怖主義的 terroristisch 表象様式」と呼んでいる。

これらはどれも比喩的な意味で用いられているし、用例も少ないので、これらをもってカントがテロリズムについて語っているとみなすことはできない。ただし、『諸学部の争い』の第二部でテロリズム概念が用いられたことに関して、そこにある意味を読み取ることは可能であろう。この第二部には「あらためて立てられる問い　人類はより善い方向へ絶えず進歩しているか」という副題が付されており、ここでは「歴史」が主題として論じられている。[11]その場合の歴史とは過去の歴史と言うよりも、「予言的歴史」、すなわち「未来の時代への見通し」を意味している(VII79)。人類の未来がどういう方向に進んでいくのか、前段で挙げた三つの歴史観のうちいずれが正しいと言えるのか、をカントは論じていく。結論から言うと、カントは二番目の、より善い方向へと進歩していると捉える幸福主義的歴史観(＝千年至福説)を選択するわけだが、しかし当然のことながら「進歩するかという課題は経験によって直接的に解決することはできない」(VII83)。そこでカントは、次のように自問自答する。「いかにしてアプリオリな歴史は可能か？　答え、占う者があらかじめ告知する出来事を、みずから作り出して演出するならば可能である」(VII79)。これはまさに「為すべきであるがゆえに為しうる」[12]の歴史哲学バージョンである。とはいえ、これだけだと歴史は何でもありになってしまう。幸福主義的な歴史ばかりでなく、恐怖主義的な歴史や愚民観的な歴史であっても、みずから予言しておいてその通りに振る舞うことによってそれを実現してしまうということは可能であろう。そこでカントは、「人類の予言的歴史はそれでも何らかの経験に結びつけられなければならない」(VII84)として、人類自身がより善い方向へと前進していく能力を備えた存在でありうることを示すような経験を提示しようとするのである。「人類のこうした道徳的傾向を証明するような同時代の出来事」(VII85)こそがフランス革命にほかならない、とカントは主張する。まさにこの論文は「歴史」論文の体裁をとった「フランス革命」論だったのである。たしかにカントは、テロリズム概念自体は比喩的な意味でしか用いていないが、しかし、当然のことながら、カントにとってテロリズムと言えばフランス革命における恐怖政治のことを指し、それを基にして比喩を構成したのである。したがって、カントのテロリズム論を探そうとするのであれば、カントのフランス革命論がまさにそれに当たると言うことができるであろう。

ただし周知の通り、カントのフランス革命に対する評価は両義的である。今瞥見した『諸学部の争い』第二部においては、人類の進歩を証し立てるものとしてフランス革命は言及されていた。フランス革命が多くの人々の共感を呼んだのは、それが法的状態を樹立し永遠平和を実現しようとする理念を体現していたからであり、そのような共感が広範に認められたということは、人類のうちに、すべての禍の源である戦争を防止しより善い方向へ進歩していこうとする道徳的素質が存しているからだ、とカントは言う(VII85f.)。しかし、『諸学部の争い』よりも五年前の一七九三年に公刊された論文『理論と実践』の第二部「国家法における理論と実践の関係について」においては、カントは革命一般を否認し、抵抗権を認めない議論を展開していたのである。第二節で述べたように、カントは戦争概念を国家間ばかりでなく、国家内部の諸集団間にも適用しているので、革命もまた戦争の一種、すなわち、内戦として捉えている。したがって、先に引用した、「戦争は、自然状態において、暴力によって自分の正しさ《Recht》を主張するという悲しむべき非常手段にすぎない」という価値判断は、革命にも適用されるのである。緊急の場合だからといって不正《Unrecht》をはたらく権利《Recht》を認めることはできないというのが、カントの抵抗権否認論の核心である（VIII299f.）。

『諸学部の争い』においてフランス革命を称揚するさいにも、カントは次のような但し書きを付していた。「その革命は悲惨と残虐行為に満ちており、思慮深い人間なら、これがもう一度企てられるときには成功を希望しうるとしても、この実験をそれほどの犠牲を払ってまで行おうとは絶対に決心しないくらいかもしれない」（VII85）。つまり、カントはフランス革命に、法的状態を樹立し永遠平和を実現しようとする理念を垣間見るとともに、自然状態に回帰し暴力的な残虐行為を横行させてしまうことになる現実をも見て取っていたのであり、前者を積極的に評価すると同時に、後者を絶対的に否定したのであった。この負の側面のみを抽出したのが「テロリズム」という概念であったと言えよう。カントにとってテロリズムとは、革命のさなかに出現した自然状態（＝戦争状態）を意味し、人類の進歩を危機に陥れるものの象徴にほかならなかったのである。

四　現代的テロを評価するためのカントの枠組み

現代においてテロリズムと言う場合、フランス革命における残虐行為や、とりわけ、国家や政府の側が行う恐怖政治のことを意味するのはまれである。しかし、後述するように、このテロリズムの本来の意味は、現代においても重要な問題を含んでいると思われる。その点については第五節で立ち戻ることにして、本節では、現代的な意味でのテロリズムについてカントの枠組みで何を語ることができるのか考察していくことにしよう。テロリズムの原義（＝恐怖政治）と区別するため、ここでは現代的な意味でのテロリズムのことを「現代的テロ」（または「テロ」）と呼ぶことにする。先述したように、現代的テロを定義するのはきわめて困難であるのだが、さしあたり以下のような二種類の定義を紹介しておきたい。

A　指揮系統や協力体制をもつサブナショナルな組織・集団が、政治的目的を達成するため、暴力（ないしは暴力を使うという威嚇）によって、直接の攻撃目標ばかりでなく、それを見守る人びとにまで恐怖を引き起こし、これを利用しようとする、計画的な犯行(13)

B　強い信念をもっているが、正規戦では勝ち目のない集団が、みずからの存続に対する恐怖心に基づき、相手の弱い部分（多くの場合非戦闘員）をねらって攻撃をしかけ、直接敵に恐怖を懐かせることによって、または効果的な宣伝を通じて民衆（ないし国際世論）に恐怖を懐かせ、その圧力によって間接的に、相手に対して自分たちの意志を強要しようとする、秘匿性、残虐性、継続性を備えた非正規戦の一種(14)

Aはつまるところテロを「犯罪」と捉えている。政治的目的が背景にあるという点が、いわゆる自己利益を目的とした犯罪と異なるし、組織立って計画的に実行されるという点で、突発的・衝動的に行われる犯罪とも区別されるが、しかしあくまでもテロは犯罪であるとみなすのがAのタイプの定義である。これに対してBはテロを「戦争」の一形態と捉えている。戦争を正規戦と非正規戦に分け、正規軍どうしがぶつかりあう正規戦に対して、ゲリラ戦のような戦い方を非正規戦と分類し、テロもまた非正規戦の一種とみなすのである。

現代的テロは戦争か犯罪かという問題は次節でもう一度問題にするが、テロを正確に定義することが本稿の目的ではない。そもそも、圧倒的な軍事力格差の下でやむをえざる選択を迫られている戦術に対して「テロ」とレッテル貼りすること自体の価値的問題が問われうるし、ましてや個々の攻撃が「テロ」として把握されるべきものであるかどうかを判断するのには多大な困難が伴うであろう。幸いカントは、第二節で述べたように、「戦争」概念を非常に広い意味で用いており、国家や正規軍に限らずサブナショナルな集団どうしが「暴力によって自分の正しさ《Recht》を主張するという悲しむべき非常手段」のことを戦争と呼んでいるのであるから、現代的テロもまたカントの「戦争」概念の射程内において論ずることが可能である。カントはテロをどう評価するのであろうか。

カントは、『永遠平和のために』（一七九五年）の第一章「国家間の永遠平和のための予備条項」のなかで、戦争をめぐる個々具体的な禁止条項を論じている。そのうちの第六条項では「いかなる国家も、他国との戦争において、将来の平和時における相互間の信頼を不可能にしてしまうような敵対行為をすべきではない」（VIII346）と断じている。例としてカントは、暗殺者や毒殺者の利用、降伏条件の破棄、敵国における暴動の扇動等々を挙げている。現代におけるテロは、その主体が国家であるとは言い難いことを置いておくとしても、将来的な信頼関係の構築を困難にしてしまうという一点において、カントがここで禁じている行為のうちに含まれると言ってよいだろう。カントの懸念は深刻である。

このようなことは破廉恥な戦略である。というのも戦争のさなかでも敵の考え方に対する何らかの信頼がなお残存していなくてはならないからである。さもなければ、どんな平和も締結されることはできず、敵対行為は結果的に殲滅戦になってしまうであろう。（中略）このような地獄の術策はそれ自体で卑劣なものであるから、もしいったん使用されるにいたるならば、もはや戦争の限界内に留まってはおらず（中略）、平和状態のうちにまで持ちこされ、ついには平和実現の意図まで完全に破壊することになるであろう。（VIII346）

いくら戦争とはいえ、勝つためなら何をやってもかまわないのではなく、将来における平和実現の可能性を損なってしまうような手段を行使することは、「破廉恥な戦略」として断罪されるべきなのである。非戦闘員を計画的に狙ってみずからの要求を貫徹しようとする現代的テロは、まさにこうした破廉恥な戦略にほかならない。カントのこうした禁止命令は定言的・絶対的である。しかし、戦略的観点から見ても、テロは不合理であると言うことができるであろう。たとえそのような戦術を選ばねばならない圧倒的に不利な状況に置かれているとしても、そうした行為は行為者たちが期待しているような、注視者たちの共感や注目を集めることはできず、将来における平和構築のための障壁にしかならないという意味において、愚かな選択であるとしか言いようがない。彼らの窮境をさらに逼迫させることはありえても、根底に存する問題の解決に資するということはおよそ考えられないであろう。平和を実現するための具体的戦略を提言しているシセラ・ボクは、現代的テロについて以下のように述べている。「たとえばこの抑制の枠組みの観点からみて、テロリズムは明らかに不当である。恐怖を拡げ、それによって政治目的の促進をはかるような、しばしば無差別に市民に加えられる脅迫行為もしくは暴力行為についていえば、なんら線を引く必要はない。これらの行為はすべて線の一方の側にあり、――それは拒否されるべき側なのだ」[15]。

五　テロへの報復戦争――テロリズムの時代の幕開け

現代的テロが許し難い蛮行であるとするならば、もしもそのような行為が行われた場合に、それに対してどう対抗すればいいのだろうか。前節で述べたように、大きく分けてテロを犯罪と捉える考え方とテロを戦争の一種として捉える考え方の二種類がある。この二つの違いは大きい。以前は基本的にテロは犯罪と捉えられていたはずである。したがってテロに対しては、警察組織がその実行犯ならびに首謀者を逮捕するという対抗策が採られていた。東西冷戦の終結以降、地域紛争が続発するなかで、テロを戦争の一形態とみなす学説が唱えられ始めた。これを一気に推し進めたのが「九・一一」に対するアメリカ合州国の対応だったと言えるであろう。テロに対して、それを支援していると目される国家に向かって軍隊を用いた戦争を仕掛けるという対応が許されうるのは、テロが戦争の一形態であると認められた場合のみである。しかしここには少なからぬ論理の飛躍があり、十分な検討が必要とされる。

こうした問題に対してはたしてカントは何と言うであろうか。先の『永遠平和のために』第六予備条項では、破廉恥な手段の利用は絶対に許されるべきではないと言うのみで、それへの違反が為された場合にどうすべきかに関しては触れられていなかった。しかし、カントは同書の別の箇所やのちの『道徳形而上学』「法論」（一七九七年）のなかで、「不正な敵」への対抗という問題を語っているので、それらを参考にこの問題を考えていくことにしよう。カントによれば、「ある者が公的に（言葉によるにせよ行動によるにせよ）表現した意志が、次のような格率を、すなわち、その格率が普遍的規則にされた場合、それにしたがえば、国際間の平和状態がまったく不可能になり、自然状態が永遠化されざるをえないような、そういう格率を指し示すならば、そのような者が不正な敵である」（VI349）。先の言及と重ね合わせてみるならば、「平和実現の意図まで完全に破壊することになる」ような行為をする者は不正な敵であると言うことが可能であろう。そうした不正な敵に対してどう対抗したらよいのだろうか。カントは次のように断言する。「ある不正な敵に対する国家の権利にはいかなる限界もない（もちろん質の点では限界があるが、しかし量すなわち程度の点では限界がない）。すなわち、侵害された国家は、なるほどあらゆる手段を用いてよいわけではないけれども、しかし、それ自体として許された諸手段を、みずからのものを確保するために、みずからの力の及ぶかぎり用いることを許されている」（VI349）。

このカントの言葉は、テロに対する報復戦争を支持しているように聞こえる。その断固たる響きは、「九・一一」直後にブッシュ大統領が漏らした「無限の正義 infinite justice」という概念すら彷彿とさせる。そもそもカントは「戦争」概念を広い意味で用い、現代的テロをもその射程に収めていたのであるから、テロ（＝戦争）に対して戦争という手段で応えることに問題はないように思われるし、そのなかでもテロが許されざる手段であるとするならば、テロに対してテロではなく、テロに対して正規軍による戦争という「それ自体として許された手段」を用いて対抗することは、正義にかなった対抗策であるように思われる。ところが簡単にそう結論づけることはできない。カントは、不正な敵に対する懲罰戦争の可能性について次のように語っているのである。「〔戦争という〕自然状態においては、戦っているいずれの側も不正な敵と宣告されることはありえず（なぜならこのことはすでに裁判官の判決を前提にしているから）、したがってどちらの側が正しいかを決定するのは戦争の結果にすぎないし、しかも国家相互の間にはいかなる懲罰戦争も考えられない（なぜなら国家相互間には上位者と下位者の関係は存しえないからである）」（VIII 346）。

カントは国連の父と呼ばれている。国際法も成立しておらず、国際連盟（ないし国際連合）もまったく考えられなかったような時代に、国連を通じた永遠平和の実現を唱えたのであった（Cf. VIII 354f.）。カントから百年以上の時を経て国際連盟や国際連合が結成されるにいたったが、カントの当時は、国家間の法的状態は形成されておらず、国家どうしはまったくの自然状態（＝戦争状態）にあった。そのような状態にあっては、いずれの国家も不正な敵ではありえない、とカントは言う。国際法に基づいて、たとえば国連が、ある国家を不正な敵と宣告することはありえるかもしれない。しかし、たとえテロ攻撃の被害に遭った当事国であるとはいえ、一国家が国連決議も経ないままある国家を不正な敵と宣告し、その国家に対して懲罰戦争を仕掛けるという権限をもつことはできないのである。しかも、

「いかなる国家も、他の国家の体制や統治に、暴力をもって干渉してはならない」(VIII346)。テロを支援しているとか、大量破壊兵器を開発していることを理由にある国家に武力介入することですら、その正当性は怪しいのである。ましてや、その疑いがあるというだけで武力侵攻し政権を転覆させるにいたっては、明白な侵略戦争であると言わざるをえないであろう。カントは、どんな理由があれ暴力に訴えた瞬間に、正や権利という概念を用いる資格を喪失すると考えている。実際に歴史は、まったくの結果論に基づいて戦争に勝った者の立場から正／不正を押しつけてきた。残念ながら敗戦国は、それを非難する資格をもたない。なぜなら彼らも、たまたま戦争に勝利した相手方と同じ土俵に乗ってしまったからである。正／不正を語りたいのであれば、戦争という枠組みから脱する以外に手はないのである。

残念ながら、「九・一一」は「テロリズムの時代の幕開け」となった。ここで言う「テロリズム」とは、ここまで用いてきた通り、現代的テロのことではなく、国家や政府の側の恐怖政治の体制のことを指している。「九・一一」以降、「テロとの戦い」という言説が政治の世界を支配するようになり、民主主義を標榜していた先進諸国がこぞって恐怖政治の体制を敷くようになっている。テロ対策の名の下、民主的・法的手続きは後回しにされ、盗聴、拘禁、拷問といった「効率的手段」が多用され、さらにはテロへの報復という名を借りた侵略戦争まで簡単に行えるようになってきている。これこそ「テロリズムの時代の幕開け」にほかならず、これまで巧妙に隠蔽されて行使されてきた外向きの構造的暴力が、内外への露骨な恐怖政治に取って代わられることになったのである。

テロ行為による以上に、こうしたテロリズムによって人びとの間の信頼は蝕まれていくにちがいない。このような時代において、諸文化、諸文明、諸民族、諸国家、諸宗教の間に信頼関係を再構築し、人類の共存を可能とするようなグローバルな枠組みを創造していくことは可能なのであろうか。

六　カントからの提言とわたしたちに残された課題

テロリズムへと大きく足を踏み出した世界を、ふたたびグローバル・エシックスの方へと導いていくことは可能なのであろうか。この時代において、分断され恐怖によって支配されている人々を共存・連帯へともたらすことは可能なのであろうか。この問題に対するカントからの提言は、すでに紹介した「いかなる戦争もあるべからず」に収斂すると言っていいだろう。ここまで見てきた通り、この平和の定言命法は、現代的テロを禁止すると同時に、テロリズム（＝恐怖政治）をも否定している。わたしたちは、カントのこの提言を深く胸に刻みつける必要がある。

とはいえ、「いかなる戦争もあるべからず」と繰り返すばかりでは、永遠平和という予言的歴史を現実のものに変えていく力に欠けるであろう。カントが永遠平和のための予備条項や確定条項を求めていったのと同様に、わたしたちは時代に合わせて平和実現のための具体的戦略（すなわち仮言命法）を練り上げていかなければならない(16)。わたしたちに残された課題は山積している。近隣諸国が核兵器も含む軍備を整えているなかで、いかにして自国の安全を守りつつ、時とともに軍隊を廃絶していくことができるのか。ある国家内においてある集団が抑圧されたり虐殺されたりしているのが明らかな場合であっても、「人道的介入」は許されないのか。せっかく成立した民主主義国家がテロリズムに堕し国民を戦争へと駆り立てる場合に、戦争を望まぬ国民はその民意をいかにして国政に反映させていくことができるのか。カントが夢見た国際連合は現実のものとなったわけだが、この組織はどの程度の強制力を保有すべきであり、様々な紛争やテロにたいしてどう対処していくべきなのか。グローバリズムが進行するなかで、世界市民としての連帯をいかなる形で作り上げ、理性と信頼に依拠した人間たちの関係をいかにして築いていったらいいのか。わたしたちはテロとテロリズムがもたらす恐怖や不信に抗って、わたしたちの時代にふさわしい平和実現のための仮言命法を案出していかなくてはならない。(17)

註

（1）global ethics と並んで、あるいはそれよりも多く global ethic という概念が使われることがあるようだが、本稿では両者を区別せず、「グローバル・エシックス」で統一して論じていくことにする。

（2）寺田俊郎「グローバル・エシックスとは何か」、本書、二三頁。

（3）本論文は、「〈九・一一〉を多角的に考える哲学フォーラム」における発表「カントからの提言――平和の定言命法――」（於早稲田大学、二〇〇一年一二月二十五日）をもとに加筆・修正したものである。部分的には、科研費報告書に投稿した拙論「「九・一一」以降の人類共通の地盤を求めて」（二〇〇三～〇六年度科学研究費補助金（基盤研究（B））「現代におけるグローバル・エシックス形成のための理論的研究」（研究代表者：舟場保之）研究成果報告書、二〇〇七年）における論述をそのまま利用している箇所もある。本論集はその科研費報告書をもとに編まれたものであり、本来ならその当該論文をそのまま載せるべきであったかもしれない。しかし、その大半はシセラ・ボクによるグローバル・エシックスの試みである『共通価値』の内容を紹介するものであり、同書に関してはすでに邦訳し訳者解説も付しておいたので（小野原雅夫監訳、宮川弘美訳『共通価値』法政大学出版局、二〇〇八年）、ここでそれを再録するよりは、第一回の「〈九・一一〉を多角的に考える哲学フォーラム」における発表を原稿化したほうが意義があると判断した。

（4）小林よしのり『新ゴーマニズム宣言 SPECIAL　戦争論』幻冬舎、一九九八年、一一頁以下、および、同『新ゴーマニズム宣言 SPECIAL　戦争論2』幻冬舎、二〇〇一年、四七頁。

（5）カントからの引用にはアカデミー版カント全集の巻数をローマ数字、頁数をアラビア数字で記した。岩波書店版カント全集によって該当箇所を確認可能であるが、訳文にかんしては必ずしも邦訳にしたがっていない場合がある。

（6）この箇所は従来ほとんどの邦訳において「平和とは一切の敵意が終わることである」と訳されてきたが、このような訳には問題があるということについては、拙論「平和の定言命法と平和実現のための仮言命法」（日本カント協会編『日本カン

ト研究七　ドイツ哲学の意義と展望』理想社、二〇〇六年、七二頁以下）を参照。

（7）Alex P. Schmid, Albert J. Jongman, *Political Terrorism: A New Guide to Actors, Authors, Concepts, Data Bases, Theories, and Literature*, Transaction Books, 1988, pp. 5-6.

（8）Cf. *Oxford English Dictionary*.

（9）*Ibid.*

（10）*Kant im Kontext II・CD-ROM*, Karsten Worm, InfoSoftWare, Berlin, 2003. により検索。

（11）もともとこの第二部は独立した論文として執筆されたものであり、この副題はその当初のタイトルである。毛色の違う三本の論文を一冊の著書としてまとめるにあたって、哲学部と神学部、哲学部と法学部、哲学部と医学部の争いというように、学部間の争いを論じた書物という体裁を取ったわけだが、第二部と第三部に関してはいささかこじつけの感は否めない。それぞれ副題のほうがその内容にふさわしいと言えよう。

（12）カント倫理学のエッセンスとして人口に膾炙しているが、正確な引用ではない。『実践理性批判』を参照（V30, V159）。

（13）ブルース・ホフマン（上野元美訳）『テロリズム　正義という名の邪悪な殺戮』原書房、一九九九年、第一章に基づき要約。

（14）佐渡龍己『テロリズムとは何か』文春新書、二〇〇〇年、第二章に基づき要約。

（15）Sissela Bok, *A Strategy for Peace-Human Values and the Threat of War*, Pantheon Books, 1989, p. 92.（大沢正道訳『戦争と平和』法政大学出版局、一九九〇年、九九頁）ボクはこの書において、カントに学びつつ相互の信頼を醸成していくことの重要性を強調している。

（16）上掲拙論「平和の定言命法と平和実現のための仮言命法」、参照。本論末尾に掲げた諸課題は、カントが『永遠平和のために』において提言した予備条項や確定条項を現代風にアレンジしたものである。それらを仮言命法と呼ぶか定言命法と呼ぶかは解釈の分かれるところであろうが、現代風にアレンジしなければそのまま適用することはできないという意味において、それらは「仮言的」であるというのがわたしの解釈である。平和実現のための仮言命法についていち早く論じていた先行研究として、以下のものを挙げることができる。Yoshitaka Toyama, *Kants praktische Philosophie mit Rücksicht auf eine Theorie des Friedens*, Helmut Buske Verlag, 1973.

（17）仮言命法を案出するためには、歴史と現実に関する正しい認識が不可欠であろうが、それをいかにして手に入れ、いかにして文化の違いを超えて共有するかというのは、解決困難な厄介な問題である。政治的問題に関して積極的に発言を続けているチョムスキーは、カント的な定言命法とは異なるアプローチを試みており、参考になる。チョムスキーは現代的テロを「犯罪」と見なしたうえで次のように述べている。「こうした犯罪の背後にある不平を理解し問題に対処すること。どんな犯罪にも——路上での強盗だろうが巨大な暴虐だろうが——それなりの理由がある。そして探ってみればそのなかには深刻なものがあって、対処を必要とするということはよくあることです。少なくとも私たちが正義を何らかのかたちで信じているならば、それこそが取るべき道であって、これ以上暴力が繰り返されないように努めるべきでしょう」（ノーム・チョムスキー（本橋哲也訳）「『報復』のダブルスタンダード」『現代思想10月臨時増刊　これは戦争か』青土社、二〇〇一年、四二頁）。

第四部　正義と和解

第十一章　和解の不在に寄せる試論

石川　求

一　アメリーとイスラエル

ハンス・マイアーといういかにも典型的なドイツ＝オーストリア人の名をもつ男がいた。しかし、彼はナチスから敵視され、加えてその〝出自〟によって強制収容所に送られる。奇跡的に生き延びて戦後ベルギーに住み、ジャン・アメリーと名乗っていつしか本名は棄てた。自身の過去に対する二十年の沈黙を破り、一九六六年になって『罪と罰の彼岸』(1)を世に出すこととなった。暗闇が何色かは分からないが、この本の表紙にはその色こそがふさわしかろう。けれども、私にとって同書が暗いのは、アメリーの惨烈な諸体験が記されているからだけではない。それに劣らず何かやり切れない暗澹たる思いに囚われてしまうのは、戦後に建国されたイスラエルに対する彼のいわば条件反射的態度、衝動を目の当たりにしてのことである。

本の最終章は、「ユダヤ人であることの強制、ならびにその不可能性について」と題されている。アメリーによれば、ユダヤの神を信仰せず、ユダヤの伝統文化をほとんど知らないでドイツ語圏のオーストリアに生まれ育った彼が自らユダヤ人であることはありえない。にもかかわらず、かつての彼はそれでもユダヤ人であることを外から強いられて、社会、いや世界全体から追放された。「不可能性」と「強制」。彼はこれら二つの概念が主観的にはそれぞれ不安と怒りの感情として、ある場面では前者が後者にも変わることに言及しながら、しかしそれらの概念が概念としては衝突すること（であるがゆえに、また互いに補強し合うこと）を意識しつづけている。私には、怒りの発露ではなくむしろ概念どうしのその微妙な緊張関係こそ、ナチズムを容認した世界の理不尽さを彼が（少なくともその章では）まだ辛うじて理性の立場から告発していたことの証になっていると思える。

ところが、新版（一九七七年）への序文でアメリーは、「一九六六年に初版を出したとき〔は〕、（中略）夢にも思わなかった」という新たな「火遊び」の出現に、すなわちいわば第二弾の「人間焼却」に遭遇してこう語っている。

> ドイツの若者たち（中略）が、自分の国をすでに十分ファシズム化した国だとみなすのみならず、返す刀で彼らの言う形骸化した民主国家のことごとくが——とりわけ、たえず危機にさらされているあの小国イスラエルが！——ファシズム国家であり、帝国主義的で、植民地政策をすすめていると決めつけ、それに応じて行動するとき、（中略）〔つまり〕反イスラエルの旗の下に昔とつゆ変わらぬ反ユダヤ主義がいまわしい顔をのぞかせるとき、〔私が〕どうして口をつぐんでいられよう。この瞬間、ユダヤ人であることの不可能性がユダヤ人となるべき強制に転じる。しかも烈しく抗議するユダヤ人とならざるを得ない。〔池内訳、一九三頁〕

強調した「この瞬間」そして「べき」に当たる言葉は原文にはないが、たしかにこう訳すほかはないだろう。以前のアメリーは、自身が（ユダヤ人でありえないのに）ユダヤ人でなければならないことには一定の距離を置いていた。ユダヤ人であると決めたのは彼の判断ではなく、あくまで世間による〝審判〟だったからである。そうであればこそ彼は依然そこでユダヤ人との「連帯」を語ることもできた。これに対し今や、自己判断と世界審判とのギャップは、反省や差異の論理を飛躍的に跨ぐ決断によって自発的に埋められる。アメリーは、ユダヤ人でなければならない強制を自らに引き受けるのである。

けれども、この決断はほんとうに自発的なのだろうか。アメリーは自身の烈しい「抗議」を「火災警報」になぞらえている。しかし、むしろ彼自身が火災報知器と化してしまったと言っては言い過ぎか。この装置がどんな煙にも機械的に反応するように、彼もまた、「私の本来の友」と呼ぶ左翼の若者たちのある「行動」に対し、その内実を冷静に確かめる心の余裕もなくただ条件反射的に応えていると見ては失礼だろうか。(2) 少なくとも言えることは、アメリーには、イスラエルが本当に「小国」なのかどうか、果たして反イスラエルがただちに反ユダヤ主義を意味するのかどうかを問うている時間はないということである。この意味で彼は「瞬間」に生きている。

当の序文は最後に啓蒙（Aufklärung）を論じて終わる。ただし注意する必要があるのは、アメリーがもはやここでは理性を謳歌してはいないということだ。彼によれば、啓蒙は「理性（Ratio）の限界にまで至りつく」能力も含む。ただし、この能力、すなわち「理性がただの理屈に落ち込まないような精神の場」とは理性それ自身ではない。彼の文章はあくまで文字通りに理解されるべきであろう。彼は、ユダヤ人を取りまいている事態がかつて以上に悪化していることに言及した後、直訳すれば次のように書いて序文を締めくくっている。

〔悪化していると決めるのは〕感情（Emotionen）だろうか。私はそれで構わない。啓蒙が感情ぬきであるべきだ、などとどこに書いてあるのか。その反対が私には真理であるように思える。情熱（Leidenschaft）とともに着手してこそ啓蒙はその使命に従いうる。［14］

私が言いたい『罪と罰の彼岸』の暗さとは、それがどれほどの絶望を宿したものであろうとも、いっさいの問いをはねつけるこの「情熱」の暗さである。

二　平和の祭典／憎悪の祭典

同じく暗い、いやもっとけたたましく険悪な「火災警報」を、私は二〇〇六年の初夏にカナダで聞くことになった。六月二十三日から六日間バンクーバーで世界平和フォーラムが開かれ、私はあるワークショップの報告者として出席をした。その準備もあって現地に入ったのは二日前の二十一日である。ところが、いきなりの〝先制攻撃〟に言葉を失った。もうその日の朝には、いまだ幕を開けてもいないフォーラムに対する敵対的論説が地元紙に掲載されていた(3)。しかもそこには、題材と直接には関係がない五年前のある写真が誇大に使われている。二〇〇一年の九月に南アフリカ共和国のダーバンで開かれたいわゆる世界人種差別撤廃会議の一コマである。これにはアラブ系とおぼしき人々が拳をあげて強く抗議している姿だけが映っている。当のダーバン会議では、アラブ諸国がイスラエルを人種差別国家と名指しで非難しようとしたことに対抗して、イスラエルおよびこれを支持する合州国は途中で代表団を引き揚げた。そしてその数日後に、よりにもよってあの「九・一一」が起きてしまう。

当の論説の書き手（以下、論者）は、この〝反イスラエル〟のダーバン会議と今回の世界平和フォーラムがしょせん同じ穴の狢だと言いたいのである。標題にはこれ見よがしに「憎悪の祭典（the hatefest）」という文字が大きく躍っている。彼によると、この祭りが全世界から招き寄せるのは「テロリズムの擁護者たちと〝負け組〟諸国の護衛たち」である。フォーラムが誇る賓客に対する牽制も周到で、最も警戒されているその一人の名はペレド・エルハナン

(Nurit Peled-Elhanan)(以下、彼女)。ヘブライ大学で教えるユダヤ人女性である。論者は言う。

〔彼女は〕イスラエルを最も悪くののしり自己嫌悪する反イスラエル活動家である。パレスチナ人の自爆攻撃によって一九九七年に自分の娘が殺された後に、彼女は自身の政府を非難し、かつてから全世界に広がっているイスラエル・バッシング同盟の人寄せパンダとなってきた。

　彼女は欧州議会で語った。「自分たちを自由で啓蒙された世界のリーダーであると呼び、自由と啓蒙の名の下に私たちの子供を〔兵士として〕奪ってゆくその同じ無節操な犯罪者〔イスラエル〕に、私たちはみな捕らえられているのです」。

　明らかにストックホルム症候群の変種に罹っている彼女は、自己犠牲を賛美する死の文化のことについては都合よく言及を省いている。つまり、パレスチナ人の母たちが子供たちに望むだけではなく、そのために金銭による報償が与えられる栄光の末路のことである。

　幸いにして同紙には以後、大会の関係者や一般市民から怒濤のごとき反論が寄せられたらしい。私がいま持っている二十三日版における当フォーラム関連の〝読者の声〟欄では、一人を除いて全員が論者をそれぞれの立場から鋭く批判している。フォーラムのボランティアを組織するある女性が書いている。

論者がこれら〔フォーラムにかかわる〕すべての人々の努力を無視して、どうやら彼とは意見を異にする数人の講演者と、平和的な解決がいまだ得られない一つの問題だけに焦点を当てようとするのは何と悲しいことか。もちろん私にだって同意できない講演者はいる。しかし、だからこそ私たちはこのフォーラムを必要とするのである。[4]

このような素早い応答に救われた思いを抱きながら、しかし、私は一方で考え込まざるをえなくもなっていた。この論者と先のアメリー。果たして両者に根本的な違いはあるのかどうか……。

論者はダーバン会議を一九三〇年代におけるナチスの集会になぞらえている。ではアメリーが「九・一一」を目の当たりにできたと仮定して、彼はこの暴挙をもナチズムの反ユダヤ主義的「火遊び」とつなげはしないだろうか。あるいは、イスラエル政府を「無節操な犯罪者」と呼ぶ彼女に対して、すかさずアメリーもまた、ドイツの若者たちにしたように「自省をうながす檄を飛ばす」〔12〕のではなかろうか。愛する家族をテロで失った被害者が、加害者であるテロリストの家族とも結束して平和遺族の会を結成するという彼女たちの行動を、論者はあろうことか心の病にまでたとえた。しかしこれは、かつて同じナチ犠牲者によって呼びかけられた加害者との和解に対して、これが「鈍感さ、さらに生きることへの無関心であるか、でなければ追い立てられた本当の復讐心がマゾヒスティックに転換したものだろう」〔ebd.〕とあの本の中で冷ややかに語ったアメリーの精神病理学的分析とどこが異なるのだろうか。

そのアメリーは「ルサンチマン」と題された章で、ルサンチマンが「自然に反するだけでなく、論理的に矛盾してもいる状態」〔111〕であることを認めつつも、加害者へのルサンチマンこそ、被害者がもつ「真の道徳の感情源泉(Emotionsquelle jeder echten Moral)」〔129〕であると主張した。

> 起こったことは起こったことだ、という命題は真理であると同時に道徳と精神には反している。倫理的な抵抗力は、道徳的であるにはただ理性的であるしかない現実に対して抗議し、反乱を起こす。倫理的な人間は時間を止めろと要求する——とくにここでのケースでは、加害行為があったその時点で加害者を釘付けにしたいのである。〔116〕

犯罪を構成する加害と被害に即して倫理を極限化する人間は「涙を信じない」。「ルサンチマンをもった人間は、まわりで斉唱される平和の呼びかけに同意できない」[5][一一]。

バンクーバーにおけるこの「平和の呼びかけ」を憎悪の祭典と呼び、「偏見の肥だめ」となじる論者。他者の側に帰属させたその憎悪は、反米、反イスラエル、反グローバリズム、反資本主義の活動家に対するむしろ彼自身の憎しみをそのまま投影したものであろう。これは私にも分かる。しかし、被害者のルサンチマンをあえて肯定し、理性ではない感情に訴えるアメリーはどうか。彼は憎悪とは無縁なのだろうか。いや、どこまでも加害者を憎むべきだと彼は言っているのではないのか。

三　アメリーとレーヴィ——和解への最低条件

罪を憎んで人を憎まず、とは中国の孔子に由来する至言である。だが、同じアウシュヴィッツの生き残りでも、これはたとえばプリーモ・レーヴィ（一九一九—一九八七）には通用しうるだろうが、アメリーには通用しない。

レーヴィは最初の自著『〔原題〕これが人間か』[6]の初版からほぼ三十年後の一九七六年に「若い読者に答える」という付録を加えた。そのかん直接間接を問わず若者たちからとくによく受けた質問を八つに集約し、これらに対してそこで丁寧に答えている。じつにその筆頭が、「あなたの本にはドイツ人への憎しみ、恨み、復讐心の表現がありません。彼らを許したのですか?」というものであった。この問いに対して、まずレーヴィは、人を憎めないという彼の主観的な性癖に触れ、そして憎しみが動物的で未熟な感情であるときっぱり断じた後、次のように語っている。

それに憎しみとは個人的なもので、ある特定の個人、名前、顔に向けられるものだ。ところが、当時私たちを迫害したものが、顔も名も持っていなかったことは、この本からも読み取れるはずだ。（中略）ナチ体制は、慎重にも、奴隷と主人が直接、接触するのを、最小限に留めていた。この本では、主人公〔レーヴィ〕とSSが面とむかって出会ったのはわずか一回しかなかったことに気づかれたことだろう。それもナチ体制が壊れ、ラーゲルが崩壊した最後の時になって、ようやくその出会いが実現したのは偶然ではない。〔二二〇—二二一頁〕

アメリーなら、そのつかの間の「出会い」におけるレーヴィの「ぶざまな」行動に呆れはてるだろうか。レーヴィは書いていた。SSに向かって「おじぎのような動作をした」と。なるほどレーヴィ自身、彼とアメリーとの大きな違いを、殴り返さない人間と殴り返す人間との差に求めている。アメリーは、彼自身が「根っからのごろつき」と認めた強制収容所の監視人を殴り返した体験を踏まえ述べていた。

殴り返すために立ち上がるとき、私の肉体が名実ともに私の尊厳だった。私がいたような状況の場合、暴力行為こそ脱臼した個性をたて直す唯一の手段であった。（中略）一人の人間の顔に拳の一撃を命中させて社会的に尊厳を実現した。のちにフランスの思想家フランツ・ファノンの『地に呪われた人々』のなかで植民地の人々の行動分析として理論化されているものを知ったのだが、それを私は先どりしていたらしいのだ。〔池内訳、一六三頁〕

しかし、アメリー自身このあと初版の「前書き」を書く段になって「矛盾」〔16〕に気づくのだが、この主張は大げさであり（レーヴィは思わずその勢いに引きずられてしまったようだ）、真の論点を曖昧にするものである。私たちが見誤ってならない点は、「監視人」とはSSではなく、それもアメリーと同じ囚人だったということである。たしかにユダヤ人ではなかったのだが、アメリーは〈ユダヤ人 vs. 世界全体〉という二分法を極限化して考えるあまり、本来の問題をいつしか、強大な〝敵〟に立ち向かう対抗暴力のそれへとずらしてしまっている。さらにまた、ここでは彼は「人間の尊厳」なる理性的概念にいまだ未練を残してもいた。だが、絶滅という前代未聞の悲劇は、真の加害者と被害者とが、「ごろつき」の相手と殴り合えるような関係すらもちえなかったことによって起きた。現実の「火遊び」を内部で監視する者を、SSは最初から最後まで自身は無傷のまま外から十全に監視できた。レーヴィが自我を突き放して淡々と伝えているのは、「偶然ではない」この真実である。

ルサンチマンに固執するアメリーと「憎しみよりも正義を好む」レーヴィとを区別するものはなにか。それは、殴り返せるか否かといった個人の資質ではない。そもそも暴力的な復讐が可能ならば、アメリーの言うルサンチマンは生じない。それゆえ、アメリーの殴り返しをあくまで「理性的な蜂起」と呼ぶレーヴィはそれなりに正しかったことになろう。(7) 殴り合いも、〝部内者〟どうしによる（逆説的ではあるが）一種のコミュニケーションだと言えなくはないからである。だが、どこまでも「理性を信じる」このレーヴィとは袂を分かって、アメリーを（ファノンに先がける暴力の思想家ではなく）独自のルサンチマンの哲学者にした固有のいっそう根深い原体験は本当は別にある。それは、アウシュヴィッツに送られる以前にベルギーで受けた拷問にほかならない。彼の憎しみは、真の加害者であるプラウスト少尉というSSの、レーヴィの言葉では「ある特定の個人、名前、顔に向けられ」て永遠化した。彼は書いている。

> 拷問という悪夢の体験を突きぬけて一つの認識が残っている。もはやいかなる人間的なまじわりによってもこの世との違和感を消し去ることができない。愕然として知ったわけだ。絶対的な支配者としての他人がおり、その際、支配権は苦痛を与えて無に追いやる力として示される。拷問官の支配力は、基本的には社会契約にもとづいた権力とは〔その果てにある絶対君主のそれとすら〕まったくもって無関係である。［池内訳、七四―七五頁］

アメリーが理性を、実践理性をも自らは信じなくなった原点はここにある。人間どうしの根源的な契約に基づいて法や道徳を、さらには永遠平和を熱く語ったカントとは彼はそもそもの前提を共有できない。アメリーのルサンチマンを育てたものは、およそ「人間の尊厳」などというものを瞬時にして打ち砕く根源的な屈辱だったのである。

平和や和解を呼びかける声に、だからアメリーは応じることができない。そればかりか、憎しみやルサンチマンとは距離を置くレーヴィのような人間ですら、彼には悪い意味で「許してしまうもの」と見えてしかたがないのである。しかし、これに対してはレーヴィも反論する。

> 私には許してしまう傾向はないし、当時の敵のだれ一人として許したことはない。（中略）なぜなら罪を抹消できるような人間の行為を知らないからである。(8)

レーヴィといえども時間の経過による免罪など認めない。彼もアメリーと同じく、「加害行為があったその時点で加害者を釘付けにしたい」「倫理的な人間」なのである。ただし条件づきで「敵を許す用意」にも言いおよぶ。それは、加害者が「ファシズムの罪と過ちを自覚し、弾劾し、二度と同じ誤りを繰り返さないという決意を（中略）（それも事実によってだ、言葉ではだめだ、遅すぎてもいけない）」明示する場合である。アメリーならこの条件を反実仮想と読むだろう。だが、実際にはアメリー自身も、まさに「加害者を釘付けにしたい」と書いたすぐ後でその可能性に言及してはいた。

> 犯罪が行われた時点へと時間が道徳的に逆転することがその釘付けによって果たされることで、加害者は被害者に同じ人間として対面しているかもしれない。

「同じ人間として」と訳した原語は‘als Mitmensch’。人間不信のアメリーにしては意外とも思える言葉づかいだが、仮想であるからこう書いたのである。どこまでも自らが非―人間や反―人間と決めつけられ排撃された原体験を踏まえる彼は、当の可能性をあえて否定してルサンチマンの哲学を組み立てる。これに対しその可能性の余地を、レーヴィは理性による正義として残す。しかしながら、私が強調したいのは、この両者の間に原理的な断絶はないということである。たとえ仮そめにでもその言葉を使ったアメリーに私は安堵する。それは、過去と現在に絶望する彼にもその仮想が遠い理念としてはなお生きつづけていたことを裏づけるからである。万が一をそれでも語るということの意味は軽視されてはならない。

さらにアメリーの右の短い文章が見逃せないのは、そこには私が、和解にいたる前提と考える二つの最低条件が凝縮されているからでもある。これらのいずれも単純明快なのに、不幸にして私たちには困難なことでありつづけ、とくに前者のそれは、アメリーやそして結局はレーヴィにも、いやいまだ圧倒的大多数の被害者にも実現の時が訪れないでいるのだが、でもその可能性を私たちは原理的に否定できないし、してはならない。つまり、第一に加害者は被害者に「対面し」謝ること。そして第二に、被害者は加害者をも「同じ人間として」みること、すなわち排除すべき敵や復讐すべき仇とはみなさないこと――以上の二つである。

本論は次章以下で主として第一の、加害者の側における条件をとりあげる。第二の、被害者の側における条件については最後に少し論及する手はずとなるだろうが、さしあたり次のことはここで補足しておきたい。それは、すでに示唆したとおり、被害者が加害者を敵視しないというのは、その当人を許し犯罪を忘れることではないという点である。イギリスに住むジャーナリストのジョン・ピルジャーは近著(9)のなかで、前章で触れたイスラエル人の「彼女」と夫の活動をより詳しく取り上げている。夫であるグラフィック・デザイナーのラミ・エルハナン（その父はアウシュヴィッツの生き残りである）は、彼が「認めるのは苦しいけれど、本当はきわめて単純なこと」と呼ぶある結論について著者にこう語っている。

それは、以下の二人の間に道義上の差異は基本的にないということです。一方は、妊娠しているある〔パレスチナ人〕女性の通行を阻んで〔病院に行けなくして〕流産させてしまう検問所の〔イスラエル人〕兵士。そして他方は私の娘を〔自爆テロで〕殺した〔パレスチナ人の〕男です。私の娘が（占領政策の）犠牲者であったのとちょうど同じように、この男もまたその犠牲者だったのです。[97]

夫妻は遺族のサークルを通して当の犯人の両親ともじかに接触することを試みたが、他の両親たちには会えても、結局それだけは断念せざるをえなかった。そこで彼ははっきりと言う。「私は狂人ではない。〔犯罪を〕忘れないし、許しはしない」[98]。しかし同時に彼は、加害者と被害者との間に絶対的な壁を自ら設定して片方だけに閉じこもることをあるべき行動とは考えない。むしろ、その若者を犯罪に追い込んだもっと重大な原因は個人的な殺意ではなく、（この加害者のみならず）被害者をも巻き込んでいるイスラエル政府の悪しき占領政策であると結論する。テロリストを敵として憎んで排撃するだけでは問題は何も解決されない。「ジョージ・ワシントンも、（中略）〔ケニアの初代大統領〕ジョモ・ケニヤッタも、（中略）ネルソン・マンデラもテロリストだった。弱き者たちには、それ以外にいかなる選択も手段ももたない者たちには、ただテロリズムだけが意味をもつ」[99]。

ラミを登場させるのに先だって著者ピルジャーは、パレスチナの詩人マフムード・ダルウィーシュによる「殉教者」と題された詩の一部を引用している。拙いが直訳しよう。

私は生きることが好きだ、
この地上に、松とイチジクの木に囲まれて。
でもそれをかなえられない。だから私は狙いをつけた、
私のものではなかった最たる物によって。〔96〕

「私のものではなかった最たる物」とはむろん爆弾のことである。詩人が伝えたいのは、爆弾は「私」が自ら選んで獲得した手段ではないということ、むしろ無理やりおい立てられた果ての果てに、ただそれだけしか残されていなかったということ、つまりパレスチナには自己の意志によって積極的に活動するテロリストなど存在しえない、ということである。

ラミは「娘さんを失った父親として感じたに違いない怒りの感情」をどうして乗り越えたいと思うのか、との質問には次のように答えている。

とても単純です。私は人間です。〔ただの〕動物ではありません。私は子供を失いましたが、理性（my head）をなくしたわけではありません。ただ感情（the guts）に基づいて考え行動するだけでは際限なき流血の連鎖を増大させるだけです。

アメリー、レーヴィ、そしてエルハナン夫妻。理性をめぐってこれら三者には三様の態度がある。ウィーン学派という論理哲学のメッカで理性を磨いたそのアメリーも、加害者に対して癒しがたいルサンチマンを抱えることで理性の限界を知った。他方レーヴィはどこまでも理性を信頼し、悔悟したかつての敵を許す可能性とともに、人間の尊厳を賭けた暴力的抵抗が――たとえこれがテロリズムと呼ばれようとも――理性の名において果たされる可能性も否

定しない（誤解を恐れずに言えば、レーヴィの自殺もその再帰的実現である）。だが、夫妻の理性はこのいずれともちがっている。二人にとって人間の尊厳は、非暴力による対話の連帯をいわゆる敵側とも維持しようと努力しつづけることでこそ守られる。追いつめられた政治的弱者のテロリズムには一定の理解を示しつつも、自らはその（文字どおり）不敵な手段とは決別する。敵とすら生きるために理性はまず、おのれの権利を力ずくで行使することの、真に勇気ある断念を命ずるのである。戦争の放棄を謳う日本の現憲法がこのエルハナン夫妻の理性に連なっていることは言うまでもない。

四　謝罪の筋道――〝和解劇〟が教えるもの

戦後ドイツの首相には、たとえば小泉純一郎のようにアジアの諸国に向けての謝罪の文章をうつむいたままくぐもった声でただ棒読みして済ませるような人物はいなかった。(10) さらに「それも事実によってだ、言葉ではだめだ、遅すぎてもいけない」というレーヴィのあの但し書きも、（合州国の占領統治というバリアーによって、隣国で起こっている革命や戦争に自ら進んで直面することもなく、その後もただひたすら金儲けだけに目がくらんでいた日本とは大きくちがい）無視はされなかった。何より被害者個人に向けた補償が政府や企業の責任において果たされてきた。ところが、そうした公式の謝罪も、アメリーの心までは癒さない。だから彼は和解へ向けて踏み出すことができないばかりか、その努力じたいに対して（しかも被害者の側からの提案にさえ）疑いの目をもちつづけた。彼にかぎらない。世界中に膨大な数のアメリーが今なおいる。謝罪の難しさは、たとえばこういうところにも示されている。

和解は世界平和フォーラムでも重要なテーマの一つとして扱われていたが、そこでも私は今の点を再認識するある場面に出会った。[11]（フォーラムの主な会場となったブリティッシュ・コロンビア大学とは姉妹校であるという）立命館大学が主催した「北東アジアにおける和解と平和」のワークショップで、平和学者にして実践者でもあるヨハン・ガルトゥングが創作したいわゆる〝和解劇〟「ホーポノポノ　アジア・太平洋の平和（PAX PACIFICA）」[12]が上演された。「ホーポノポノ」とは、元々はポリネシア語で「曲がったものをまっすぐに直す」という意味の言葉らしい。[13]ハワイでは伝統的にそれが、紛争の終結や和解への手引きの呼称として使われてきた。そこでは「長老」が議長を務め、紛争の加害者、被害者、両方の要素をもつ者、どちらでもない者などがみな一つのテーブルを囲んで思い思いに話をするのだが、基本的にそれは五つの段階を踏んで進められるのだという。

（1）事実を照合する。それぞれの国の立場から見て何が起こったのか。
（2）なぜ起こったのかを探究する。「主体がある行為」を注視する。
（3）責任を分かち合う。「主体なき行為」をも謝罪する。
（4）以上の三段階に基盤を置いた、建設的な、将来を見据えたプログラムを考案する。
（5）紛争が終結したことを宣言する。その象徴として、記録を燃やす。[14]

こうした紛争解決のプロセスをアジア太平洋戦争にも応用した当の朗読劇の登場人物は長老のほかに十二人。これらが四つの〝国〟ごとのグループに分かれて座る。内訳は、日本の政治家／零戦突撃隊員／女性ヒバクシャ、合州国の政治家／原爆投下操縦士／ハワイ人、朝鮮半島の政治家／いわゆる従軍慰安婦／在日コリアン、そして中国の政治家／南京大虐殺の犠牲者／チャイニーズ台湾人である。

さて問題は（2）の段階から（3）への移行である。（2）においては戦争の加害者が自らの責任において一人ひとり謝罪する。しかし謝罪はこれにとどまらない。（3）においては、大なり小なり自由を奪われ、被害を強いられた人々もそれぞれの立場から「主体なき行為」への反省を語っていく。たとえば従軍慰安婦の女性は語る。

私たちには、日本の帝国主義のあらゆる側面について学ぶことができる場所があったにちがいありません。（中略）私たちは、日本人は動物だと考えていました。しかし彼らの中にも人間的なところがあり、私たちはそこに訴えることができたにちがいありません。しかし、誰もそうしたことを教えてくれませんでした。そして、個人的な抵抗はとても危険なものでした。しかし、こうした抵抗が起こりうることを私たちは知ることができたかもしれません。私たちは、こうしたことのために自分自身もっと準備するべきでした。私は、謝罪します。

南京大虐殺の犠牲者も言う。

私たちも、あまりに弱く、分裂していました。日本帝国主義に対してもっと強力に抵抗すべきでした。彼らが市街地に入り虐殺を始めたときは、すでに時遅しでした。こうした事態を予見し準備しておくべきでした。これが、私の謝罪です。しかし、私たちよりもっともっと謝罪すべき者が他に確かにあると私は感じます。［いずれも八頁］

劇が終わるや否や中国系のカナダ人から、長老の表現では「集合的（collective）謝罪」と呼ばれる行為に対して疑問の声が出された。加害者の謝罪と被害者のそれとを同じ舞台の上で併置することに何の意味があるのか、両者はあくまで区別されるべきではないのか、と。このような指摘はもっともであると思われる。

謝罪には固有の筋道がある。被害者への謝罪の言葉を加害者がほんのわずかでも発しないかぎり、被害者はいわば闇の中に沈んでいる。闇に向かって光あれという命令が思い上がった空言であるのと同じように、自分から見ようとしない（から見えない）被害者に向かって許せと命じることも不遜このうえない。加害者を許すか否かの主導権はひとえに被害者だけが握っている。仮に被害者が謝ることがあるとしても、それはあくまで事態の帰結（rationatum）としてのみ為される。かつてイスラエル軍の一兵士としてパレスチナの占領に荷担していたことの罪を認める前節のラミが、それでも爆弾犯を許せない究極の理由は、そのきっかけとなるはずの必要条件が満たされえないから、すなわちもはや犯人から直接の謝罪を聞くことが不可能だからである。私たちは謝罪という行為におけるこの不可逆的な秩序を無視してはならない。その意味で加害者の謝罪と被害者のそれとは明確に切り離して考えるべきであり、同じ「集合」や集団に括ってしまうことは誤解を招く。

「主体がある行為」と「主体なき行為」についても同様である。自主独立した個人がおのれの行為を振り返って、あの行為には自己の主体が何ら関与していなかったと言えるようなものなどありえないことは、カントでなくとも分かるだろう。どのような強制によるものであれ、生きのびるために行為した者の責任も、あるいは行為しなかった者の責任すら、たしかに問われうる。先の劇でも被害者は加害者に抵抗しなかったことを自分の罪とまで認めている。しかしながら、加害者の行為と被害者の行為とでは同じ行為と呼ばれても次元がちがう。被害者は加害者の行為責任を、自らのそれは不問に付して問える権利をもつ。しかしその逆の権利は加害者にはない。あなたはなぜ抵抗しなかったのですかという反問は、罪を認める加害者自身が発してはならない絶対の禁句である。

「和解劇」の上演は和解という営為じたいの難しさをも顕わにするという点で意義ぶかい。当日も主催者側のパネリストとして参加していた奥本京子（大阪女学院大学）は、「ガルトゥングによる東アジアの和解のための朗読劇の問題点と提案」と副題された二〇〇五年の論文ですでにそのことを正しく総括していた。

「和解」とは、単純化して考えると、被害者が加害者を赦すところから始まるのであって、加害者が、「さあ『和解』しましょうよ」と語り、手を差し伸べるのは順序が逆である。（中略）日本政府や世論の一部が言うように、そろそろ、過去を水に流し、歴史の次のステップに進むべきだという議論は被害者に向けては根本的に成り立たないのだと思う。（中略）日本と東アジアの関係は、過去六〇年から一〇〇年のような「狭い」範囲のことではないのだから、歴史をもっと大きな枠で捉えるべきだ、などと言える神経が問われるべきである。「忘れましょう」という台詞があるとすれば、それは被害者の言葉であるべきなのだ。(15)

五　土屋芳雄の謝罪と誓い

一九九〇年にある放送局が制作したテレビ・ドキュメンタリーに「ある戦犯の謝罪――土屋元憲兵少尉と中国――」がある。上述の企画とたまたま平行して開催され、私も報告者の一人として加わった別のワークショップ「撫順の奇蹟――いかにして日本人〝戦犯〟は悪魔から人間へと生まれ変わったか」の冒頭では、その一部が英語の字幕つきで上映された。

故郷では虫一匹でも殺せなかった土屋芳雄（一九一一―二〇〇一）が、一九三一年に中国の大連に上陸してから直接間接に殺した中国人は三百二十八人、逮捕し拷問にかけ、獄につないだのは千九百十七人にものぼるという。(16)幸か不幸か侵略戦争による周辺国の被害の実態には直面せずにいられた戦中・戦後の日本人には、これほどの人数ひとりひとりをどうやって算定できたのかとまずいぶかる向きがあるだろうか。それは、優れた記憶力という彼の資質にくわえて、中国による九年がかりの綿密な調査、そして被害者による百通を超える告訴状なども関係はしているが、何より自身の過去を一日単位で思い出せるだけの時間と、その作業を栄養面で支える食事がじゅうぶんに与えられたからである。土屋はシベリア抑留を経て、一九五〇年から六年間を中国の撫順戦犯管理所で過ごす。強制労働もなく、管理者が率先して非暴力を実践していたこの施設で自らの罪を認め悔い改めたことによって、彼はそれほど甚大な加害にもかかわらず不起訴・釈放となり、帰国が許された。

ビデオは、その後三十数年ぶりに中国のチチハルを訪れた土屋が、ある中国人のお墓の前で「本当に悪いことをしました」と深く頭を垂れて涙で謝罪するシーンに始まる。眠っているのは張恵民。抗日運動のリーダーの一人だが、一九三六年十一月、土屋によって逮捕、拷問され、翌年の一月に同じ憲兵隊によって厳重処分、すなわち裁判なしで処刑された。土屋はその銃殺の場にはいなかった。というより、いられる心境にはなれなかった。凄惨な拷問にも屈しない相手に業を煮やした彼は一転、家族と会わせて譲歩を引き出す〝懐柔工作〟に切り替え、情報を提供すれば特別に命だけは助けてやると張恵民と家族にも約束していた。ところが、彼の意向など無視して上で処分が決まってしまう。土屋にはその後もずっとこの慚愧の念が残り続けていた。しかも、逮捕後の家宅捜索のさいに不安に怯える家族みなとともに撮ったその〝記念〟写真を彼はもっている。子供たちのカメラを見返す厳しい眼が忘れられない。[17]

中国への旅で土屋は、これら遺族にも直接あってお詫びすることを切望した。だが、その場を設ける作業は難航する。四人が存命していることは分かったが、しかし今さら謝ってもらっても父は帰ってこないから、と口々に拒絶された。結局ただ一人、四女である秋月（当時、瀋陽医科大学教授）が会うことを承諾した。その印象的な場面がこの優れたドキュメンタリーを締めくくる。彼女は父なきあとの悲劇を涙ながらに語る。妹も祖母も、そして母も数年のうちに栄養失調や過労で病死したと語る姿は怒りにふるえている。対する土屋も、泣きながら床に両手をついて頭をこすりつけんばかりに詫びた。別れ際に手を握ることはできたが、秋月の顔は依然こわばっている。旅から帰って土屋は記者に伝えている。「娘さんもそうでしたが、決して許されることではないのです[18]」。

謝ることは許されるための必要条件ではある。しかし謝ったからといって被害者が許すとはかぎらないし、ましてや許しを前もってあてにすることもできない。加害者が被害者に向かって発してはならない禁句にはもう一つある。一体いくら謝ったら許してもらえるのですかという、しかし日本では余りに耳なれた問いである。たとえ百万遍、謝ったつもりでいようと、「罪と過ちを自覚し、弾劾し、二度と同じ誤りを繰り返さないという決意」（レーヴィ）があくまでも被害者によって読み取られることがなければ、意味のない呪文をつぶやいたのと同じである。小泉の「棒読み」はだから謝罪になりえないどころかかえって、生きている被害者の感情を逆なでしてさえいる点でいっそう罪深い自己矛盾を犯している。すべての謝罪には「対面」が必要である。たとえじかに会うことができなくとも、それは被害者ひとりひとりに向けられたものでなければならないし、この姿勢だけは被害者にも感知されうるのでなければならない。[19]

土屋にとって謝罪とは、過去の罪の弁明（申し開き、正当化）と同じではない。この点が、両者の意味をほとんど同一視していたあのアルバート・シュペーア（一九〇五—一九八一）、すなわち、ナチスの高官では唯ひとり過去の行為が有罪であることを自ら認めはしたものの、重罪に対して弁明（Rechtfertigung）できないから謝罪（Ent-schuldigung）も不可能であると語った[20]人物、と土屋の違うところである。もちろん土屋も、謝って許されるような罪ではないことを（あるいはシュペーア以上に）熟知している。しかし、たとえ現実に許される可能性がゼロであったとしても、彼は命あるかぎり謝罪することを止めなかっただろう。帰国した土屋は故郷の山形で農業に従事するかたわら、地元に「平和懇話会」を作って戦争の真実を語りつづけてきた。それだけではなく、全国各地に出かけていって講演をした。この平和の訴えが、彼にとっての謝罪であった。レーヴィの言う「決意」を同じ日本人に向けて語ることが、中国にいる被害者とのせめてもの「対面」だった。

土屋の謝罪もある応答である。しかし彼の被害者による直接的な求めに応じているのではない応答である。では何に答えようとしているのか。それは、小論が真の和解にいたる最低条件として上に挙げた二つのうち第二の条件に、である。かつて日本の悪魔（日本鬼子）と呼ばれた戦犯を、復讐すべき仇としてではなく、ひとりひとり同じ人間として処遇、いや優遇さえしてくれた中国人民の悲願[21]に応答しているのである。戦後、世界の各地で行われた戦犯裁判においてじつに数多くの日本人（および当時は「日本人」とされた人々）が死罪を宣告され処刑されたのだが、加害者をこの世から排除して済ませる死刑が、和解にいたる右の条件を満たさないことは言うまでもない。ところが、戦時に死亡した犠牲者の総数だけでも一千万人をゆうに超えるという中国にあって一九五六年に瀋陽で行われた特別軍事法廷では、被告たちに対し死刑はおろか無期刑すら告げられなかった。この法外の決定に、（管理所の職員も含めて）[22]億万の一般庶民は驚愕し茫然自失した。予想される怒りの暴発を何としてでも抑えようと、中国政府は必死で説得しつづけた。侵略戦争の真の責任者は、すでに東京で死刑に処せられた（一部の）A級戦犯なのであって、かつて敵であったそれ以外の日本人そして天皇でさえも、じつは中国人と同じく日本軍国主義の被害者なのだと。

もはやお気づきのことと思われるが、娘を殺した犯人をもイスラエルによる誤った占領政策の「被害者」とみたエルハナン夫妻のあの英断がまさしくここに先駆されている。罪を自覚することでその後の生を与えられた土屋は、この英知に込められた悲壮なる呼びかけに応答せずにはいられないのである。いや、呼びかけられていたのは彼だけでなく私たち自身でもなかったであろうか。一般の日本人も同じ被害者だと言われたから私たちの過去が現に許されて問題は終わった……などとゆめゆめ思ってはならないことは、土屋と同じはずではなかったのか。中国だけではなくアジア諸国の呼びかけに日本は戦後、平和憲法による誓いで答えた。いや正しくは、答えたものとしてそのつど周囲から解釈を受けてきた[23]（この特恵を私たちは自覚できているだろうか）。その前文には「われらは、全世界の国民が、ひとし<ruby>く恐怖と欠乏から免かれ、平和のうちに生存する権利を有することを確認する」とある。そして第一二条は言う。「この憲法が国民に保証する自由及び権利は、国民の不断の努力によって、これを保持しなければならない」と。

思うに許しには二つある。あえて漢字を区別して書けば、現象の次元での許しと（現象を超えた）英知の次元での赦しである。土屋は前者の次元で罪が許されないことを肝に銘じて知っている。上述のようにレーヴィそしてラミですら加害者を許さなかった。でもそれは、加害者を同じ人間とは認めないことと同じではない。行為の残虐な結果だけをみて加害者の存在を全否定するのは一面的にすぎる、と彼らはあえて考える。現れた結果だけしか加害者は選べなかったのか。本来その人格は他の可能性をも許容できる余力をもっていたのではないのか。そうでなければ、そもそもどうして人間は自分の行為を振り返ることができるだろう。つまり結果的行為を直接に命じた自分とは違う、それを超える自分がいる。いわば見える人格をかえりみる見えない人格がある。許しと区別される赦しとは、この後者の英知的人格を（見える次元では憎んでも憎みきれない）加害者にすら認めることである。[24]この認識は静観や観想ではない。それは、自らの怒りが憎しみとなって永遠化するその前に、当の感情を意志によって克服する真の「英断」なのである。この決意に、土屋は自らも謝罪の決意と平和への誓いで答えた。

六　結びにかえて

ジャン・アメリーは土屋芳雄を迎えられるだろうか——大胆にもこうした借問が可能だとしよう。もとより、これにはイエスかノーかで答えることはできない。上に述べてきたように、それはひとえにアメリー次第だからである。加害行為がなされたという決定的事実に鑑みて、被害者アメリーは加害者の謝罪を永久に拒めるだけの権利をもつ。まして赦す義務などどこにもありはしない。

しかしながら、人はただパンのみにて生きるのではない。いくら言い古されようともこの真理はつねに新しい。小論が最も重要だと考えたアメリーの文章をもう一度、念のために直前の文章から引こう。

> 倫理的な人間は時間を止めろと要求する――とくにここでのケースでは、加害行為があったその時点で加害者を釘付けにしたいのである。犯罪が行われた時点へと時間が道徳的に逆転することがその釘付けによって果たされることで、加害者は被害者に同じ人間として対面しているかもしれない。

私はこの想いをアメリーと共有する。だからこそさらに、アメリーを拷問して彼の人間観・世界観を一変させたあのプラウスト元少尉が土屋元少尉でもありえた可能性を、あるいは、あの張恵民が幸いにしてアメリーのように生き残ることができ、その彼が、老いた土屋芳雄を自宅の戸口に迎えるその可能性を、ありありと思い描かないわけにはいかない。意味もない空想に耽っているとアメリーに喝を入れられるだろうか。しかし、私にはそれがアメリーの願う「道徳」に逆らうことだとはどうしても思えないのである。

一九九三年七月に中国の文学者・劉丹華が日本社会文学会に招かれ、自らの長い獄中生活を含む抗日戦争体験について講演をした。土屋芳雄はその日本語訳を目にして、この詩人が、半世紀以上前にハルビンで自分が逮捕投獄し、拷問によって責め苛んだまさにその人であることを確証する。あらゆる手を尽くして当人と連絡を取り、とうとう両者には交流が生まれる。こうして世にもまれな共著『人鬼的角逐』（辽宁教育出版社、一九九五年）が誕生した。かつての被害と加害の当事者が手を携えて過去の真実とともに反戦と平和のメッセージを筆録する。このような例が過去にありえただろうか。もちろん、それを和解だと言える資格を土屋はもたない。厳密にはそれは私たちにもなかろう。

けれども、劉の母校ハルビン工科大学のホームページは二〇〇五年九月にこの二人の話題を写真入りで載せている。判じ読みをするに、そのとき八十八歳で入院中の劉が記者の質問にもじかに答えているようだ。彼は亡き土屋を「朋友」、いや見ればこれに「好」を付けて、たんに友ではなく親友と呼んでいることが分かる。

註

（1）Jean Améry: *Jenseits von Schuld und Sühne, Bewältigungsversuche eines Überwältigten* (Klett-Cotta, ^{5}2004). 池内紀訳『罪と罰の彼岸』（法政大学出版局、一九八四年）。同書からの引用は、前者からは頁数のみをアラビア数字で、後者は漢数字で本文中に示す。基本的に他もこれにならう。引用文中の〔　〕は引用者の補足であり、また強調も引用者による。なお引用のさいに元の日本語表現を若干かえたところがあることをご諒恕いただきたい。

（2）もちろん彼の激しい反応の背景には、ドイツの名だたる知識人たちにも共通していた、中東で起きている戦争への驚くべき無関心がある。彼の『さまざまな場所』（池内紀訳、法政大学出版局、一九八三年）、一七二頁以下を参照。アメリーの怒りは、たんなる民族同胞への帰属意識を超えた、〝弱き人々〟への連帯心にも由来しているだろう。しかしそれだけではなく、ドイツにおけるそうした大人の我不関焉と若者のイスラエル批判とがひっきょう同じ〝病い〟に冒されていると即断してしまうことにも基因する。なお、強制収容所送りとはならなかったが対独レジスタンスに参加したフランスのユダヤ人哲学者ジャンケレヴィッチ（一九〇三―一九八五）はアメリーのこの断定を強く支持しただろう。「反シオニズムは、正当化された、結局は誰にもできる反ユダヤ主義である。それは、ユダヤ人排斥を民主的に行うことを許す」。Vladimir Jankélévitch: *L'imprescriptible* (Édition du Seuil, 1986), p. 20. ちなみに、この本のジャンケレヴィッチによる元原稿は一九六五年に遡る。アメリーと同様、戦後二十年を経て、それまでナチスの犯罪に対しては公式の発言を控えていたジャンケレヴィッチも、その蛮行にも通常の殺人犯罪と同様に時効が適用されうるのか否か、という問題がフランスで〝自由に〟持ち上がったことに対して、強い抗議とともにこの『時効にできないもの』を書かざるをえなかった。

（3）Harvey Enchin: "Let the hatefest begin", *The Vancouver Sun*, June 21, 2006.

（4）Linda Shuto, *ibid.*, June 23, 2006.

（5）和解を拒絶するこのようなルサンチマンの哲学に深く共鳴するのもやはりジャンケレヴィッチである「（中略）〈ルサンチマン〉とは贖罪不可能な事柄に対する感情であり、つねに更新され、激しく体験されうる感情である。恥ずべき忘却（amnésie）以外の何者でもない道徳的大赦（amnistie）に、それは抗議する。それは見えないものに対する不安と忠誠の聖火を守る」。Jankélévitch, *op cit.* p. 63.

（6）竹山博英訳『アウシュヴィッツは終わらない――あるイタリア人生存者の考察』朝日新聞社、一九八〇年。

（7）竹山博英訳『溺れるものと救われるもの』朝日新聞社、二〇〇〇年、一五五頁。なお同書の「六　アウシュヴィッツの知識人」はアメリーの自殺を受けて書かれたアメリー論である。ここでは、故人と生きている自分とのちがいを、レーヴィは過剰に意識している。しかし、その彼も公刊の翌年（一九八七年）には自ら命を絶った。

（8）同書、一五七頁。

（9）John Pilger: *Freedom Next Time: Resisting the Empire* (Bantam Press, 2006).

（10）二〇〇五年の四月にジャカルタで開かれたアジア・アフリカ会議の演説において彼は、十年前のいわゆる「村山談話」を引用して過去の植民地支配と侵略を詫びた。だが同じ日、示し合わせたように日本の国会議員八十余名が靖国神社を参拝する。

（11）私の直接の見聞ではなく、参加者からの聞き書きである。私は同時に開催されていた別の催しに出ていた。

（12）トランセンド研究編集委員会編『トランセンド研究』第三巻／第一号（トランセンド研究会、二〇〇五年五月）。ここに原文とその日本語訳が収録されており、それを参照した。

（13）ヨハン・ガルトゥング（京都ＹＭＣＡほーぽのぽの会訳）『平和を創る発想術――紛争から和解へ』岩波ブックレットNO. 603、二〇〇三年、一七頁。

（14）前掲『トランセンド研究』、二頁。前掲『平和を創る発想術』の見開きも参照。

（15）前掲『トランセンド研究』第三巻／第二号、八一頁。

（16）朝日新聞山形支局『聞き書き　ある憲兵の記録』（朝日文庫、一九九一年）、二五二頁。土屋の半生を描いた一人芝居「悔悟の記録」の公演サイト http://www18.ocn.ne.jp/˜nanja519/kaigo.html も参照されたい。

（17）撫順から帰った仲間たちはそのあいだ中国を何度も訪れていた。その誘いを土屋は断りつづけた。中国で犯した罪の重さにとても行く気にはなれなかったのである。しかし、やはり生きているうちに一度はその地に立って謝らなければと一大決心をした。もう七九歳になっていた。

（18）前掲『聞き書き　ある憲兵の記録』、二六二頁。

（19）最近の画期的な出来事として特筆されるべきは、オーストラリアのラッド新政権による議案第一号すなわち先住民族に対する謝罪決議が、二〇〇八年二月十二日に議会の全会一致で採択されたことであろう。翌日に行われた、《I'm sorry.》という話し言葉を率直に繰り返す首相演説は、被害者の心へも惻々と届くものであったにちがいない。

（20）Albert Speer: PLAYBOY Interview 1971. http://www.wdr.de/tv/speer_und_er/02Nuernberg02PlayboyInterview03.phtml を参照。

（21）ワークショップにおける私の報告は、撫順で何があったのか、その後の両国関係者はどのように生きたかを事実に即して説明したものである。当日に（棒読みだけはするまいと）読み上げたその原稿は以下に収められている。http://www.vcn.bc.ca/alpha/arc/speech/SpeechIshikawaEng.htm

（22）もちろん職員の肉親も日本の兵士たちによって殺されていた。収容者への暴言すら厳禁された彼らの壮絶な〈闘い〉こそ私たちの想像を超えて余りあるが、それでも、否それであるがゆえに、責任ある地位にいた日本人数十名には、被害者の憎しみに対する〝けじめ〟としての処刑が期待されていた。

（23）新憲法が制定された当初、日本では法の書き手にも読み手にもアジア諸国へ向けた視点など存在しなかった。いわゆる東京裁判においても、対米開戦の責任は問われたが、アジア侵略の罪は追及されなかった。そののち自らで裁くこともなく現在にまでいたっているのに、隣国の人々はたとえば憲法第九条に、私たちの謝罪が込められているとあえて読み直してくれた。

（24）二〇〇六年十二月に『赦しの花』という絵本が九州で出版された（撫順の奇蹟を受け継ぐ会九州支部・編、本村龍彦・絵）。撫順から帰国するさいに副島進・元憲兵軍曹（二〇〇七年七月に九十一歳で死去）はある中国人職員から朝顔の種を贈られた。これを育てて幸せな家庭を築くようにという平和の餞別だった。小ぶりだが目の覚めるように青い花は、その子孫が今もなお、日本だけではなく人づてに世界の各地でも咲いている。絵本には、この歴史的実話に合わせて作曲家の青英権が新たに創作した同名の歌曲を、北九州の子供たちが合唱するＣＤも付いている。

第十二章　グローバル・エシックスの視点から戦後日本のフェミニズムを考える

大越愛子

はじめに

二〇〇七年の春は、アメリカの下院において、日本軍「性奴隷制」問題にかんする活発な議論が行われた時期であるが、その関連のためか、ニューヨークの大学から「〈日本軍性奴隷制問題〉と日本のフェミニズム」についての講演依頼をいただいた。そこでわたしは、「ジェンダーの視点からの〈戦争と裁き〉の思想」をタイトルとし、「女性国際戦犯法廷」（以後「法廷」と記す）につながる日本のフェミニズムの展開を論じた。そのさい、女性と国家をめぐって、①女性の国家的役割を強調した第一期フェミニズムの段階、②国家から距離をおき、むしろ市民社会における性差別を告発した第二期フェミニズムの段階、③国家システムが女性の分断を促し、女性の抑圧を強化してきたと捉え、国家システムにたいする批判と裁きを主とする第三期ポストモダン段階という分析装置を提起した。

このわたしの提起にかんして、①、②は了解するが、③はむしろ②の延長であり、それはポストモダンとは見なせないという反論があった。それにたいして、わたしは何をポストモダンと見なすかの論点が異なると答えたのだが、後に参加者の一人から、アメリカでは、「九・一一」事件およびイラク戦争の泥沼化の状況において、明確に国家システムの問題に、否むしろ国家犯罪に対峙しようとせず、大きな問題からの回避をポストモダンと捉える傾向があることが指摘された。

もちろんフェミニズムに普遍的発展プロセスがあるわけではない。現実の政治的・生活的葛藤に足場をおく思想としてのフェミニズムは、個々の地域や社会の事情を反映して理論構築を行っている。ベトナム反戦とともに始まったアメリカのフェミニズムにおいては、②と③は混在していると言えるだろう。しかしそこに見いだされるのは、アメリカは他の国家と異なり、民主的手続きを重視して段階を踏んできたのだから、それをモデルとすべきとする、アメリカン・デモクラシーにかんする過度の自負である。当然ながら、もはやそれに縛られる必要はない。

戦後日本においては、②と③は明確に断絶している。③は①と②にたいする批判から生じている。他方、③の立ち位置にたいして、②の立場のフェミニズムが提示した違和感も無視できない。②と③にはさまざまな世代、経歴の人たちが重なっていることからも、世代間の問題とは見なされえない。むしろこれは、フェミニズムがなにをめざす思想実践であるかをめぐる問題と捉えるべきであろう。

さきどりしていえば、これはおそらく、本書のテーマである倫理の問題とつながっている。思えば日本のフェミニズムにおいて、倫理の問題は明確に論じられてこなかった。これは、フェミニズムを実践する人たちに倫理意識が乏しかったということではない。むしろ逆に各自の実践スタイルには、強烈な倫理意識が見られる。だが、あえてそれを前面に出すことを回避する傾向が顕著であったと言える。それはなぜなのかは、究明されるべき重要課題である。

となれば、まずここで、倫理としてなにが意味されていたかを明らかにする必要があるだろう。フェミニズムにおいて倫理の問題は、その男性中心主義にたいする告発を出発点としていた。それは、従来女性に課せられていた倫理が男性中心倫理の枠組みのなかでのみ言説化されていたことを明らかにした。とはいえ、歴代のフェミニズム理論も従来的なものの影響を強く受けており、現在なおその痕跡をとどめていることを省みれば、単純な対抗原理的な定義では、問題が隠蔽されるおそれがある。むしろ従来的倫理との葛藤・対決・超克を通して、フェミニスト倫理が鍛えられてきた側面を重視すべきだろう。

さきほどの図式を使えば、①の立場では倫理と国家が一体化される傾向にあったため、②の立場において倫理をたてることが敢えて回避された点、従来の倫理に内包された国家単位、家族単位、男性中心主義にたいする批判を優先したために、「倫理的」であることに否定的であった点が指摘されうる。倫理を既成の体制を維持する言説装置とみなして、抑圧的な体制の被害者といえるものたちはア・モラルであってもよいとする俗流マルクス主義の影響も考えられる。とはいえこうしたモラル批判者たちは、従来的なモラルにたいして構造的洞察までを加えたわけではなく、それらの批判も中途半端なままに失速し、シニシズムを帰結しただけだったと思う。

こうした状況を打破し、一挙に③の地平がひらかれたのは、外部からの衝撃による。一九九〇年の暮れに、日本軍性奴隷制の被害女性たちが、戦時中の日本軍によるアジア女性たちへの凄まじい性暴力とそれを口実に制度化された軍性奴隷制の実態を証言し、日本の戦争責任、戦後責任を厳しく問いただした。体制の被害者としての自己認識を始めたばかりの当時のフェミニズムにはこの告発は重く、その対応をめぐって混迷状況が生じた。そうしたなかで、この問題を日本のフェミニズムの倫理的責任の問題と捉える立場が現れ、その責任を果たすためには何をなすべきなのかという実践的課題が浮上した。

九〇年代は、ジュディス・バトラーの翻訳などを通して、日本のフェミニズムもポストモダン段階に突入したということになっている。そのことが、日本の少なからぬフェミニストたちに、加害／被害の二元論的構図の枠組や加害者としての自己規定を受け入れることを困難にした要因とも言える。だが欧米的ポストモダンに当てはまらないから取り組まないとすることも、ポストモダン本質主義といえるもので、当然ポストモダンにはさまざまな様相があってもいい。この時期の運動の特徴は、加害／被害の二元論を突破するものとして、構造的暴力 Structural Violence を問題化する地平を切りひらいたことである。

構造的暴力は、グローバリゼーションの進展とともにさまざまな暴力が国家を超えて拡大していくことに抗する連帯運動のなかから浮上した概念である。この暴力は、具体的な形態で発動するのではないため、フェミニズムが一国主義にとどまるかぎりは、理論的には意味があっても、実践的力とはなりえない。しかし国家を超えた暴力の連鎖に対抗して、トランスナショナルな連帯を企画し、本質化を偽装する暴力の正体を解明し、その無力化をめざすには有効な概念である。

加害／被害の近代的二元論構図の枠組に縛られ硬直していた状況へ、この構造的暴力の視点を導入して、暴力を自然視する世界に対抗するトランスナショナルな連帯の可能性を模索したのが、松井やよりである。彼女は、構造的暴力に対抗するもっとも有効な方法として、「女性法廷」Women's Tribunal を提起した。この方法は、倫理的責任問題に直面していた多くの人たちの心を捉えた。そして、その実現のためのネットワークが、みるまに国内外で形成されていったのは、驚くべきことだとあらためて思う。この段階で、日本のフェミニズムは、③の地平に入ったのであり、これこそ日本のフェミニズムのポストモダンだと捉えられるのではないか。

ところで松井がなぜこのような先駆的な役割を果たしえたかについては、それを明らかにすることがわたしの論点のひとつといえる大きな問題であるが、ここでは彼女がその経歴から、日本的共同体の外部への志向を早くから持っていたことを挙げておこう。彼女は「法廷」実現の二年後、二〇〇二年十二月に急逝した。タフで陽気な外見とともに、厳しい倫理的意識を持つ彼女の獅子奮迅の働きで「法廷」は実現し、彼女の死後も志を受け継ぐ人たちによって、その遺産を保持する労力が重ねられている。

省みれば、「法廷」の前後に起こった「九・一一」事件とそれを契機としたアフガニスタン戦争、イラク戦争という暴力状況の再燃によって、「法廷」が提起した思想と、その思想の倫理的意義は十分には検討されてこなかった。このままでは、「法廷」も通俗的な意味でのポストモダンのなかに飲み込まれてしまうことになろう。フェミニズムの歴史のなかで、無かったことにされる危険性すら生じつつある。

本論は、現代日本のフェミニズムのなかで、③の段階を提起した「法廷」の意義を改めて検証することを目的としている。しかしそれを③だけの問題としてではなく、むしろ②との関連のなかで論じてみたい。そのことを通して、国家や共同体を超えるフェミニズムの可能性を追求し、現時点においてグローバル・フェミニスト・エシックスGlobal Feminist Ethics の実効性はどこにあるかを提示したいと思っている。

一　戦後フェミニズムによる「性倫理」批判

「法廷」は、日本国家の戦争犯罪を裁くために構想されたのであるが、それにとどまらず、従来戦争時において自明視されていた性暴力・性犯罪を裁いた点に画期的意義を持っている。それが可能になったのは、明らかに性暴力にかんする認識のパラダイム転換があったためである。つまり性暴力・性犯罪の加害者を不問にふし、被害者が声を挙げるのを抑圧していた、従来的な男性中心的性倫理への鋭い批判が、背景にある。それゆえに、「法廷」は、内面化された男性中心倫理をえぐり出そうと悪戦苦闘してきた戦後フェミニズム、特にウーマン・リブ運動とつながっている。

ウーマン・リブ運動は、すでにのべたわたしのフェミニズム論の展開においては②に位置づけられる。それは、ある意味では戦後女性運動批判の体をとって登場したのである。

女性の抑圧的な状況に抗する運動や言説活動として始まった戦前のフェミニズムは、①の段階にとどまり、結果的に国家主義、軍事主義に取り込まれ、実質的に解消された。敗戦後GHQによる女性の地位向上政策にそくして盛んとなった女性運動は、戦前フェミニズムの主体的な国家協力を清算することはなかった。女性を戦争体制下の被害者と見なす立場にとどまることで、自らの主体性を放棄し、戦後民主主義を装った男性中心的な種々の運動……学生運動、労働運動、市民運動に組み込まれていったのである。

だが彼女たちがそこで直面したのは、国家権力に抗して人間解放を叫ぶ男性活動家の多くが女性活動家や支援者を補助的存在と見なし、対等な関係性を築こうとはしなかったことである。それどころか、女性たちの性を平然と弄ぶ者も少なからずおり、そのことは不問にふされ、問題にされなかった。これは、戦前の非合法共産党で制度化されていたハウスキーパーという女性差別が、諸運動のなかでなんら総括されなかったことを示唆している。

ウーマン・リブ運動は、戦後掲げられた民主主義において、性モラルが決定的に欠落しているという告発から始まった。それは、一方では、一九六〇年代後半から七〇年代に欧米から世界へと波及した女性解放運動と連動している。欧米フェミニズムにおいても、従来自明視されていた男根中心的性モラルの解体が叫ばれ、ジェンダー化された性意識の問題化、異性愛主義・家族主義の抑圧性の暴露、性暴力の撤廃などが激しく論及された。そしてそれは実践運動のみならず、ジェンダーやセクシュアリティの問題を排除したままで成立していた既成の倫理それ自体を問い直す理論的局面をも開示することになる。このようなフェミニズムからの挑戦に応答するさまざまな理論が輩出され、それ以降の欧米思想のめまぐるしい展開を招来したことは周知のことであろう。

だが他方日本におけるウーマン・リブ運動は、より屈折した形態をとった。それは、反体制運動、とくに当時の全共闘運動に見られる性モラルの欠落を厳しく追及していた。国家権力批判はするものの、日常生活における男性権力の作動には鈍感な運動のあり方を問い直したのである。とはいえその問い直しは、その出発点からすでに、それに追従してきた自らの責任をもえぐり出す、倫理性を帯びたものであった。

「男にとっては女は母性のやさしさ＝母か、性欲処理機＝便所か、という二つのイメージに分かれる存在としてある。全体である対象〈女〉の二つの側面――母性（やさしさ）、異性（ＳＥＸ）とに抽象化してそれぞれに相反する感情をわりあてる男の分離した意識は、単婚が娼婦制、奴隷制と併行してあったという人類史を背景に、一夫一婦制度が性を卑しめ、性と精神を分離させる意識構造によって支えられていること、更に、その意識下に於ける私有的な母子関係が、一方においては母性のやさしさに対する執着を生み、もう一方でそういう母親が父親とオンナとオトコの関係をもつことで自分が生まれた事実に対する嫌悪を生みだすという、女に対する背反する二重の意識を植えつけるのだ。男の母か、便所かという意識は、現実には結婚の対象か、遊びの対象かという風に表われる。結婚の対象として見られ、選択されるべくＳＥＸに対し、見ざる、聞かざる、言わざるの清純なカワイコちゃんとして、女は、やさしさと自然な性欲を一体として持つ自らを裏切り抑圧していく(1)」。

この田中美津の論は、従来の社会が男性中心的・家族中心的・性蔑視的意識構造によって成立していることを、鋭く主張したリブを代表するものである。リブ運動は、こうした男性中心主義・家族中心主義・性蔑視的構造を不問にふしたままで運動を続けることは、自らの抑圧に眼をつぶる自己欺瞞を続けていくことだと捉えた。それは同時に、自分たちが依拠している構造が生み出している、さらなる抑圧・差別に加担することでもあるという徹底的な自己批判にまで降り立ったのである。彼女たちは、男性からの抑圧を甘受する心性を「母性」と読みかえすことが、他方で「便所」とされる女性たちを再生産させ、抑圧されたもの同士を分断し、相互に排除しあう体制を維持しているという問題に突き当たっていた。

「〈軍国の妻の貞操と従軍慰安婦の精液に汚れた性器〉とは、性否定の意識構造の両極に位置しているのだから！貞女と従軍慰安婦は対になって支配力の侵略、反革命を支える。人間解放を志向する運動の中においても、男と女の性を包括する闘いの論理を持ち得ていないことによって、闘いの中にも完徹されている男性中心主義によって、そして、それに媚びる自らの奴隷根性によって、女は戦線から脱落していく(2)」。

男性中心的・家族中心的・性蔑視的構造に安住し、そこで唱えられる「貞女」的な性モラルを受け入れていくことを、彼女たちは厳しく「奴隷根性」と捉える。それは、抑圧体制における自らの被害者的位置づけを直視しないことが、自らの加害責任と結びつくという厳しい自己認識である。その身体を通して直感された問題意識を責任と結びつけたところに、リブの高い倫理性があった。その倫理意識は反転すると、責任意識を欠如して理論だけを並べ立てる、男たちの空疎な道徳論や人間解放論への鋭い批判となったのである。

このような田中の議論には、女性が否応なく組み込まれてしまっている構造的暴力の認識への萌芽がある。構造的暴力の内部にいる限り、被害を受け続けている存在であるとしても、それは同時に加害的立場となること、それゆえそこで感じ取った個人的問題は、政治的なものとして告発していかねばならないのである。

だが、リブの自己自身を切り裂くような倫理意識は、非常に両義的なものであった。構造的暴力への共犯性におののく意識は、再び自己否定的な隘路に陥り、自らを責め続ける。これでは構造的暴力体制それ自体を問題化していく言説形成に向かうことは困難であり、結局は暴力をはらむ共同体を憎悪と諦念をもって受け入れるという方向にいってしまう。当時リブ運動に参加していた者のなかに、こうした方向にたいする疑問が生じたのも無理はない。そのなかの一人松井やよりは、そのディレンマから脱するために悪戦苦闘し、問題意識をアジアへと転回していった。それが後の彼女の世界へと開かれた闘いの姿勢へとつながるのだが、そのことは後に再び論じることにしよう。

ここでは、こうしたウーマン・リブの従来的な性モラルを問い直す問題提起が、どのように受けとられたかを見ておきたい。リブの自己自身を撃つ自虐的ともいえるスタイルは、残念ながらもっとも問題化されるべき側には、十分に伝わったとは言えなかった。

構造的暴力体制になんの疑問もなく乗っかっている人々の多くは、彼女たちの屈折した思いを理解できないし、また理解しようともしなかった。とくに反体制運動の同志であるはずの男性活動家たちは、理論的には差別構造の問題を認識はしていたが、それが身近にいる女性とつながる問題であることを自覚することはなかった。直感されたものの、いまだ理論化されていない女性たちの叫びは、彼らに不快感、拒絶感を与えただけだった。多少の理解のそぶりを示したものたちが出した答えは、「女のルサンチマン」であり、そこにある女と男の深い断絶にかんする思考回路をひらかなかったのである。

こうした男性たちの無理解を前にして、女性たちの側も、自己を切り裂く倫理意識に耐え抜くことは困難であったと言える。構造的暴力の視点を展開することなしに、個別的倫理のレベルで解決できる問題ではなかったのだが、それが認識されるためには、さらなるプロセスが必要だった。そのため構造的暴力、加害責任、倫理意識の問題は、宙づりのままに投げだされてしまい、それとともに、リブの運動も弱体化していった。しかしそこで捉えられた鋭い問題意識は、草の根の運動に生き続け、九十年代へと展開していく。

女性たちの身を削る叫びにたいして男性活動家や知識人の多くは、フェミニズムの問題提起を単なる男性攻撃と見なし、それを構造的な問題と捉える者は少なかった。ここに、欧米のフェミニズムが社会体制を揺るがし、制度的変革や思想的変革へと結びついたのにたいして、日本では社会体制への影響力は少なく、制度的変革や思想的変革へと進まなかった原因がある。多少は鋭敏な男性活動家や男性知識人は、女性たちの変貌を感覚的には捉えたものの、その理由に思い至らず、むしろいたずらに被害者意識に退行する傾向が強まった。

ウーマン・リブの衝撃は、今なお続いている男性中心的な日本の戦後思想史において、ほとんどまともに取り上げられていない。ようやく近年の一九六八年の再評価ブームによってわずかに言及されている程度である。これは、日本の戦後思想の系譜が性倫理にかんする問題意識を欠落したままで、今も存続していることを示しており、それは言うならば、日本の戦後思想に「倫理」の契機がなかったという重大な問題につながる。

このことは、九十年代の「慰安婦」問題という外部からの告発に震撼した日本のフェミニストたちが、今こそ加害責任に向かい合い、自らの倫理的態度を明らかにする覚悟を決めたときに、そうした女性たちの脚を引っ張るという役割しか果たせなかった者が少なくなかったことに現れている。九十年代の女性たちが倫理への第一歩を踏み出したプロセスを論じる前に、そうした男性知識人の典型的姿勢を指摘しうる、「加藤典洋」問題を見ておかねばならない。

二　ノン・モラルへの居直り

戦後五十年となる一九九五年には、日本の戦争責任問題をめぐってさまざまな言説がとびかったが、その時注目を浴びたものとして、加藤典洋の『敗戦後論』があった。これは、今から思えば、戦後アメリカの対日政策によって不問にふされたままで経過してきた日本国家の戦争責任が、個々の被害者の証言を通して厳しく追及されるという前代未聞の事態が生じたことにたいする、男性知識人の危機意識から発せられたものだった。

他の右翼言説人と異なり、単純なナショナリストではない加藤が、あのときいったい何に危機意識を抱いたのであろうか。読みかえしてみると、キイワードは「汚れ」であったことに気づく。その時期に問題にされていたのは、戦争犯罪一般というよりむしろ、「慰安婦」制度という日本軍性奴隷制であり、日本人兵士の多くがその使用者であったこと、性奴隷制や戦場強かんという戦時性暴力の遂行者であったこと、その意味において彼らは「汚れた」加害者であったことである。こうした問題提起は、戦争責任問題にかんしては、新しい契機であった。戦争責任問題に、ジェンダー論点が導入されたのである。そして、日本の女性運動はこの論点と結びつこうとした。

加藤が危機意識をもったのは、この性暴力問題であったのではないか。彼の戦争責任の議論は、問題とされた「汚れ」の問題から、性犯罪の様相を脱落させようとする気配が見られるのである。たとえば彼が「汚れ」を使うのは、次のような場面においてである。

「護憲派は、原爆の死者を〈清い〉ものとし、同じく改憲派は兵士として死んだ自国の死者を〈英霊〉とし、〈清く〉する。広島の平和記念公園は韓国、朝鮮人の碑を受け入れていないが、ともに死者を〈清い〉、無垢な存在として祀ろうとしている点、平和記念館と靖国神社は相似なのである。両者に欠けているのは、これらの死者は〈汚れている〉、しかし、この自分たちの死者を、自分たちは深く弔う、と外に向かっていい、内に向かっていう、これまでにない新しい死者への態度であり、また、その新たな死者の弔い方を編み出さなければ、ここにさしだされている未知の課題には答えられない、ともいうべき、この問いに対する深い自覚にほかならない(3)」。

加藤は、戦争の加害者も被害者をも「清い」「汚れた」という二元的観点で論じる戦略をとる。そして被害者の立場を重視する護憲派も、加害者側に立つ改憲派も、「清い」立場を占有しようとする点で間違っていると主張する。彼によれば、戦争はすべて「汚れている」のであり、その「汚れ」の自覚からしか、解決の道はないと、一見物わかりのよいスタンスをとろうとする。だがこの時期に問題となったのは、性犯罪・性暴力を行使していた加害国の兵士の責任のはずである。加藤は明らかに、その問題を、戦争による死者一般にたいする戦後人の祀り方へと論点をすり替えて、戦争における性犯罪、性暴力の被害者の告発にどのように応えるべきかという核心的テーマを隠蔽したのである。

わたしは当時、加藤の巧妙なずらし戦略にたいして、問題提起を行った。

「加藤の〈汚れ〉の意識は、現在もっとも問われるべき問題に向かっていない。そして『敗戦後論』の読者の多くも、その事実に気づかないのは、加藤の使うトリックのせいである。（中略）このトリックの最大の問題は、生じた悪の被害者に直面することを回避し、自分たちに都合のよい物語を捏造して、自足するところにある」[4]。

加藤は、彼の表現では占領軍に賦与されたとする憲法を受動的に護り、昭和天皇の戦争責任を追及する義務を果たさずにきた戦後世代の「国民」の「汚れ」を指摘し、この「国民」の「汚れ」を払拭することなしに国家の悪を追及することはできないと決めつけている。彼は、暗に「国民」の立場から離脱し、国家の悪を、加害兵士の性犯罪を追及している女性運動を欺瞞的と言おうとしているかのようである。全共闘世代の加藤にとって、女性たちが被害者側に立って男性兵士の加害性を糾弾していることは、リブ時代の「男性」批判と重なって見えたのであり、そうした論点から問題を離陸させるのが緊急テーマであったのだろう。

「この〈国民〉の〈汚れ〉論は、数々の戦争犯罪の中でも最も個別的モラルが問われる〈慰安婦〉問題に対して、対応する術を持ちえなかった層に共感を呼んだ。特に性暴力、性犯罪に対して確固とした態度を示すことのできない〈男性〉たちの〈いやしの思想〉となった。彼らは、〈汚れ〉ているのは、性暴力体制を否定できない〈男性〉たちだけではなく、国民全体なのだと納得し、〈汚れ〉の共同幻想に〈慰安〉を見出したのである」[5]。

「汚れ」の共同幻想の問題点は、加害責任を曖昧にするところにある。それは、日本軍「慰安婦制度」の被害女性たちの告発にたいして、自らの加害責任を引き受け、そこから彼女たちへの応答責任を果たそうとする、当時の運動の倫理的格闘を無化する効果をもたらしてしまった。また戦争責任論にジェンダーの視点、性暴力の被害の視点を導入する新たな展開をも、封印することになった。

加藤は、戦争時に生じた性犯罪を戦争一般の「汚れ」の問題へと抽象化する一方、それだけでは個別的相貌を帯びて責任追及をしてくる被害女性たちに対応できないことを認識して、新たな戦略をとる。まず自分のスタンスを被害女性との対置からずらして、被害女性の主張を代弁すると見なしている高橋哲哉の議論を俎上に乗せる。そして高橋が被害者にたいする政治的責任を論じているのを巧妙に、道徳的内面性の問題へとすり替えていく。

「ヨーロッパのユダヤ人殲滅の問題、また日本におけるさまざまな戦争責任の問題は、高橋のいうように、記憶され続けなければならない。しかし、この〈記憶せよ〉という声の前に、壁の中から出てくるウサギのように、〈そんなことは、知らないよ〉というはるかな後続世代の〈無垢〉な声がたちはだかる。その時、わたし達はこれにどう応接すべきか。ここにあるのは、いわば飢えた子どもの前で、――また、ユダヤ人のホロコーストの前で、また、朝鮮人元慰安婦の女性の前で――〈ノン・モラル〉は権利をもつか、という、きわめて戦後以後的な、わたし達に固有の問題なのである。ところでこの問いに関し、わたし達はどう考えるべきか。わたしの答えは決まっている。この〈ノン・モラル〉は権利をもっている」[6]。

加藤が突如持ち出す「後続世代の〈無垢な〉声」とはいったい誰を意味しているのか。彼はそれを、責任を追及する被害者にたいして、「自分にはそれを引き受けられない」「自分はこれを引き受ける」のどちらかを選択しうる自由な行為主体だとのべる。加藤は、高橋の「他者の声に応答することでのみ主体が立ち上がる」という議論をレヴィナス的とし、自らは、「モラル的であろうとするか、ノン・モラルでいいとするか」を自由に決断しうるカント的立場にあると主張する。

このように加藤が、高橋と自身の対立をレヴィナス対カントという図式として立てることが果たして妥当なのかどうかは、問題にする必要はない。個人的にはまったくの誤解だと思うが、ここではむしろこのような立て方をすることで加藤が何を狙ったかを明らかにしたい。彼によれば、高橋の議論は無限責任論で、そこには主体的自由はない。「ノン・モラル」の可能性が認められることで初めて「責任の敢取が自由で主体的な行為となる」のだから、「ノン・モラル」の権利を提示することが重要であるという。つまりモラルを選ぶためには、「ノン・モラル」であることが必要だとするのだが、その場合の「ノン・モラル」とは「加害責任を負わない」ということになろう。さすがにこれではまずいと思ったのか、加藤はそこに奇妙なレトリックを持ち込む。

「こういう声が、単に微温的な〈無責任〉さでではなく、その権利をわたし達の心の奥底に要求する強度で現れるのは、文学においてである。また、文学においてを措いてほかにはない(7)」。

加藤は、「加害責任を負わない」のは、「単に微温的な無責任さ」からではなく、「文学」の立場に立つからだということを、加害責任を回避することの論拠としている。彼の定義によれば、「文学」とは自らの過ちを足場にし、そこから無限を見るあり方だというのだが、百歩譲って彼のいうことを認めるとしても、問題はそこからのはずである。「ノン・モラル」を選ぶ自由があるとしても、そこから「モラル」への飛躍がなければ、それは「ノン・モラル」への居直りでしかないのではないか。根源悪を自覚して思考の深みに浸るという態度は文学的なのだろうが、その悪がもたらす被害を受けた人々には、それはなんの意味もない。彼がいかに深刻ぶろうとも、それは被害者からみれば、「単に微温的な無責任さ」でしかない。

加藤の思考が、外部をまったく欠いた自己愛的なものであり、無責任を選ぶ自由を主張するだけのものであることは今や明らかであろう。彼はその主張を正当化するために、カントや文学を恣意的に利用しているのだが、このようなひどいカントや文学の誤用に、当時きちんと対応する論者がいなかったのはなぜだろう。もちろん、「あまりにバカバカしいから論じない」という態度もありえようが、「バカバカしい主張」は時代の要請に合致したとき、効力を発揮するのである。

日本の代表的な戦後思想が思想としてよりも「文学」として論じられることが多いのは、戦後思想において倫理や政治意識が希薄なのを問題視することができなかった一因ではないだろうか。戦争責任の問題が「転向論」としてしか論じられなかったのも、このことから理解できる。加藤はその風潮を受け継いで政治的・倫理的問題を「文学」化し、「ノン・モラル」への居直りを正当化したのである。そして、それが当時の日本社会に受け入れられ、「倫理」を茶化したり、倫理主義こそ暴力的とする転倒した議論が流通する土壌が生じたのである。そしてこのような土壌は、今なお続いており、加害責任問題に倫理的立場でとりくむ知識人は依然として少数である。

だがこのような内向きの議論では、被害女性たちを納得させることはできないし、国際社会にも通じないのは明らかである。日本軍「慰安婦」制度という性犯罪は、被害女性とその支援団体が国連の人権委員会に提訴した時点で国際問題となった。内向きの議論、共同体を防衛する倫理ではなく、国際社会にひらかれた倫理で、問題の解決をはかる段階にきたのである。そのことの自覚は、被害女性の告発に真摯に直面しようとする女性運動のなかから生まれた。

三　日本軍性奴隷制とグローバル・フェミニスト・エシックス

九十年初頭の日本軍「慰安婦」制度の被害女性からの告発は、八十年代フェミニズム運動において、日本という国家共同体のなかでの女性の地位向上をめざそうとしていた女性運動に大きな衝撃を与えた。それは、②の段階にとどまっていた日本のフェミニズムを揺さぶったのである。

国家の外部に、国家によってその生と性を踏みにじられたという女性が無数に出現し、日本国家に帰属する者の加害責任を証言し始めたとき、当時二通りの対応がありえた。ひとつは被害者の呼び声に応答し、責任を担おうとする態度、もうひとつは、加害責任にまともに向かい合わずに、問題をすり替え、曖昧でかつ無責任な状況に居なおることである。後者の態度は、前記したように加藤典洋をはじめとした少なからぬ知識人に採用され、「微温な無責任さ」が日本社会に蔓延した。

日本のフェミニズムの一部から、前者の立場を取ろうとする流れが出てきたが、その道のりは必ずしも容易なものではなかった。戦争責任を担おうとする人々は、「真相究明、謝罪と補償、責任者処罰」などの被害者からの要求にたいしては、補償運動を中心に運動を展開するものの、「責任者処罰」の要求には躊躇していたからである。日本の戦争犯罪の責任者といえば、それは昭和天皇にほかならず、それは天皇の免責とともに始まった日本の戦後の最大のタブーだった。天皇の責任を不問にふし、彼の名のもとで行われた侵略戦争の犠牲者たちを無視した日本の戦後は、倫理的責任とは無縁であり、その意味で加藤の指摘するように、「汚れ」の共同幻想に居なおっていた。そこから脱しない限り、倫理的姿勢などありえないことは、戦後に生きる者の共通認識ですらあったと言える。

「責任者処罰」の要求に応えることは、戦後の国家体制に抗することであった。「国家体制に抗する」といっても、自らが国家体制のなかで生きている以上、その共犯関係は免れ得ない。このディレンマに出会って、意外なことにリブ世代のフェミニストたちのなかから不協和音が生じた。自分たちの加害性を自覚するゆえに、自分たちが加担している国家の加害性を問えないとする屈折したリブ世代の倫理意識にたいして、それを乗り越える倫理を提示する必要があった。すでに指摘した日本のフェミニズムの展開から見るならば、国家に距離をおく②の立場から③の国家に抗するフェミニズムへと転回することの正当性の主張である。

リブ世代にしろ、加藤典洋をはじめとする男性知識人にしろ、彼らが倫理へと踏み出すことを回避し、むしろ「ノン・モラル」や「ア・モラル」を選択することを本音に従った誠実な態度とみなしてしまうのは、従来の倫理が国家単位、共同体単位であったからと言える。国家や共同体に帰属するあり方を受容しているかぎり、それらを批判することは、単なる抽象的思考か、自己欺瞞と思えてしまうのである。

共同体単位の倫理が閉塞状況に陥っている一方、それを脱した新たな倫理への模索が始まっている。いわゆるグローバル・エシックスである。それは国境を越えた地平で生きることを願う人々、世界市民であろうとする人々によって構築されつつある。またグローバルな地平を生きようとするフェミニストたちによって、グローバル・フェミニスト・エシックスの形成が目指されている。

日本軍「慰安婦」問題とグローバル・フェミニスト・エシックスを結びつけたのは、松井やよりである。彼女は、アメリカの女性解放運動に激しい衝撃を受けた後、日本のウーマン・リブにも関わったが、その自閉的傾向にあきたらず、その視点を日本の外部に向けた。彼女は主にアジアを通して女性への差別・暴力の問題に取り組んだが、その過程で日本軍「慰安婦」問題に突き当たったのである。

国家を超えて日本の問題を考えようとする松井にたいして、普遍主義者という名指しがしばしばされる。だが彼女は、国家を外部から裁く特権的な位置に身をおいたのではない。彼女は、女性記者として新聞社で疎外感を味わうと同時に、アジアという現場に身をさらすことで日本の加害責任に直面するという、加害と被害が錯綜する構造的暴力のただなかにいた。そしてもっとも底辺に位置づけられ苦悩に満ちた生を送る被害女性たちに出会って、彼女たちを放置し続けてきた戦後日本の加害性に震撼したという。そうした体験を通して、彼女は一国を超えてグローバル化している構造的暴力にたいする闘いを挑むことを決意したのである。

「真相究明、謝罪と補償、責任者処罰など被害女性たちの要求に対して、加害国家日本は法的責任を否定し続け、高齢化したアジア各国の生存者たちは正義を回復することなしに、次々に亡くなっていく。その苦痛と屈辱の人生の一方で心の痛みも償いもなしに安穏に生きる加害者たち。そのあまりにも不公平な対照に、死を前にした被害者たちが加害者はなぜ裁かれないのかと問い、韓国の姜徳景さんは〈責任者を処罰せよ〉という題の強烈な絵を遺言として描き遺して亡くなった。〈慰安婦〉たちのその思いに応えることが、日本軍性奴隷制を裁く〈女性国際戦犯法廷〉を開く原点にある(8)」。

被害女性たちが日本の裁判所に提出した訴えは、下関判決をのぞいて門前払いであり、下関判決も高裁で却下されるという現状に悩み抜いていた松井は、あるときベトナム戦争時の「ラッセル法廷」を思い出し、民間法廷を考えついたという。この彼女の「民間法廷」の提案を、まず被害国の女性たちは強く支持した。だが法廷を開催する加害国の人たちに、国家を「裁く」ということに躊躇を見せる女性たちにも、説得力ある論を提示しなければならない。そのときに松井が提示したのは、グローバル・フェミニスト・エシックスの成果でもある二つの論点であった。

その第一は、戦時性暴力不処罰の循環を断つべきとする、国際的潮流となりつつある論点である。

「戦時性暴力の不処罰の循環を断つべきだという国際的な潮流は九〇年代に大きなうねりとなった。九三年のウィーン世界人権会議で〈慰安婦〉と旧ユーゴの強かん被害女性がともに世界に向かって証言し、宣言の中に〈女性の人権〉という概念が明記されて、その核は女性への暴力とされた。九五年の国連北京世界女性会議で採択された〈行動綱領〉は、組織的強かんや性奴隷制など武力紛争下の女性への暴力は戦争犯罪であり、真相究明、被害者への補償、加害者の訴追が必要だとした。九八年には恒常的な戦犯法廷として国際刑事裁判所設立規程が採択され、戦時性暴力をきちんと裁く裁判所にしなければと世界的な女性のキャンペーンが行われて、規程の中に女性への戦争犯罪と人道への罪が列挙された(9)」。

「不処罰の循環を断つ」とは、暴力に寛容で不処罰なままに放置されることで、再び暴力が生み出されていく、構造化された暴力体制を解体するという、画期的な思想である。この思想の背景に、ハンナ・アーレントの「罰」にかんする倫理的理解があることを、高橋哲哉などが指摘している。アーレントは『人間の条件』で、人間を人間たらしめる自由な行為としての「活動」において、因果律の連鎖を突破する可能性が開かれると主張した。

アーレントによれば、「活動」は、その遂行過程に入る途端、「取り返しがつかない」という不可逆性の苦境に陥る。その苦境から脱けだすことなしには、自由な行為を始められない。

「自分の行なった行為から生じる結果から解放され、許されることがなければ、私たちの活動能力は、いわば、たった一つの行為に限定されるだろう。そして、私たちはそのたった一つの行為のために回復できなくなるだろう。つまり、私たちは永遠に、そのたった一つの行為の犠牲者となる(10)」。

おこしてしまった不可逆な行為にどう対応すればよいのかという問いは、戦後日本に置きかえるならば、「日本という共同体」が犯した戦争犯罪に直面したとき、多くの人々が抱えたディレンマである。その時期には、リブ世代のように加害責任を噛みしめて蹲るしかないとするか、加藤をはじめとする知識人たちの「ノン・モラル」への居直りの二者択一しかないように見えた。しかしそうした対応は、いずれも共同体内部に自閉しているものである。

アーレントは、こうした共同体への自閉を打破するものとして、「許し」を提唱している。そして、この許しとは共同体の外部からしかやってこないという。それが多数性に依存し、他者の存在と活動に依存するものだからである。彼女によれば、「許し」は「復讐」の対極に立つ。「復讐」は最初の罪から発生する自動的な連鎖反応であり、そこには自由はない。この連鎖反応を断つ行為こそが自由であるが、それが「許し」である。そして「復讐」を断つ「許し」として現れるのが「罰」なのである。

「許しの反対物どころか、むしろ許しの代替物となっているのが罰である。許しと罰は、干渉がなければ際限なく続くなにかを終わらせようとする点で共通しているからである。人間は、自分の罰することのできないものは許すことができず、明らかに許すことができないものは罰することはできない」[11]。

「復讐」は「不処罰の循環」につながり、「不処罰の循環」を断つ「罰する行為」は、「許し」と結びつく。人々が共同体的なものにとどまっている限りは、「復讐」の軛から解き放たれえない。それゆえ「復讐」の軛を断つための、罪を罰する場として、「法廷」が共同体の外部から生起することが必要とされるのである。

松井は、加藤やリブ世代の共同体的思考を突破する営為として、「法廷」を構想した。それは共同体の罪を裁く行為であり、それが共同体内部のものである限りは、実効的にならない。共同体外部からやってくる法廷、世界に開かれたグローバルな「法廷」が要請されるゆえんである。このことから、「女性国際戦犯法廷」が、グローバル・フェミニスト・エシックスを体現するものであることは明らかであろう。

四　「ジェンダー正義」を出発点として

松井と彼女に賛同した内外の活動家が直面した次なる課題は、このような「法廷」が問題を裁くさいに論拠とするグローバル・フェミニスト・エシックスの内実である。松井が提案した「法廷」を成功させるために集まった国際的な女性たちのネットワークにおいて、この内実が熱心に検討された。そこで提起されたのが、「ジェンダー正義 Gender Justice」という概念である。

「ジェンダー正義」とは、国際法をジェンダーの視点で見直そうとする国際的な女性運動のなかから生じた概念である。松井によれば、旧来の国際法では、戦時性暴力は被害女性にたいする人権侵害とはみなされず、むしろその女性が属する集団――家族や部族・民族――の名誉が損なわれる問題として、集団内部ですら被害者が蔑視されるという重大な不正義のなかに放置されていた。このような不正義を、被害女性たちが告発し始めたために、ようやくジェンダー視点からの正義の回復が、国際的に問題化されるようになったのである。

「九〇年代に入って、アジアで元〈慰安婦〉たちが名乗り出るようになり、旧ユーゴで強かんが多発して国際社会に衝撃を与え、両者が結びついて、戦時性暴力を女性に対する暴力、女性の人権侵害と厳しく追及するようになった。国際刑事裁判所設立の動きの中でも女性に対する戦争犯罪を裁ける裁判所にしようと世界の女性たちがキャンペーンした。だからこそ、アジアで半世紀以上前に起こった日本軍性奴隷制を裁くこの〈法廷〉を、欧米など世界の女性たちも積極的に支持したのである[12]」。

「ジェンダー正義」とは、従来の法が論拠としている正義論にはジェンダー視点が欠落していること、それゆえそこに重大な不正義があり、その不正義による被害者が存在すること、その被害者が奪われていた尊厳と正義が回復されねばならないとする主張にもとづいている。フェミニズムの論点から「正義」論を研究する岡野八代は、被害女性たちが求めている正義が従来主流とされていた正義論、いわゆる人間社会において権利が正当に配分されているかを重視する「配分的正義」とはまったく異質なものであると指摘する。(13) 権利の配分から排除されていた人たちが、その不正義を告発している意味において、それは「配分的正義」論の外部からの声と言える。それは、「配分的正義」を正義と僭称していた構造的暴力を問い直す声なのだ。

被害女性たちの声を聞き取るならば、従来の「配分的正義」論が共同体的なものであったことが明らかとなる。それゆえ共同体内部に自足している人々には、彼女たちの声が失われた「正義」の回復の要求とは聞こえない。たんに加害者側の言い分と被害者側の言い分のどちらを採用するかであって、「ノン・モラル」を選択する自由があるということで済ませられる。

だが「配分的正義」論の外部から「正義」それ自体を問い直す「ジェンダー正義」の立場においては、加害者側の言い分を選択することは、構造的暴力の内部に自足し続けることであり、それは不正義に安住していることとなる。被害者に向かい合わない「ノン・モラル」の立場は、自由な選択などではなく、それ自体不正義なのである。

圧倒的に不正義が支配する状況において、また不正義を隠蔽する正義論にもとづく法しか存在しない状態において、「ジェンダー正義」が実現するためには、不正義を「不正義」と定義づけていくことが必要不可欠である。そのためにはさまざまな方法が考えられねばならないが、「民衆法廷 People's Tribunal」は有力な手段の一つである。「ジェンダー正義」の提唱者でもある国際法学者クリスチーヌ・チンキンは、国家を超えたグローバルな市民による「法廷」の意義を次のように論じている。

「国家が正義を保障する責務を遂行しない場合には、市民社会は乗り出すことができるし、そうするべきなのである。違反行為を無視すると、再発を招き、不処罰の文化を持続させることになる。民衆法廷が道徳的な権威だけを行使することができるというのは、国際法の公的な機関を国家が支配し続けているためである[14]」。

チンキンは、上記のごとくグローバル・エシックスにもとづく「民衆法廷」の意義を強く主張している。従来的な国家単位、共同体単位の倫理が作動しない場面において、それが挫折する境界において、グローバルなネットワークにもとづく倫理の地平がひらかれるのである。その倫理とは、不処罰なままに放置されてきた構造的暴力とそれを不可視にする文化的暴力に対峙する倫理と言えるだろう。

さらにチンキンは、女性国際戦犯法廷が、①加害国とされた地域で開かれ、②女性法廷であったこと、③主催者が国際的有名人ではなく、国境を越えた草の根の人々によって遂行されたことを高く評価している。「女性国際戦犯法廷」は、戦前・戦後を通じて共同体主義に根ざしていた日本のフェミニズム運動が、まさにその共同体の罪責に直面して切りひらいた、新たな地平である。それはグローバル・フェミニスト・エシックスとしての「ジェンダー正義」が実効的に働いた希有な事例であることを明言していきたい。

とはいえ「法廷」を無視するか、「それは戦争犯罪を裁いたが、戦争それ自体を裁いていない」などとその意義を過小評価する言説は、相変わらず多い[15]。フェミニズムにおいても②で自足する人々は、③の段階を認めようとしない傾向が強い。その意味で、グローバル・エシックスを掲げることは、言説闘争の持続を意味する。

「法廷」以降五年経過して、その影響力はむしろ外部世界に浸透しつつある。二〇〇七年から八年にかけて日本軍性奴隷制問題の解決を日本政府に求める決議は、アメリカから始まってカナダ、オランダ、ユーロ議会と確実に広まっている。そこにさまざまな政治的思惑がかいま見られるにせよ、その動きをグローバル・フェミニスト・エシックスの実効的波及と見なして、展望をひらいていきたいと思う。フェミニズムが、③の地平からさらに進展していくためにも。

註

(1) 田中美津「便所からの解放」『何処にいようとりぶりあん』所収、社会評論社、一九八三年、二七〇頁。
(2) 同書、二七七頁。
(3) 加藤典洋『敗戦後論』講談社、一九九七年、五七頁。
(4) 大越愛子「懺悔の値打ちもない」、高橋哲哉他編『ナショナル・ヒストリーを超えて』所収、東京大学出版会、一九九八年、一三七頁。
(5) 同書、一三八頁。
(6) 加藤、前掲書、一〇七頁。
(7) 同書、一〇九頁。
(8) 松井やより『グローバル化と女性への暴力』インパクト出版会、二〇〇〇年、三二七頁。
(9) 同書、三二九頁。
(10) ハンナ・アーレント（志水速雄訳）『人間の条件』筑摩書房、一九九四年、三七二頁。
(11) 同書、三七七頁。
(12) 松井やより「まえがき」、西野瑠美子・金富子編『裁かれた戦時性暴力』白澤社、二〇〇一年、三頁。
(13) 岡野八代『法の政治学』青土社、二〇〇二年、二五三頁参照。
(14) クリスチーヌ・チンキン（VAWW-NET ジャパン訳）「女性国際戦犯法廷と国際法およびジェンダー正義」西野瑠美子・金富子編『裁かれた戦時性暴力』所収、六三頁。
(15) たとえば上野千鶴子・加納実紀代対談「フェミニズムと暴力」、加納実紀代編『リブという革命』インパクト出版会、二〇〇三年、四八頁。

参考文献

松井やより『愛と怒り　闘う勇気』岩波書店、二〇〇三年。

大越愛子『フェミニズムと国家暴力』世界書院、二〇〇四年。

大越愛子・井桁碧編『戦後思想のポリティクス』青弓社、二〇〇五年。

大越愛子・井桁碧編『脱暴力のマトリックス』青弓社、二〇〇七年。

絓秀実『1968年』筑摩書房、二〇〇六年。

高橋哲哉『戦後責任論』講談社、一九九九年。

上野千鶴子『女遊び』学陽書房、一九八六年。

VAWW-NETジャパン編『女性国際戦犯法廷の全記録』Ⅰ、Ⅱ、緑風出版、二〇〇二年。

第十三章 「九・一一」その後の〈語り〉

――グローバル・エシックス形成の場となるケアリングを観点として――

伊藤博美

はじめに

「九・一一」とは、二〇〇一年九月十一日、アメリカ合衆国で起きた同時多発テロ事件を指す。事件の概要は次のとおりである。四機の飛行機がハイジャックされ、二機がニューヨーク市、二機がワシントンD.C. に向かった。ワシントンに向かった一機はペンタゴンに衝突、一機はワシントンから車で十五分ほどのペンシルバニア州ピッツバーグ郊外シャンクスヴィルに墜落した。ニューヨーク市の世界貿易センター（World Trade Center 以下WTCと略）のツイン・タワーに、アメリカン航空一一便およびユナイテッド航空一七五便が、それぞれノースタワーへ八時四十六分[1]、サウスタワーへ九時二分[2]に衝突した。被害者はWTCで二千六百二名であった。当時WTCでは五百名以上の日本人が働いており、犠牲者は二十三名であった。テロ全体の犠牲者は二千七百五十二名であった。ただし不明者も他にある。WTC跡地はグラウンド・ゼロ（Ground Zero）と呼ばれ、筆者は二〇〇四年にそこを訪れた。そこを囲むフェンスには犠牲者の名前が書かれたボードや写真、WTC建設前後の写真がかけられていた。毎年九月十一日に式典が開かれ、大統領夫妻も参加している。

本稿では、「語り」による自己へのケアリングを観点として、「九・一一」の犠牲者の遺族や「九・一一」当時アメリカに在住していた日本人の「語り」が、グローバル・エシックス(3)の形成にどのように寄与するか検討する。

一　〈語り〉とは

臨床社会学の立場から

本稿が検討の観点とする「語り」は、臨床社会学と臨床心理学それぞれのアプローチから捉えられる。

まず第一に、ソーシャルワーカーを兼務しながらアルコール依存症や自助グループなどの臨床的研究を行った、臨床社会学・医療社会学の研究者である野口裕二(4)のナラティヴ・アプローチをあげる。それは、「語り」や「物語」から「臨床」を見る方法である。

野口は、文学や文芸の領域における「ナラティヴ」という用語が、現代思想における言語論的転回ないし物語論的展開を経て、「臨床」においても注目されるようになったと言う。現象学的社会学から始まった「言葉が世界をつくる」という社会構成主義の考えは、臨床の見方を変化させた。まず世界が先に存在し、それから客観的・科学的な「言葉」によって世界を説明するのではなく、「語り」や「物語」といった、偶然を認め、現実を組織化する「言葉」が世界を構成する。医療者と病者の「語り」が紡ぎ出される場、それぞれの「物語」が出会う場である「臨床」を、こうした社会構成主義の考え方を踏まえて見る方法、それが「ナラティヴ・アプローチ」である。

「臨床」は、病者と医療者が出会い、それぞれ相手に「語り」、それによって成り立つ場であり、たとえば「闘病記」

として文字化された「物語」の生まれる場でもある。医療の現場は、科学的な「言葉」では説明できない。癌などの病名・病状の「告知」は医療者から病者になされるが、事実を事実として説明するものと割り切れば、告知することにためらわずに済む。しかし実際には、その「告知」は患者の人生の物語を大きく変化させるものである。告知する前の患者の世界と、告知された後の患者の世界は大きく変化する。そのことを踏まえれば、科学的説明の「告知」を患者へのケアとして行うか否か、ためらいが生ずる。

一方で、事実を事実として科学的な「言葉」で説明しても、世界が変化しない場合があると野口は指摘する。アルコール依存症の患者に、疾患のメカニズムをいくら説明しても、患者がそれを理解しても、世界の変化が見られない場合がある。これは科学的説明によっては世界が変わらない例であるが、この場合、科学的説明では及ばない「ケア」を視野に入れる必要がある。

「臨床」にはこのように科学的説明だけではとらえきれないケアという行為がみられる。野口は、「物語」や「語り」、すなわち「ナラティヴ」から臨床を見る方法を採用することで、ケアという行為を視野に入れた領域に言及しようとしている。

臨床心理学の立場から

第二に、臨床心理学の立場として森岡正芳のナラティヴ・アプローチがあげられる。[5] ナラティヴが構成する世界に着目する野口に対し、森岡は自己を構成するものとしてナラティヴに着目する。ナラティヴ・アプローチが一九九〇年代以後、人間科学・社会科学の諸領域で取り上げられているのは、「関係性や社会的文脈のなかでの構成」[6]という立場が重視されていることの帰結である。森岡はブルーナー（Jerome Seymour Bruner）[7]などを参照しつつ、[8]

次のようにナラティヴの構造を定める。

①始めと終わりと中間部からなる。それに準拠して出来事が選択的に組織されていく。出来事は結末を納得のいくものたらしめるために一つの「筋（plot）」へと構造化される。

②視点の二重化。語り手（narrator）の視点と、それによって生み出される主人公・登場人物（protagonist）の視点。物語の聴き手は後者の視点に自分を重ね合わせることで、筋を追うことができる。

③他者に向けて語られ伝えられるもの。物語には必ず語り手と聴き手がいる。（『物語としての面接』一九三頁）

森岡の示すナラティヴの構造のうち、①は野口のナラティヴの定義を補足するものである。後に述べる「被害の内在化」は支配的なナラティヴの形成として、①の典型例であろう。②はナラティヴの語り手と語られる主人公・登場人物という二重の視点があることを示している。過去の自分を他人のようにして語るという行為がナラティヴには見られる。③は、②と関係して、聴き手（本稿では傾聴の意味から「聞」でなく「聴」とする）が目の前にいる他者だけでなく、自己の内面に設定しているという聴き手の複数性も意味している。なお本稿では、筆者は語り手の視点から生み出される登場人物に自分を重ねて筋を追い、「九・一一」がもたらした〈語り〉を検討したい。

二　なぜ〈語り〉を、あるいは〈語り〉を観点として、検討するのか

「被害の内在化」と「問題の外在化」

上述の野口は、別のところでこう書いている。(9)

臨床研究におけるナラティヴ・アプローチは次のように定式化することができる。「専門家と患者の相互作用の変化を、そこでとりかわされたナラティヴの変化によって描き出す研究」である。そして、そこでの主要な関心は、「どのようなナラティヴがどのようなナラティヴを誘発し、それが患者や専門家にどのような変化を起こしたのか、そして、そうしたプロセスが全体としてどのようなケアの過程をつくっていったのかを理解すること」にある。（『ナラティヴの臨床社会学』二一〇頁）

野口は、このようなナラティヴ・アプローチを「被害」とその「克服」という問題に向け、次のことを明らかにしている。「被害」とは、それ自体は指し示すことのできない、ナラティヴの効果として出現するものである。大きさやありようは最初のナラティヴによって規定される。法の言語も「被害」を規定するナラティヴであり、とくに支配的なナラティヴである(10)。法などの言語において「加害」と論理的に対応するものとして意味づけされてきた「被害」は、近年「被害者ルネサンス」という動きの下、「被害」者の「癒し」や「感情」から意味づけられるようになってきた。「被害」を「加害」との論理的対応でのみ捉えるのではなく、「心にできた傷」すなわち「心的外傷」から捉えるナラティヴが現れた。

現在、われわれは「心的外傷」といった心理学用語なしに「被害」を語れなくなっている。野口はこれを「被害の心理学化」と呼び、こうしたナラティヴの特徴として、次の四点をあげる。第一に、「心にできた傷が被害を物語っている」という感情本質主義、第二に、「心にできた傷のようなもの」（傍点引用者）が、専門家による「心的外傷」の定義と患者への「診断」により「病理」として実体化されているという被害の病理化である。第三に、感情本質主義や被害の病理化に適したナラティヴだけが有力になり、被害を語る多様なナラティヴの可能性が狭められ、「心的外傷」を生み出した直接の原因や出来事にのみ関心が高まり、その原因を生み出した背景や文脈への関心が薄れていくことがある。言い換えれば、直接の原因や出来事とその結果としての心的外傷という物語への現実の回収という被害の脱文脈化である。最後に、社会的文脈への関心が稀薄化・衰退化することによって、専門家によって診断された被害者ないし被害者の家族等の「心的外傷」と、専門家によるその修復に注目がもたらされるという、対処の個人化と専門化がある。

こうした特徴をもつ「被害の心理学化」は、「被害を個人の内部にある感情の傷つきとして概念化する」[11]という「被害の内在化」をもたらす。被害を内在化させるナラティヴは、二つのネガティヴな影響を与える。一つは、被害を内在化することにより、加害を外在化させ、犯人探し（責任を追及する相手の特定）が始まり、この犯人探しが人間関係の悪化を招くことである。もう一つは、感情の傷つきという問題を解決しようと努力して失敗し、努力してもむくわれない不全感を招くことである。

ナラティヴ・アプローチはこうした「被害の内在化」という事態から脱出するための一つの道筋として、感情の傷つき、「心的外傷」による問題を外在化するナラティヴを持ち出す。「問題の外在化」は、患者に、彼ないし彼女の感情の傷つき、「心的外傷」によって、自分がどれほど苦しめられ、人生がどのように変えられたのかを考える視点を与える。ここで患者は、責任を押しつけあう人間関係でなく、自分の苦しみや人生の変化についての語りに耳を傾けてくれ、共にこの問題に取り組んでくれる「同志」の関係を形成することが可能となる。ただしそこには耳を傾けてくれる「同志」となる、「好意的な聴衆（appreciative audience）」の確保と、そうした「語り」の場の確保が必要である。[12]

「問題の外在化」は、「被害の内在化」のナラティヴに対する代替的なナラティヴを紡ぎ出す。「好意的な聴衆」に「語り」、また自らも聴衆となることで、共同して新たなナラティヴを紡ぎ出す。このナラティヴは、カウンセリング・ルームという非日常の空間において専門家を相手に紡ぎ出すものとは異なり、複数のナラティヴが相互に刺激しあって紡ぎ出されるものである。

したがって、ときには「加害者の物語」が入る余地があるかもしれない。「問題の外在化」のナラティヴには、「加害者の物語」は欠落している。しかし「被害」がナラティヴの効果であれば、「加害」もナラティヴの効果である。加害者の使える物語がない状況も「被害の内在化」の実態である。ナラティヴ・アプローチは、「被害の内在化」がもたらす支配的なナラティヴから脱出する道筋として「被害の外在化」を提示し、まず「好意的な聴衆」を必要とする。それは支配的なナラティヴに代わるナラティヴを「共有し再生産するのではなくそれを新たに展開させていく」場、『新しい語り』、『いまだ語られなかった物語』を生み出すための場」としての「ナラティヴ・コミュニティ」を構築するためである。この「ナラティヴ・コミュニティ」は、「被害」とその「克服」をめぐる新たなナラティヴの出現に大きな役割を果たす。[13]

「ナラティヴ・セルフ」と「良き聴き手」

野口が「ナラティヴ・コミュニティ」にもとめた可能性を、森岡は「良き聴き手」の臨在にもとめる。上述したナラティヴの構造を、自己の経験を語るという行為にあてはめ、森岡は次のような特性を「ナラティヴ・セルフ（物語的自己）」の構造として提示する。

①「私は何ものなのか」という問いを始めにして、それに対する回答を終わりとする。自己と自己の周辺の行為、出来事を意味ある現実として構成していく言語形式をとる。

②現在「語っている私」とは別に、「語られている私」というもう一つの視点を作る。後者の視点を前者の視点に一致させる作業がなされると、自己はアイデンティティをもつ存在として構築される。
③他者との交流、受容によって自己のリアリティが構成される。(『物語としての面接』一九七頁)

森岡はこのような特性をあげることで、次のことが考えられるとする。①について、「語り」によって「過去から意味を引き出し、それを解釈したり、構成し直すことによって現在や未来への展望を開く『自己』を描くことが可能になる」[14]。②については「語りつつある」自己とその語りによって描き伝えられている自己が同時進行し、自己の語りが同時に自己の創出（self-invention）の行為となる。さまざまな体験のなかからいくつかを選び、自己を新たに構成し直すことで、自分はどのような人間か、すなわちアイデンティティを語る。③については、野口の提示する「好意的聴衆」のように、「語り」という「過去の体験の現在における意味づけの行為」を支持してくれる他者がその場にいることで、語り手は自己の物語を筋立てていくことが可能である。

野口がナラティヴ・コミュニティに見出した聴き手と同様、森岡が③に示した聴き手としての他者は、複数のナラティヴの刺激的な相互作用をもたらすものである。それは、「観客であり、助演者であり、またナラティヴ・セルフのもう一つのバージョンの語り手を担う、積極的な存在でなければならない」[15]。語りたくない否定的な出来事、自己概念に矛盾対立する度合いの強い出来事は、他の出来事との間で孤立し語られないとき、他者に受け容れがたい形で表現される。これが問題行動や症状である。「面接」という臨床で、これらを呈する患者が、自由な展開で語ることのできる、上述の多様な役割を担う聴き手との言語的交流を経て、孤立した出来事と他の出来事との間をつないでいく。孤立した出来事が他の出来事とつなげられたとき、その出来事は「自己概念のなかに統合される」[16]。

以上のような〈語り〉をもって、本稿での検討に際して次の仮説を立てる。上述の野口の提示する臨床社会学の〈語り〉から見れば、少なくともテロの加害者に対する報復として「正義」と称された戦争行為を単純に支持・是認することを回避できるのではないか。加えて、臨床心理学における〈語り〉から見れば、次に述べるような「アメリカ人」あるいは「日本人」（さらには「イスラム教徒」など）のアイデンティティの危機に対して、新たな筋書きをもたらす〈語り〉への期待、経験を自己に統合させる語りを紡ぐ可能性への期待をもつことができるのではないか。

本稿は、こうした仮説の下、「ナラティヴ」（物語、語り）を観点として「九・一一」の被害者やその家族らの物語や語りを検討することを課題とする。本稿の目的は、断片化された出来事を〈語り〉、自らの人生の物語へと統合させていくことが、自己へのケアの一つの行為であることを明らかにすることである。鷲田清一が『聴くことの力』[17]において聴く側（ケアする人）の側面に重点を置いた一方で、ナラティヴ・アプローチは語る側（ケアされる人）をケアの受け手とするのではなく、自己へのケアの主体としての姿を明らかにするのではないだろうか。

三　「九・一一」がもたらした〈語り〉

「九・一一」遺族団体「ピースフル・トゥモロウズ」

二〇〇四年九月、発表者はニューヨーク市にて、「九・一一」犠牲者関係の複数ある団体[18]のうちピースフル・トゥモロウズ（September 11th Families For Peaceful Tomorrows）のメンバーと、わずかだが交流することができた。ピースフル・トゥモロウズは「報復や戦争ではなく平和的な解決を模索・提案[19]」してきた団体であり、その活動は『われらの悲しみを平和への一歩に[20]』やウェブサイト[21]に紹介されている。ピースフル・トゥモロウズのメンバーは、アフガニスタンやイラク、日本を訪れたり、反戦運動や不服従運動などの活動を展開してきた。その活動には「アメリカ人」と名乗ることを恥じよという批判のメール(22)もあるが、現在も活動は続けられている。

彼らの活動の原点は、犠牲者の遺族として、犠牲者の名前をアフガニスタン攻撃の正当化に用いられること、また犠牲者と同じように死んでいく人が出ることに対する不快感を示したことにある。遺族たちは地方紙からインターネットへと場を広げ、アフガニスタンへの攻撃に対する反対意見を表明した。そうして二〇〇一年十二月二日に「九・一一」家族会合同声明をユニオン・スクエア公園で発表するに至った。しかしこのとき声明を発表した幹事のデイビッド・ポトーティ（David Potorti）は、テレビやラジオといったメディアの受け取り方に対し、「これはわたしの最初のマイノリティ経験だ(23)」と語る経験をする。彼は、もともと平和活動家であると見なされ、「九・一一」による兄の死を利用してそれ以前からもっていた行動計画に沿って活動を展開しており、メディアはそれにつきあったまでと番組の司会者に言われた。

しかし、他のメンバーはこう語る。「だが語れるということはすばらしいことだ。なぜなら、もし地域の平和団体がなかったとしたら、わたしにはピースフル・トゥモロウズの活動ができないからだ。彼らは、わたしたちが出かけて行って語りかけることが『必要だ』と言ってくれる。だがわたしは思う。『あなたがたがわたしにどんなに大きな力を与えてくれていることか』と(24)」。家族会メンバーは学校、教会、決起集会その他大小の行事で語った。そこで接触した人々は、「メディアが報じる政府の主張に比べて、はるかに多くの知性と寛容と分別深さを示していた。（中略）そこには大統領の『あなたがたはわれわれの味方か、あるいはテロリストの味方かのどちらかである』といった単純な発想は、どこにも見受けられなかった(25)」。こうしたピースフル・トゥモロウズのメンバーの語りには、森岡の言う「良き聴き手」の存在が明らかにされている。

また、メンバーの語りは、他の遺族の語りを変容させている。メンバーの一人テリー・ロックフェラー（Telly Rockefeller）は、二日間だけWTCで働いていて犠牲になった妹のローラ（Laura Rockefeller）について、なぜ彼女が犠牲になったのかを、「まずい時にまずい場所」にいたからだと説明するのを避け、あの時あの場所に行かなければ起きなかったはずの経験と説明しようとしていた。しかし、起きてしまったことを否定する「起こるべきではなかった」という考えが、ピースフル・トゥモロウズとの出会いにより、その出来事は起きたけれども、それを起こすような世界を変えようというものに変化する。[26] ロックフェラーはここで出来事を自分の人生に引き受けたといえないだろうか。

しかし、『われらの悲しみを平和への一歩に』に表されている「物語」において、自らのアメリカ人としてのアイデンティティが危機にさらされつつも、彼ら／彼女らはアメリカ人であることをやめようとはしない。肩に星条旗をかけて行進する一人のメンバーは、愛国心を表現した。しかし、それはアフガニスタンやイラクへの攻撃を支持するものではない。戦争行為に反対する愛国心もあっていいとそのメンバーは言った。[27]

ピースフル・トゥモロウズのメンバーは、アメリカ人としてのアイデンティティと同時に、犠牲者の家族であるというアイデンティティも当然堅持している。ピースフル・トゥモロウズは、「九・一一」を起こした人たちへの責任追及を求めている。しかしそれは国際法廷など、軍事行為によらない形でのものである。それを「平和主義者」と断定する番組の司会者は、ピースフル・トゥモロウズは他の遺族たちとは異なる立場をとる「マイノリティ」と断定する。[28]

ピースフル・トゥモロウズのメンバーは、こうしたアメリカ人、犠牲者の遺族というアイデンティティに加え、「地球共同体の市民」[29]として、平和を訴える責任を感じているとする。

「わたしは平和の証人としてイラクに行こうとしているのです」とクリスティナ・オルセン（Kristina Olsen 引用者註）は言った。「わたしは地球共同体の市民としても、また九月十一日に愛する者を失った人間としても、平和のメッセージを伝えなければならない深い道徳的責任を感じています。」（『われらの悲しみを平和への一歩に』二二五頁）

このことは次の二点にもつながる。第一に、ピースフル・トゥモロウズの結成一周年記念会の翌日、「平和と正義のための連合」の旗の下で組織された最初の示威行動、戦争開始直後の最後の大抗議として「世界は戦争に反対する（The World Says No）集会」で発言したこと、第二に、イラク滞在中にイラクの人々が何人も「われわれが憎んでいるのはアメリカ人ではなくて、あなたがたの政府です[30]」と語りかけてきたことである。

ニューヨークにいた日本人の語り

(1) 留学生のケース

ニューヨークの隣、コネチカット州の寄宿制私立学校チョート校（Choate Rosemary Hall）に留学していた岡崎玲子は、二年目の新学期に、「九・一一」とそれに伴う出来事を経験する。岡崎は、チョート校に通う日本人の生徒として経験した「九・一一」をめぐる出来事を『九・一一ジェネレーション』で語っている[31]。

岡崎は、日本人として、アメリカで「九・一一」が真珠湾攻撃と比して語られることに関心を強くもち、真珠湾攻撃やヒロシマ・ナガサキの被害の大きさを他の生徒に語ったことを記している。

六十年前の「パール・ハーバー」は、戦時中の軍事基地を目標にした攻撃である。平和な時代の、無防備な市民を狙った今回の敵は、自ら名乗り出ていないし、報復をするにしても、どこを狙えば良いのかも分からない。この決定的な違いにもかかわらず、残る大きな共通点は、「一八一二年、イギリス軍にカナダから攻められて以来、アメリカ領土がターゲットとなったのは、一九四一年十二月七日と今回だけだ」ということ。『「九・一一」ジェネレーション』七二頁）
私にとっては、授業で同時多発テロの規模を話し合った際、「ヒロシマやナガサキに落とされた原子爆弾による犠牲者を上回る」というクラスメイトの誤った発言を、「被害を犠牲者の数だけで統計的に比べることの是非は別として、『9・11』と日本の原爆の場合では、桁がまったく違う」と否定しても納得されなかったことが心外だった。（同書、七二頁）

岡崎のこの日本人アイデンティティがアメリカを相対的に見る契機の一つとして作用する一方、彼女のアメリカへの相対的な眼差しは、まさにそのアメリカにあるチョート校の教育の成果であるともいえよう。岡崎は、学長シャナハンの言葉やチョート校の教員による講演、外部から招く著名人の講演をとりあげ、チョート校で重視される心構え「〈違い〉に対する寛容（tolerance）」を明らかにしている。


全米を覆う、議論を封じ込めて攻撃態勢を整えるという風潮に逆らい、学校側はバランスの取れた見方をする必要性を強調し続けた。そんな活動の一環として、今回の事件をさまざまな視点から考え直し、落ち着きを取り戻すために、全校生徒が参加する講演会が開かれた。これは、チョート校の人文科教師が、パネリストとしてそれぞれが専門的に研究しているトピックについて話すというもの。まずは西欧の植民地支配がいまだ影を落としている中東と中央アジアの情勢を説明してから、本来は平和的な思想であるというイスラム教の解説に移った。

「無差別テロ犯をはじめとする過激派は、イスラム教徒の中の少数派だ。一般のイスラム教徒に責任を押しつけることは、白人優位主義者の行動をすべてのキリスト教徒のせいにするようなこと」

チョート校ではイスラム教徒やアラブ系の生徒が事件後も安心して学校生活を送っているが、地元の公立学校や全米各地で起きている嫌らせが報道されるたびに、もっと多くの人に、この強烈な比喩を聞いて考えてほしいと感じた。（『九・一一』ジェネレーション』二六頁）[32]

その一方で、イラク攻撃開始後、そうした心構えを重視するチョート校でも、「九・一一」当日に「天罰（Heaven's Vengeance）を下せ」といった声が上がったり、[33]九月下旬に寮の生徒たちの間で起きた討論で「報復はやむを得ない」という主張が出たり、[34]反戦集会より「軍旗の下に団結」と題された会合の方が多くの参加者を集めたりした出来事に言及している。[35]

このように、アメリカへの攻撃を自分たちに対する挑戦として受け止める同級生たちと私の間には確実に意識の差がある。

（『九・一一』ジェネレーション』七三―七四頁）

「教科書であれ新聞であれ、意見の出所をきちんと踏まえ、信じるに価するか決めること。情報を鵜呑みにしてはいけない」。このような教育を受けた者でさえ、指導者の戦略に取り込まれてしまう様子を、ここ三年間の学校生活では目の当たりにしてきた。

（同書、一三七頁）

彼女が単純に「加害」と「被害」というナラティヴにおける枠組みに束縛されずに「九・一一」をとらえたのは、日本人としてのアイデンティティと、またチョート校で受けた教育による相対化、そしてその相対的な視点がもたらす〈語り〉に表れているのではないだろうか。犠牲者でもなく、その知人や家族といった何らかの心的外傷を受けた「被害」者でも、「加害」者でもない彼女の語りは、「真珠湾攻撃」には日本人として敏感に反応しつつも、冷静に見える。彼女の語りがチョート校の生徒との間で「良き聴き手」を得てなされたものかどうかはわからない。しかし、少なくともこうして留学中に起きた「九・一一」をめぐる出来事を留学記[36]におさめきれずに著した岡崎は、自己の経験として語らざるをえなかったのではないだろうか。

(2) 日本人学校・補習授業校に通っていた日本人の児童生徒のケース

『テロ事件と子どもの心[37]』の「はじめに」によれば、ニューヨーク州、ニュージャージー州、コネチカット州を含むニューヨーク地域には「九・一一」当時五千人近くの日本人の子どもが暮らしており、全日制の日本人学校に約一割弱が、補習授業校とあわせた四校[38]（ニューヨーク補習授業校は四校に分かれているため、それらを含めると七校）には、幼稚園から高校まで千九百人近くの子ども達が通っていた。

「九・一一」以後三ヶ月、十二ヶ月、二十四ヶ月経って行われた、ニューヨーク周辺に住む日本人の子どもの心理状態を把握するためのニューヨーク日本人教育審議会教育文化交流センター教育相談室による調査の結果と、六ケ月後に行われたニューヨーク市内公立学校生を対象にした、ニューヨーク市教育委員会とコロンビア大学共同の調査の結果から、「市内公立学校の調査では、子どもの十一%が、家族がテロ事件に巻き込まれ、一%の子どもが家族を失ったことが報告され、直接家族が巻き込まれた子どもたちが多かった。しかし、日本人の子どもは家族が直接の被害を受けていないにもかかわらず、ニューヨーク市内同様に約十%の子どもに影響が認められた[39]」。調査結果で明らかになったように、当時ニューヨークにいた日本人への影響は大きかった。しかし帰国した人も多く、心的外傷の経験後、数年経ってからPTSDの発症を招くことを踏まえ、ニューヨークに残った子どもだけでなく、今後の日本での心のケアの充実が求められると結論づけられている[40]。

当時ニューヨークにいた子どもたちには、「九・一一」という衝撃的事実に直面しただけでなく、既述の岡崎のように日本人のアイデンティティが危機にさらされた者もいる。E子は、現地校の全校朝礼での、アメリカ国家への忠誠心を誓う行事において、日本人だし戦争に反対だから星条旗にサインをしたくないと言ったが、クラスメートにサインするよう言われた。ニューヨーク教育相談室顧問医は彼女らについて次のように書いている。

E子さんだけでなく、他にも多くの子どもたち、また大人も含めて、日本人とは根本的に違う、アメリカ人の戦争に対する態度や考え方に戸惑ったり、アメリカにテロ事件当時住んでいた外国人被災者への援助や配慮の足りなさに反感、疎外感、憤りを感じた人は少なくなかった。（中略）E子さんのように、自分が日本ではなくアメリカ人だったらよかったのにと思うのは、むしろ当然のことかもしれない。母親には、そういうE子さんの気持ちを整理し、家で自分の気持ちを安心して出せるような雰囲気をつくってあげてほしい、とアドバイスした。（『テロ事件と子どもの心』一三四―一三五頁）

こうした顧問医のアドバイスは、異国に住む日本人であるE子が受けた心の傷を癒すことをねらったものであろう。そのこと自体を非難するつもりはない。しかし、臨床社会学におけるナラティヴ・アプローチからみれば、アメリカに住んでいるという文脈は捨象されているように見える。E子はなぜそうした心の傷を負うことになったのか、その傷はE子の日本人アイデンティティをどのように変容させたのか、という視点はあるのだろうか。

また、そうした心の傷を負わなかったように見える子どもたちはどうであろうか。以下は、子どもたちの書いた作文である。

私は、この事件の後、いろいろな場所やテレビを通じて、「ゴッド・ブレス・アメリカ」という歌を聞いた。また、アメリカ国旗を家の前や車につける人たちをたくさん見かけた。それから、ワールドトレードセンターのがれきを片づけたり、寄付を集めたりするボランティア活動を多くの人が自分からすすんで行っていることを知った。様々な人種や、出身地に関係なく、自分たちの国を守ろうとする強い気持ちの表れだと思う。普段は、個人が、自己主張するこの国の人々がいざという時、みんなで協力し合い、行動する姿に、私は感動した。（日本人学校 中一 女子）（『テロ事件と子どもの心』一六〇―一六一頁）

アメリカがどんな壁でも乗り越える力をみたような気がした。それは、アメリカ国民の団結力と強靱な愛国心だ。僕もこれほどの愛国心をもっていたいと思う。日本人であることを誇りに世界的な視野をもっていくことの大切さを知った。（日本人学校 中一 男子）（『同書』一六一頁）

ナイン・イレブンは世界中の人々に影響を与えました。ニューヨークに住んでいる僕は、周りの人々の間での大きな変化を感じました。前まで目も合わせなかった人達が、ナイン・イレブンの後、おたがいに同じ様な事を考えているような気がしました。怒りと、心の痛みと共に僕たちは同じ問いを繰り返しました。――なぜ。

アメリカという国の中には、いろいろな人種や宗教の人たちが住んでいます。（中略）しかし反対にわれわれは、アメリカ人という強い、意識をもって結ばれるようになりました。この気持ちはアメリカに住んでいる人にしか分からないでしょう。（中略）なぜ人々は殺し合うのだろう。なぜ、ナイン・イレブンみたいな悲劇が起こったのに、ブッシュ大統領はイラクと戦争をして人々の血を流すのだろう。ナイン・イレブンの後は毎日のように僕は自分にそう聞きます。ツインタワーが倒れた日、昔のアメリカは共にくずれました。しかし、その代わりに新しい国と人々が生まれました。（中略）（補習授業校 中二 男子）（『同書』一六三頁）

E子のように心の傷を負ったかのようにみえる子どもでなくとも、痛烈に「アメリカ」という国を感じたことは、これらの作文から明らかではないだろうか。これらの作文は、目の前に起きた出来事のうち、日本人というアイデンティティに「アメリカ」がつきつけられたことについての〈語り〉といえるだろう。

くわえて、多くはないが、直接家族が被害にあった子どももいる。WTCに勤めていた父親の安否が確認できなかったA子は「次第に状況を受け入れるようになり、十一月に行われた学習発表会では自ら父親とテロを題材に英語のスピーチを行った[41]」。A子の発表したスピーチは次のような内容であった。父親が犠牲になった彼女は、日本の憲法九条に触れ、これを誇りに思うとする。A子はアメリカという国には触れていない。「九・一一」からわずか二ヶ月という時期に行ったスピーチは、なぜ起きたのかわからない出来事に対して、ただ二度とこうした出来事が繰り返されてはならない、愛と平和を世界は求めているというところでとどまっている。ピースフル・トゥモロウズのメンバーとは異なり、アメリカ人でない父親の犠牲は、アメリカの報復行為を正当化するものとして働かなかったということにもなるのだろうか。この後、年末にA子は家族と帰国し、彼女にかんする記録はこれ以上ないため、彼女の語りがどのように展開したのかは不明である。

四　〈語り〉を観点として

既述したピースフル・トゥモロウズのロックフェラーは、野口の言う「ナラティヴ・コミュニティ」としてのピースフル・トゥモロウズにより、新しい考えをもったといえる。アメリカ政府やメディアは「被害の内在化」の〈語り〉により、被害者としてのアメリカ人アイデンティティの強化をもたらす。この支配的なナラティヴは、被害を脱文脈化し、アフガニスタン、イラクへの戦争行為を正当化する。これに対してロックフェラーは、ピースフル・トゥモロウズというナラティヴ・コミュニティに入ることで、なぜローラが被害に遭わねばならなかったのかを、そうした被害を招いた文脈に目を向けて、新たな〈語り〉を展開する。

一方、こうした文脈へのまなざしをもち、冷静に「九・一一」という出来事について語ったのは岡崎である。岡崎は、自分を被害者に同定していない。たしかに彼女は「九・一一」の「被害」者ではない。しかし、日本人として、「九・一一」が真珠湾攻撃と比して語られるときの違和感を感じないではいられない。この日本人アイデンティティおよび〈違い〉に対する受容をうたう教育の成果が、一つの支配的なナラティヴを脱文脈化する語りにつながっている。こうした支配的なナラティヴへの冷静なまなざしは、支配的ナラティヴを別のナラティヴに作り替える可能性、新たなナラティヴを展開する可能性をもたらす。

岡崎より低い学齢の日本人の子どもたちのうち、日本人アイデンティティが危機にさらされた現地校に通うE子に対する医者の〈語り〉は「被害の内在化」の一例である。しかし、この医師を批判するつもりはない。医師にしてみれば患者の治療は職務だからである。しかしE子が新たにナラティヴを紡がなければ、日本人であることに対する不快感を癒すことは難しいだろう。家族が犠牲になったA子やピースフル・トゥモロウズのメンバーは、不快な感情をもたらす出来事を受け容れるナラティヴを最初からもっていたわけではない。

父親が犠牲になったA子を、日本人学校のクラスメイトは「いつもどおりふるま」って受け容れた。こうして受け容れてくれる同級生に〈語る〉ことで、彼女は自らに起きた出来事を受け容れた。〈語り〉はスピーチ以外には具体的に記されていないが、その出来事の受容にクラスメイトや教師が「良き聴き手」として働いたことは、後日父親の遺体の一部が確認されたときにニューヨークを再訪したA子と母親が教師に語っている。

アメリカという国にいる日本人という自分に強く同定させられることになった子どもたちのうち、日本人学校に通う子どもは「九・一一」後のアメリカを肯定的に捉える一方で、岡崎同様現地の学校に通う子どもがアメリカを相対視している点は興味深い。もちろん、前者の子どもの方が学齢が低いことや、個々の知識・能力もその違いの要因にはなりうるが、こうしたアメリカの相対視はピースフル・トゥモロウズのメンバーにもみられるからである。

「自分はアメリカ人だけれども、アフガニスタンやイラクへの攻撃には反対する」という〈語り〉と、「自分はアメリカ人だからこそ、それらに反対する」という〈語り〉の間には、後者の〈語り〉では「アメリカ人」という自らのアイデンティティ（物語的自己といえるかもしれない）の幅広い意味づけが可能な点で、前者のそれとは異なる。ここでこれだけは言えるのではないだろうか。ピースフル・トゥモロウズのメンバーは、「被害」者として自らを同定するにとどまらない点で、メンバーから成るナラティヴ・コミュニティの間で相互に刺激を与え合い、同じく戦争行為の犠牲者へナラティヴ・コミュニティを拡大し、「被害」を「克服」する〈語り〉を展開しているさなかである。政府やメディアによって「加害」者と見なされるアフガニスタンを訪れたピースフル・トゥモロウズは、「被害の内在化」でなく「問題の外在化」のナラティヴを展開しているといえよう。

おわりに――〈語り〉と「自己へのケア」

ここまで、臨床社会学や臨床心理学のナラティヴ・アプローチをもって「九・一一」がもたらした〈語り〉をみてきた。良き聴き手やナラティヴ・コミュニティの中でアイデンティティという自己の問題を〈語り〉、出来事を自己のものとして統合していくプロセスは、自己へのケアと言えないだろうか。語り手は一方的にケアされるわけではない。自らをケアする人として語る。ただしそこには自己をケアしてくれる聴き手が同士として必要である。

社会的文脈におかれた自己の物語を形成する〈語り〉は、「良き聴き手」、ナラティヴ・コミュニティを必要とする。「良き聴き手」もしくはナラティヴ・コミュニティのメンバーは、語り手をケアする人である。しかし語り手はケアの受け手という受動的存在にとどまらない。〈語り〉という主体的行為は自己へのケアの作業である。違和感を感じる、引き受けがたい出来事に遭遇した経験を、自らの人生の物語へ引き受けるための自己へのケアである。

最後に森岡の指摘する〈語り〉の二面性に触れておかねばならない。〈語り〉はいったん生成すると今度は抑制作用をもつ。自己へのケアとしての〈語り〉は、自己の創出の行為であるが、一度同定された自己のナラティヴはそこから逃れがたいものとなる。語る自己と語られる自己には、語られた（過去形）の自己による呪縛がある。

ここで振り返ってみよう。ピースフル・トゥモロウズのメンバーは、自分の受けた「被害」を、「問題の外在化」のナラティヴからとらえ直すことにより、アフガニスタンやイラクにおける戦争行為の「被害」者との間にナラティヴ・コミュニティを形成できた。しかし、一度こうした「被害」者のコミュニティが形成されると、「被害」者でなければそこから閉め出される、あるいは語れないという状況が生まれる危険性がある。

〈語り〉という自己へのケアの行為においては、ただ語れば新たなナラティヴ、新たな自己を創出させるものではなく、やはり「良き聴き手」、ナラティヴ・コミュニティとの相互作用の働きを軽視できない。その意味では、ケアされる人との間で成立するケアリングという関係における行為として、〈語り〉を定義づけられるだろう。よりよい自己のナラティヴの創出というニーズに向けて、ケアする聴き手とケアされる語り手の、ケアリングという関係がそこに見いだされると思うからである。

註

（1）八時四十八分とするものもある。
（2）九時三分とするものもある。
（3）「グローバル・エシックス」の定義は、本書第一章を参照されたい。本稿では、誤解を恐れず極めて端的に表現すれば、国家主義を超克する倫理と捉えている。
（4）『物語としてのケア――ナラティヴ・アプローチの世界へ』医学書院、二〇〇二年、奥付「著者紹介」参照。
（5）森岡正芳『物語としての面接――ミメーシスと自己の変容』新曜社、二〇〇二年。
（6）森岡は「物語的接近法」としている。以下、森岡の「物語」を本稿では「ナラティヴ」「語り」と捉える。
（7）Bruner, J. S. *Actual Minds, Possible World*, Harvard University Press, 1986. 田中一彦訳『可能世界の心理』みすず書房、一九九八年。*Acts of Meaning*, Harvard University Press, 1990. 岡本夏木・仲渡一美・吉村啓子訳『意味の復権』ミネルヴァ書房、一九九九年。
（8）他に Ricoeur, P., *Temps et Recit*, Tome I-III, Paris : Seuil, 1983-1985. 久米博訳『時間と物語Ⅰ―Ⅲ』新曜社、一九八七―一九九九年。浅野智彦「回心を語る「私」」『ソシオロゴス17』一九九三年、『自己への物語的接近』勁草書房、二〇〇一年。野家啓一『物語の哲学』岩波書店、一九九六年。
（9）野口裕二『ナラティヴの臨床社会学』勁草書房、二〇〇五年、二一〇頁。
（10）野口は「ドミナント・ナラティヴ」と表現している。
（11）野口、前掲書、一七六頁。
（12）これらを制度的に保障するものの一例に、自助グループがあげられるだろう。一例として、アルコール依存症患者の断酒会。URL: http://www.dansyu-renmei.or.jp/index.html 参照。
（13）野口、前掲書、一八四頁。
（14）森岡、前掲書、一九七頁。
（15）同書、二一二頁。
（16）同書、二二六頁。

（17）TBSブリタニカ、一九九九年。
（18）筆者も訪れた「九・一一」の犠牲者に関係する会の交流会では、十を超える団体名があった。
（19）『われらの悲しみを平和への一歩に』表紙折り返しより。
（20）デイビッド・ポトーティとピースフル・トゥモロウズ（梶原寿訳）『われらの悲しみを平和への一歩に』岩波書店、二〇〇四年。
（21）URL: http://www.peacefultomorrows.org/
（22）たとえば、「あんたたちは戦争と、この国を守る必要について、何も分かっていない。ブッシュ大統領があんたたちに会おうとしないのが嬉しい。あんたたちにはその栄誉を受ける値打ちはない」（デイビッド・ポトーティほか、前掲書、一五八頁）。
（23）デイビッド・ポトーティほか、前掲書、五五頁。
（24）同書、一二二頁。
（25）同書、一二三頁。
（26）同書、一六二頁。
（27）著者は、ストーン・ウォーク（STONEWALK）というピースフル・トゥモロウズのイベントに参加し、主要メンバーのコリーン・ケリー（Colleen Kelly）にあらかじめ用意した質問をもってインタビューした。また幹事のポトーティにはメールで質問し、回答を得た。それらは以下のとおりである。

一　コリーンへのインタビューより抜粋

質問１正義とは？

真実（truth）に関すること。正義を語ることは力である。

質問２語り（narrative）についてどう思うか？

コミュニケーション。体を使ってなどさまざまなコミュニケーションがあるが、スピーチ（speech）は、人々・家族間・国家間の第一のコミュニケーションである。

質問3「九・一一」事件後のアメリカ人の愛国的な（patriotic）考えについて

「愛国的（patriotic）」はわたしにとって自分の国を愛することを意味する。善いことだけを愛するのではなく、悪いところも愛する。組織が最善の選択をする場合だけでなく、そうでない場合も組織が議論していくべきだ。（あなたの「愛国的」は民主的（democratic）と感じるのですが?）「愛国的」であるには民主的でなければならない。自分の故郷を愛する者として、自分の所属する組織の参加者として。

二　ポトーティのメールによる回答

質問1 正義とは?

正義が自立（independence）という観念と連関していることには賛成だ。誰もが仕事や食べ物や住むところにアクセスできるのだから、この世界では〝慈悲〟の必要はない。

正義には〝バランス〟という観念もまた含まれる。悪行がなされるとき、善行によって〝バランス〟がとられるべきだと感じる。これは、わたしの正義観だが。不幸なことに、合衆国の多くの人々は、悪には同じ悪をもって返すべきだと感じているか、正義に到達するために、さらなる悪をもって返すべきだと感じている。彼らは暴力的な報復をよいと思っている。

最後に、従うべき規則や説明責任（accountability）と正義は関係していなければならないと思う。法律は、人間性の規則だ。ある者がこれらを犯すとき、法を犯さない方法で彼らの行動に対して責任をもつべきである。さらなる暴力や無法さで「九・一一」の攻撃に応ずることによって、われわれは、暴力の連鎖を続け、われわれの法制度に損害を与え、壊してしまった。

わたしは正義という言葉の使用を回避することを学習した。それは多様な人々に対して多様な意味をもつ言葉だから。

質問2 語り（narrative）と聴くこと（listening）について

他者と結びつきをつくる最善の方法は、個人が物語（story-telling）、出来事を証言すること（witness-bearing）だとわたしは思う。これは、人間的なレベルで交流する方法である。われわれはピースフル・トゥモロウズで多くの活動をしている――大統領に手紙を書いたり、新聞に記事を書いたり、本を出したり。しかし、われわれが行うもっとも効果的な活動は、教会、学校、あるいは市民団体（civic organization）で、小さな集団に話すときのものである。人々はわれわれの見解と一致しないこともありうる、しかし人間存在としてわれわれの感情に一致せずにいられない。この点については、それが真実だということの他に、われわれは何も言えない。

質問３「九・一一」事件後のアメリカ人の愛国的な考えについて

「九・一一」後に愛国的な感傷（sentiment）が増大したと思うが、これは極めて当然のことだった。しかし、それ以来起こったことは国家主義の高まりであり、そしてそれは極めて後ろ向きの発展（negative development）である。愛国主義は、ある一つの文化に対する誇り（pride）を意味する。国家主義は、あなたの文化が誰のものよりも良いこと、国際法や人間性の他の規則にあなたが従う必要はないということを意味する。ブッシュ大統領や合衆国の大企業メディア（corporately-owned media）が、恐怖をあおる（fear-mongering）組織的なキャンペーンを通して、われわれに最悪なことをもたらしたとわたしは思っている。二十一世紀には、われわれの敵をすべて排除することはできないし、その代わり共存し共通の地平を見出さなければならないということをわれわれは学んだ。

「九・一一」の家族の多くの政治的傾向がどういうものかについて、正直言ってわたしはわからない。あれほど多くの人々に影響を与えた悲劇は、その広い範囲にわたって、異なる多様な反応をもたらしただろう。それは、明らかに「九・一一」の犠牲になった市民だけではなかった。家族メンバーに対するメディアの取材は、過去三年にわたってずっとなされてきたのではないということにわたしは驚いている。家族たちが、そこにはどんな動機あるいは好みも帰されうる〝不明確な領域（gray area）〟として、よりいっそう［メディアなどに 訳者註］活用されているとわたしは感じている。政府は、彼らが実際に考えていることや、今までに見出したであろうことを知ろうとしない。

（28）デイビッド・ポトーティほか、前掲『われらの悲しみを平和への一歩に』二〇二―二〇三頁。
（29）同書、二一五頁。
（30）同書、二六六頁。
（31）『９・11』ジェネレーション』集英社 二〇〇四年
（32）他にも、次のような記述があげられる。「新年度の開始直後に起きた同時多発テロからの一年間は、すべての講演会のトピックが九月十一日の事件にまつわる話だった。全校生徒を前に、『いまこそ、外交』と対話の力を解いたのは、ベトナム戦争の際に六年間捕虜となった経験を活かし、国交正常化後、米国の初代ベトナム駐在大使を一九九七年から二〇〇一年まで務めた〝ピート〟・ピーターソン氏。数年前から依頼し続けた来校がついに実現したというだけあり、中身の濃い、貴重な話を聞くことができた」。（同書、六一―六二頁）

「『9・11』から一年が経ったこの日、授業は通常通り行われたが、午前十時には全校が大講堂に集まった。『事件を機に自分がどのように変わったのか』というテーマで行われた短いフリー・ディスカッションでは、人生観が変わったという声が多かった。『今までは、つまらない悩みにクヨクヨしていたけれど、炎に迫られ高層ビルから飛び降りるビジネスマンたちの姿を目の当たりにして、命の尊さと儚さ、そして生きているだけで意味があるのだという事実に気づかされた』『アメリカが無敵ではないのだと悟った』『周りに感謝することはもちろん、（自分の思いを）伝えられるうちに言葉に表しておく必要性を感じた』

そして午後には、チャペルで小さな集まりが行われ、詩の朗読の後、参加者たちはキリスト教、ユダヤ教、仏教、イスラム教、ヒンドゥー教それぞれの祈りを捧げた。私たちのキャンパスでは簡単に実現するこんなひとときが、なぜ世界規模では無理なのかと考えずにはいられない。

多様性の尊重を前面に押し出しているチョート校が重要視する心構えの一つは、〈違い〉に対する tolerance（寛容）。二〇〇一年九月十一日以降の一年間では、地球のあちこちで展開する出来事について、ひるむことなく腰を据えて話し合う機会を多く設けていた。合い言葉は『事実を理解せずに正しい議論はできない』。生物兵器に使用されるかも知れない病原体の研究家や、中近東に詳しいジャーナリストなどを招いての講演会を通じ、さまざまな視点から専門家の意見を聞くことができたのだ」。（同書、七〇―七一頁）

「生徒がいつも聴き手にまわるわけではない。冬休み明けには、サウジアラビアから来ている最上級生のオマーが、全校に体験談を紹介した。休暇中に帰省した際、親戚たちがテレビに映ったビン・ラディンを大歓声で迎えたことにショックを受けた彼が、『マンハッタンに暮らし、ウォール・ストリートに両親が勤務する僕の友だちの気持ちを考え……』と言いかけたところで、『どっちの味方なんだ』と叫ぶ従兄弟と大ゲンカになったという。『一年が経ったとは信じられない』『自分たちの人生が二〇〇一年九月十日までのものに戻ることがない』オマーのようなジレンマに遭遇しなくとも、テロから一年目を迎えてみると、『どのように反応するべきか』と誰もが戸惑ったのではないかと思う」。（同書、七二頁）

「The War in Iraq と名づけられた戦いで米英軍がバグダッドを制圧したころ、シャナハン学長からは、"Study what is taking place before your very eyes."（目前で展開する事態を凝視せよ）、また『国際情勢について、自分が情報を受け取るときも分析するときも、人間らしさをどこかに置き忘れないように』というアドバイスがあった。

これは学校教育という枠組みの中で、アメリカ人の、アメリカ人による議論に参加する上での重要なヒントとなる」。（同書、一四三頁）

「（「対イラク戦争」の　引用者註）開戦の発表があったとき、『なぜこんな状況に突入したのか、真実を見極めよ』と指示する学長の言葉があった一方、この戦争の位置づけは将来の歴史家に任せようという声が多いことには、ショックを受けた。この戦争を論じるには早過ぎる、イラクが安定すれば、今回払われた犠牲さえも正当化されるという意見だ。

勉強すること、そして考えることが奨励されている学校で、現在自分が住んでいる国が起こした戦争の意味について、『いずれ歴史が善し悪しの判決を下す』というひと言で片づけてしまうとしたら、なんのために〈歴史〉を学んできたのかと問い質したくなる」。（同書、一五八—一五九頁）

（33）同書、四頁。
（34）同書、二二一—二二三頁。
（35）同書、一二四—一二五頁。
（36）留学記は『レイコ@チョート校』集英社、二〇〇一年に著されている。
（37）ニューヨーク教育相談室編『テロ事件と子どもの心』慶應義塾大学出版会、二〇〇四年。
（38）同書の別のところでは五千から六千人と推定されている。八三頁。
（39）同書、九六頁。
（40）同書、一〇〇頁。
（41）同書、一四七頁。

第五部　環境と経済

第十四章　グローバル化する都市生活における環境倫理

御子柴善之

はじめに

まずは小論の前提するグローバル・エシックス理解を掲げておきたい。グローバル・エシックスとは、基本的に閉ざされた空間である地表面に生きる人類がいかなる社会制度を実現すべきか、その社会において各人はいかなる役割を担うべきか、を批判的に検討する学である。確認されるべきは、ここでの「各人」がたんなる「個人」ではなく、同時に「世界市民」だということである。たんなる個人に定位すれば、そこには意志決定の主体としての「個」の個別性しか視野に入らない。しかし、世界市民に定位すれば、そこからは地上に散開するひとびとが形成してきた文化の多様性が視野に入る。この多様性を無視することなく、それを批判的に検討することがグローバル・エシックスのひとつの課題である。

さて、こうした多様性のひとつに、地表面において人口分布が稠密な場所すなわち都市部とそうでない場所との差異がある。小論は、環境倫理の観点からこの差異に注目する。かつてより都市は「〈光〉と〈影〉との交錯」[1]する場所だった。ひとびとは都市に、自分の能力を発揮する可能性と自分やその家族の生活の安寧・利便を求めて集まった。この都市あるいは都市部への人口集積は今日なお続いている動向である。[2] 他方で、人口増加を伴う都市化の速度に比して住宅供給などの整備が遅れるとスラムが形成されて都市内におおきな貧富の差が顕在化し、[3] 都市の郊外化の速度に比して公共交通機関などのインフラストラクチャー整備が遅れると、都市住民の移動に伴う大気汚染などの公害が発生した。[4] 前者の問題を比較的早期に解決した日本でも、後者の問題はなお残存している。それでも、都市空間で享受可能なものに比して、そこから被る可能性のある災禍が少ないのであれば、都市住民にとっては都市に居住し続けることに合理的な理由があると言うことはできよう。

都市問題のいくつかにはその加害者も被害者も都市生活者自身であるという性格が指摘できる。しかし、いったん地球環境問題というグローバルな視点から都市生活を見直すなら、「都市」そのものがひとつの問題として浮上してくる。すなわち、都市生活が地球環境に負荷をかけ地球環境問題の原因になっているとすると、加害と被害の関係は都市空間を越えて、受益者としての都市生活者における加害者的性格が鮮明になり、都市生活を選択するひとびとにはそれを選択しないひとびとに比して、特別の倫理的責任が生まれるとは言えないだろうか。

このような事情をわたしたちに意識させたのが、二〇〇四年に猛威を振るった鳥インフルエンザの問題である。同年四月、鳥インフルエンザの感染を隠蔽していたことの責任を問われた浅田農産（姫路市）は、鶏一七七万羽を処分し、それらは肥料、肉骨粉などに加工された。しかし、それに先立つ三月、京都府丹波町の浅田農産船井農場では、鳥インフルエンザの防疫措置のため、約二四万羽の鶏が殺処分され、山林の穴に埋められている。この事件を巡る報道には、企業の社会的責任を問うものを中心に、人間への伝染を懸念するもの、あるいは大量処分のたいへんさやその処分の終了を安堵感とともに伝えるものが目立った。このとき、鳥インフルエンザウィルスに感染していない鶏までもが、たんにそれが船井農場で飼育されていた鶏であるという理由で殺処分されることの倫理的意味を問う意見は、管見したところどこにも見当たらなかった。いったいこれは無差別大量殺戮ではないのか。そう問うなら、わたしたちは、人間に対して行ってはならないことを動物に対してなら行ってもよいと考えてきた従来の立場に向かって抗議の声を挙げた動物解放論や、人間と自然物の絶対的区別に向かって自然物固有の価値を掲げて抗議の声を挙げた環境倫理学の問題領域に足を踏み入れたことになる。そもそもなぜそれほど多くの鶏が農場で飼育されていたのだろうか。それは、そこから産出される鶏卵や食用肉を大量に消費する都市が近くに存在したからではないのか。都市生活者の生活は、遠近はさまざまであろうが都市の外部に存在する農村部に依存している（ここで問題になっているのが「生存」そのものであることに着目するなら、逆もまた真なりとは言えない）。こうした都市生活そのものが、鳥インフルエンザ騒動を契機として問われるべきなのである。

そもそも環境破壊はいつごろ始まったのだろうか。それを人間が都市生活を始めたとき、すなわち今から約五千年前であると推定する意見がある。[5] ここで「破壊」とは、人間が農村部の余剰生産物を基盤にして自然との共生を離れ、自然をたんなる利用の対象と考え行動するようになることを言う。筆者は、地球上に最初の都市が出現した時点で地球環境問題が発生したわけではないと推測する。むしろ、都市生活者が人類のなかで例外的存在でなくなった産業革命以降の工業都市形成（およびそれに伴う人口増加）をもって環境破壊の開始と見るべきであり、その意味で近現代における「都市」「都市空間」「都市生活」という観点、とくにグローバル化という動向におけるそれを環境問題の理解や環境倫理に導入することが必要であることを主張したい。それが小論の表題の意味するところである。そこで、小論では、そもそも「都市」とは何か、という問いを立てたうえで、「都市」という空間のもつ問題性を、先行する研究者の見解にもとづいて明確にする。つぎに、都市を論じた哲学者ジンメルの所説を参照することで都市生活そのものの理解を深め、この「都市」という観点を欠いた従来の環境倫理学についてそれを批判的に論じたうえで、最後に、都市生活者に固有な倫理的責任について論じることにする。

一　「都市」という空間の問題

都市とは何か

「都市」を問題にするに当たってわたしたちがまず直面するのは、その概念の曖昧さである。(6)もちろん、「都市」を定義することで、その問題圏を哲学的に考える決定的な出発点が得られるはずもないが、当面、その概念の多義性に目を向けたうえで、わたしたちの行論に必要な視点を定める必要があるだろう。

著書『都市と権力』において藤田弘夫は、都市概念に二重性があることを指摘している。すなわち、第一種の概念における都市とは物的構造上の大聚落であり、それが人口の量や密度との関連において分析される一方で、第二種の都市とは自治体としての性格を中心とした生活様式であり、それは政治・経済・社会に分析される。藤田は、従来の都市研究が後者の概念に依拠したがゆえに、かえって都市概念が混乱したことを指摘し、後者の概念もまた前者の概念を前提していることを踏まえ、両種の都市の概念規定が密接に関連していることの重要性を指摘し、さらには、都市研究においてはまず第一種の概念における都市が問題にされなければならないと主張する。(7)藤田の指摘は、環境倫理を論じる小論の問題意識にとっても重要である。なぜなら、わたしたちの視点は地球環境問題に定位するがゆえに、都市空間をその外部から見渡すものであり、そこに見出されるのはまずもって都市の大聚落としての性格だからである。さらに、その見地を踏まえて、そこに生活する人間の集団的性格にも目を向けて、都市生活者の倫理を問うからである。すなわち、小論もまた、第一種の都市概念に依拠しつつ、その倫理性を問う過程で第二種の都市概念に接することになるのである。

さらに、大聚落としての都市がもつ物的構造に注目して、それを環境論的に明確化することがわたしたちの行論には必要である。そのために、つぎの三点を銘記しておきたい。第一に、都市は人工の生活空間である。すなわち、人間が何らかの理由で意図的に造りだした空間である。第二に、その空間は意図的に形成されたものであるがゆえに、都市はその意図の完遂のために徹底的に人工化される傾向をもつ。すなわち、都市空間内部から人工的でない部分が減れば減るほど当該空間の快適さや利便性が確保されるがゆえに、そこではいわゆる「自然」からの離脱が起きる。第三に、都市空間は、「自然」から離脱する傾向をもつがゆえに、自然のもつ生産力や分解力をその内部にもたない。すなわち、都市生活者がその自然本性上の生活を維持し栄養の摂取や排泄を行うためには、都市空間の外部に依存することが必要になる。この点にかんして、和気静一郎は都市を「非自立的」空間と呼んでいる[8]。さらに、新田慶治が「自然の生活空間」をつぎのように定義していることも、それと対比して人工空間の特性を描くために有効である。

自然の生活空間とは、人々が生活する上で環境中に放出したすべての物質が自然の中で土壌微生物などの働きにより分解され、環境中に蓄積しない空間である。（新田慶治『生活空間の自然／人工』六四頁）

この定義によって、新田はわたしたちがそれに近づいていくべき生活空間をいわば理念的に表現しているのだが、上述の都市空間のもつ動向がこれに反するものであることは、明らかである。都市空間は、放出された物質の分解能力をもたないがゆえにそれを外部に排出しなければならず、それを外部に排出してしまうがゆえにそこから産出力を取り出すこともまた不可能なのである。

都市空間の問題性

以上のような都市の性格は「動向」として動的なものである。その性格は、それがすでに古代都市にも見られるとしても、産業革命以降、科学技術と人口の稠密化を背景にして顕著になっている。そこで、現代社会における都市の問題性を明らかにした論者として、現代文明の動向を「無痛文明」というキーワードで読み解いた、森岡正博の所説に注目しよう。森岡は、その行論の出発点において、文明の歩みを人間の「自己家畜化」の歩みと見る考えかたを受け入れ、それを「身体の欲望」と「生命」という観点から未来に向かって深めている。(9)「自己家畜化」とは、文明化の名において人間は家畜に行うのと同じことを人間自身に対して行ってきた、ということである。この動向の一部に、人間による都市形成が含まれる。彼の説明を引用しよう。

> 人工環境化であるが、人間は都市を形成し、自分たちが生きていく空間を極度の人工環境に変えてしまった。家、道路、上下水道、自動車、電車、電気、そういうものに囲まれてわれわれは生活している。朝早く起き、空調のきいたオフィスで仕事をしている姿は、家畜工場のニワトリとどこか似ている。（森岡正博『無痛文明論』七頁）

森岡はさらに、都市生活者への食糧供給事情、自然の脅威の克服についても、その家畜との類似を説明しているが、重要なのは、彼が「自己家畜化」の特徴の一つとして挙げる「自発的束縛」においてもまた都市生活者と家畜との類似が見られるという指摘である。彼は、餌付けを介して家畜が自発的にその置かれた立場を受け入れるかのような振舞いをするのと同様に、人間もまた生活水準の高さと安寧を手に入れるのと引き換えに、自発的に社会システムに縛られることを選んでいる、と言う。都市生活に関連させていいかえるなら、人間は安寧と利便性を確保するのと引き換えに、「非自立的」な空間に居住し労働することを自発的に引き受けるのである（もちろん、都市生活者のなかには、もともと都市生活をしている親から生まれそこにしか生活基盤をもたない人たちもいる。そうした人たちが自発的な選択をしていないのも事実だが、そうした問題はここではいったん考慮の外に置いておく）。森岡は、このような「自発的束縛」の下にある都市生活者が地球環境問題対策に参画することがあったとしても、それは自分の生活水準を低下させない限りにおいてであり、そこから「循環型文明」が生まれるとしても、それは「二重管理構造」すなわち自然環境を大枠でコントロールしつつもその人工的作為を感じ取らせない管理システムにほかならないことになると主張する。[10] したがって、森岡の所説に従うなら、都市生活の構造をそのままに温存しつつ地球環境問題対策を行うことは、この問題を発生させた人間の根本動向を解決することにはならず、むしろ自然をも人間をも徹底的に管理するという結果を生むことになる。これは、カントに代表される道徳性理解、すなわち道徳における善悪観念が個人の意志の自由をその存在根拠として前提し、意志の自律的自由によってのみ善という道徳的価値が実現するという理解に根本的に背反する動向である。都市空間を倫理的問題にすることそれ自体の困難もまたここには看取される。

つぎに、環境倫理学の古典的著作のひとつである、ヨナスの『責任という原理』における「都市」理解に目を向けよう。彼の用いる「都市」概念は、藤田の言う第二種の概念である。それは彼が「人間自身の最大の作品」としての「都市をそれたらしめるもの、それは取り囲むこと、そして延び広がらないことである」と規定し、その都市に一定程度の持続性を与えたのが「法律」である、と言うところに明瞭に表れている。[11] 彼はひとまずこの都市概念を、古代都市を念頭において採用する。人間はテクネー（技術）を用いて都市を造る。そのとき、人間にとって同じ城壁によって取り囲まれた空間に生きる人間だけが責任の対象であり、自然は不変なものとしてあるいは人間に恵みをもたらすものとして、それが責任の対象になることはなかった。これが近代まで持続する、あるいは近代において顕著になる倫理学の「現前性格（Präsenzcharakter）」[12]、すなわち道徳的配慮の対象を現在世代に集中させる性格をもたらしたのである。

さて、人間の使用する技術は近代以降変質し、自然の一部を改変するにすぎないものから、自然を大幅に改変し、その傷つきやすさを露呈させ、かえって人間の生存が自然の状態に依存していることを意識させた。それを踏まえてヨナスは「未来倫理（Zukunftsethik）」を語りだす。このとき彼の「都市」理解は、古代都市の内実を保持しつつそれを地球全体に拡張したものになる。彼はつぎのように言う。

かつて人間ならざるものの世界における飛び地（Enklave）だった人間たちの都市は、地上の自然の全体に延び広がって自然のもっていた場所を簒奪する。人工物と自然物の間の差異は消滅し、自然物は人工物の領域に飲み込まれたのである。（ヨナス『責任という原理』原書三三頁）

このような視点は、都市生活者の環境倫理を問題にするわたしたちにとって、積極的な意味と消極的な意味の双方をもっている。その積極的意味は、都市のもつ動向がすでに地球全体を覆い尽くしているがゆえに、都市生活者が都市の内部で地球環境問題に参画することを意図するならば、都市空間を支える人為的な全体構造を問題にすべきであることに気づかせてくれることである。他方、消極的意味とは、一挙に地球全体を都市化していると考えることで、それにもかかわらず現存している都市部とその外部との差異が見失われ、都市生活者固有の問題が見えづらくなることである。ヨナスが「次の世代の人間のために世界が存在するように、グローバルな『都市』はみずからに法律を与えねばならない」[13]と言うとき、彼の視界にはついに藤田の提示した第一種の都市概念が入ってこない。わたしたちには、科学技術文明一般と都市問題を重ねて理解するだけでなく、後者の特殊性に着目することが必要なのである。

二　「都市」の哲学——ジンメルの場合

都市の特殊性に目を向けるには、第一種の都市概念と第二種のそれを関連づけて論じる必要があるが、それには「都市的人間」に着目するのが有効である。それを論じた哲学として、ここでは「都市の哲学」と呼ばれることもあるジンメルの哲学を採り上げよう。彼の都市理解は、二十世紀初頭のベルリンを念頭においたものとして、「古典」的なものであるが、そこには都市のもつ根本動向を把握するために好適な示唆が見られるからである。彼には講演「大都市と精神生活」（一九〇三年）があり、それは遺稿集『橋と扉』（一九五七年）に収録されている。[14]

都市生活者の精神生活

ジンメルの「都市」理解は、その講演題目に見られるように大都市と小都市を対比するところに成立しているので、藤田による第一種の都市概念を含みつつ、主として第二種の概念に立脚している。彼にとって都市空間とは、かつて政治、職業、宗教などによって不平等を被っていた人間たちが、「普遍的人間」〔131〕としてその「共通の高貴な核心」〔ebenda〕を実現することで「非個人的に生成し結晶化した精神」〔130〕のひとつである。この空間で人間たちは、「外的印象と内的印象のめまぐるしく途絶えることのない変遷から生み出される神経生活の昂進」〔116〕と表現される心理的状況を生きることになる。これは人間の意識の消耗をもたらすので、都市生活者はこの「大都市の暴力」〔118〕から身を守るために、魂の深層に位置する「こころ（Gemüt）」ではなく、魂の最も表層に位置し順応力の高い「悟性（Verstand）」で対抗しようとする。このような都市生活者の「分別志向（Verstandesmäßigkeit）」〔118〕と相関関係にあるのが、都市空間を支配している数、計算、時刻表であり、その典型をジンメルは貨幣経済に見ている。貨幣という原理にもとづく交換価値において人間はひとしなみに数として扱われ、時間を厳格に守って生きるようになった。「大都市生活の技術は、すべての活動と相互関係が、確固として主観を超えた時刻表にきわめて精密に組み込まれることなしではそもそも考えられない」。〔120〕

さて、このような都市空間もまた「生（Leben）」の生み出したものである。ジンメルは、ここに捉えたような動向は「生の表層」に位置するものではあるが、それが「生の深層」に影響を与えていると考える〔120〕。彼は「生」はその内部に非合理的、本能的な本質的特徴をもっていて、それが個人における唯一無二の個性と個人のかけがえのなさを生み出していると考えている。しかし、上述のように都市空間において人間は数としてひとしなみに扱われることになる。しかも、彼はつぎのように指摘する。

> 決定的なのは、都市生活が食料確保のための自然との闘いを人間をめぐる戦いへと変化させたこと、すなわちここでは戦い取られたものが自然によってではなく人間によって与えられるということ、である。（ジンメル『橋と扉』）〔128〕

すなわち、都市生活において人間は表層的に個性を奪われるのみならず、人間を戦いの相手であると意識するのである。彼は都市生活者に、相互に対する無関心のみならず「ひそかな反感」〔123〕をも見出している。ここでは個人のかけがえのなさもその価値も見失われる。それを意識する都市生活者は、かえって個人として個性的に生きたいという願望を強くもつようにもなるのである〔129〕。

倦怠という問題

都市生活者は、めまぐるしく変転する多様を追いかけ「神経生活の昂進」のなかに生きるが、その量的増大がやがて正反対の精神状態すなわち「倦怠（Blasiertheit）」を生み出すことをジンメルは指摘する〔121〕。すなわち、反応しきれない多様性に対して反応するのをあきらめることに、人間の神経は大都市への適応の方途を発見するのである。この精神状態はつぎのように表現されている。

倦怠した人にとって、事物はどれも同じくすんだ灰色の色調のうちに現れ、何ものも他のものに対して先取されるべき価値をもつとは思えない。（ジンメル『橋と扉』）〔121〕

貨幣経済の支配下で、変転する多様な事物は「事物の核心、その特性、その特殊な価値、その卓越性を救いがたく空洞化」〔122〕される。すなわち、倦怠においてひとは事物のかけがえのない価値が感得できなくなる、というのである。ジンメルはこの動向は「人格性」にまで及び「自分自身の人格性を不可避的に同じように価値がないものとする感情に引き降ろす」〔122〕ことになる、とも指摘している。

ここに取り出された都市生活者の精神状態が環境問題対策に適合しないことは明らかである。事物の価値を感じ取ることなしに自分がゴミの排出量を減らすことの意味を認めることは困難であり、地球温暖化のもたらす事象のマイナスの価値を感じ取ることなしに自分が二酸化炭素排出量を減らすことの意味を認めることは困難である。仮にそうした価値感得なしに現在の都市生活者が地球環境問題を語っているとしたら、それは変転する多様のひとつとしてこの話題を消費しているにすぎないことになろう。したがって、ジンメルの所説に従うなら、都市生活のもたらす精神状況そのものがすでに環境倫理に不適合であることになる。

さらに、ジンメルはこのような精神状況を現代文化一般の傾向にもとづくものとして説明している。すなわち、文化には具体的な制度、技術、芸術のようにかたちをもって現れる客観的精神とそうしたものを主体的に自分のものにする主観的精神の二面があるが、近代においては前者に優位があり、後者は前者の進展の速さについていけないという傾向である。これは彼が複数の作品で繰り返し言及する論点であり、彼の文化理解の中心に位置する視点である。[15]この客観的精神と主観的精神の乖離をさらに根底的に、生はその生存形式を産出しつつそれ自体は不断に流れ続けるという彼の「生の哲学」で裏づけることも可能だが、[16]件の講演ではその中心的原因として「分業」〔129〕が名指されている。現代文化において、ひとびとは複雑に分化した労働を行うようになり、その全体的実現としての客観的精神に対して、各人の主観的精神はそれに一面的な関わりしかもてない。そこに、かの乖離の原因があるというのである。さらに、この乖離の結果、客観的精神がわたしたちにとって圧迫になり、「現代人の典型的な問題状況が生まれる。すなわち、自分にとって無意味なわけではないがもっとも深い根底においては意義ぶかいものでもない無数の文化要素に取り囲まれているという感情」が生まれることを、彼は別の箇所で説明している。[17]

このようにジンメルの「都市」論を概説的にまとめてみると、彼の捉えた都市生活者の存在様態は、それが現代文化の根本動向を反映したものであるがゆえに、環境倫理の名において地球環境問題対策を各人が引き受けるのを困難にする、ということが分かる。ジンメル自身は、文化政策によってかの乖離を解消するという方向に希望を見出しているが、都市空間そのものを倫理的に問題にする小論はそれとは別の方向を採らねばならない。

倫理的ホーリズムの困難

分業の発達した都市空間で、人間は文化における客観的精神と主観的精神の葛藤に倦み、自分自身にも自分を取り巻く事物にもかけがえのなさを見出せなくなり、強固に個人的な生きかたを望むようになる。ジンメルのこのような所説を踏まえるなら、わたしたちは環境倫理の観点にもとづいてアトミズム的な都市生活を否定し、倫理的ホーリズムを称揚する立場へと進むべきなのだろうか。ここでは、倫理的ホーリズムとしての環境倫理の代表的人物、レオポルドの「土地倫理（land ethic）」を取り上げ、その所説のひとつの弱点を指摘することで、都市空間の問題性を別の角度から明らかにしたい。

レオポルドの主張によれば、従来の倫理学が個人の所属する共同体を人間共同体としてのみ想定してきたのに対し、土地倫理は共同体を「土壌、水、植物、動物」を総称した「土地」にまで拡大し、その倫理を構想する。[18] すなわち、「物事は、生物共同体の全体性、安定性、美観を保つものであれば妥当だし、そうでない場合は間違っているのだ」[19] という主張を原理とする倫理である。さらに小論の観点からは、「たいていの人には、土地は都市と都市とのあいだにある、作物の育つ空間にすぎない」[20] という指摘が重要である。これは、経済的価値が支配する都市空間に生活する者は、都市以外の空間をも経済的観点でしか見ることができないことを意味している。しかし、土地倫理の立場からは、そうした空間のかけがえのなさもまた輝き出てくる。この点でレオポルドの立場は、「都市」をひとつの問題と見る小論の立場と通底している。

しかし、倫理的ホーリズムとしての土地倫理には、それを具体的に実現しようとするときに、ひとつの困難が伴う。わたしたちが、守るべきものは一木一草ではなくホロス（全体）であるというその主張を引き受ける場合、そのとき守られるべきホロスはどのように姿を現すのだろうか。環境倫理が話題にしてきたミネラル・キング渓谷や、近年しばしば取り上げられる里山のような空間ならば、物理的にその領域が限定されているので比較的容易にその全体を想定できる。しかし、都市生活者が何らかの守るべき生物共同体を思い描こうとする場合、それはそう容易なことではない。レオポルドもまた、このような困難に気づいていたのではないだろうか。つぎのように述べている。

土地に対する愛情、尊敬や感嘆の念を持たずに、さらにはその価値を高く評価する気持がなくて、土地に対する倫理関係がありえようとは、ぼくにはとても考えられない。なお、ここで言う「価値」とは、むろん、単なる経済的価値よりも広い意味の価値である。（レオポルド『野生のうたが聞こえる』邦訳三四七頁）

守るべきホロスが提示されない限りそれを守ることはできないという立場に対して、まず愛情をもって土地と向かい合うならばそこに守るべきホロスがおのずと見出されるはずだと彼が言わんとしているのであれば、それはキリスト教の伝統のなかで理解できないことではない。しかし、彼のように森林官も勤めた人物ならいざしらず、都市空間に住むひとびとにも同じことが要求できるだろうか。

三　都市生活者に固有な倫理的責任

都市生活そのものは、その動向からして自然からの乖離を生み出し、環境問題対策への情緒面での適合性を減退させる。また、鳥インフルエンザにさいしての鶏の無差別大量殺戮を想い起こすなら、生産と消費の分離を前提としている都市生活は、それ自体で自然環境への負荷をかけるものである。しかし、このような指摘をもってしても、人類規模で進行している都市への人口集中は止むことがないであろう。また、地球温暖化によって砂漠化が進行したり、大規模な自然災害が発生したりするなら、生活基盤を奪われたひとびとはますます都市に流入するだろう。この両者を所与の事実と受け止めるのであれば、わたしたちはそれでも都市生活を選択するひとびとに地球環境を守るための特別の倫理的責任があることを認めなければならない。ジンメルがつぎのように指摘していることを確認しよう。

大都市の最も意義ぶかい本質は、その物理的境界の彼方のこのような〔大都市の生活が都市内にとどまらず国家や国際社会に広がっていくという　引用者〕機能的な大きさにある。そして、この作用がふたたび還帰して作用して、その生活に重要さ、重大さ、責任をもたらすのである。（ジンメル『橋と扉』）〔127〕

ここでジンメルは、大都市の生活は、小都市のそれがその物理的空間内で完結するのに対し、その外部へと広がっていることを指摘し、それゆえに大都市での生活には固有の責任があると主張しているのである。わたしたちもまた、これまでの行論を通して把握された限りでの都市生活者の倫理的責任をまとめてみよう。それを大きく三点、すなわち、人工空間に生きることの責任、神経生活昂進の空間に生きることの責任、非自立的空間に生きることの責任に分けることができる。これらはいずれも、都市生活者自身の生活環境を良好に維持するための責任としてよりも、むしろ地球環境問題を解決するために都市生活者の担う責務として理解されるべきものである。

人工空間に生きることの責任

都市という人工空間には、自然の生活空間のもっている分解力が欠けていた。しかし、都市で生活が営まれる限り、ゴミは排出される。みずからの排出物を処理できない空間に生きる人間には、そのほかの空間に生きるひとびとに比して、ゴミの排出量削減にかんするよりおおきな責任がある。この点では、ゴミが回収され、下水道が整備されているのであれば、地方の町村部にも同じことが言えるかもしれないが、都市空間が利便性を追求するゆえに徹底的に人工的に仕上げられていくことによって、たとえばヒートアイランド現象を介して自然環境に対する負荷をかけるのであれば、都市生活者はより積極的に公共交通機関を使用して、化石燃料の使用量を削減し、二酸化炭素排出量を抑制しなければならない。

神経生活昂進にかんする責任

都市空間に生きることを選択する人は、そこにより多くの機会と利便性を見出している。しかし、そのような空間が人間に何をもたらすのかは、上述したジンメルの所説が明瞭に捉えている。人間は人間を戦いの相手と心得、その神経生活は昂進する。その過程で、人間はますます自然から乖離していく。さて、そうした生活の利便性の追求のために、都市空間の外部を開発することが必要になり、その立地をめぐって地元住民と環境保護をめぐる論争が生まれたとしよう。そのとき、都市生活者はみずからの神経生活昂進の状態をそのままに討議に臨むべきではなく、それを都市空間固有の精神状況であることを踏まえ、平静さを確保する必要がある。さらには、問題になっている自然環境と親しみ、それを知悉している人の意見に耳を傾けるべきであろう。もちろん、神経生活昂進状態において環境保護を訴える都市生活者が、地方の開発にさいして反対のための反対を唱えるのも、同様に慎むべきことである。しかし、これは中央集権的な政治体制において、経済的競争に一元化した社会では実現しがたいことである。ディープ・エコロジーを提唱したネスが地方分権を主張していたことが想起されるべきである。[21]

もちろん、ジンメルの指摘する「倦怠」と戦うことも、都市生活者の責務である。都市は人工空間であるがゆえに、倦怠して生きる人間がそのままに生活を維持できる空間でもある。そうであるからこそ、都市空間に生きる人間は、自分が倦怠に陥っていないかを批判的に反省し、地球環境問題への無関心を克服しなくてはならない。

非自立的空間に生きることの責任

自然には生産力がある。都市空間に生きる人間は、そのことを実感しづらい。しかし、その生産力をもって都市の消費生活も成立しているのである。ただし、その都市空間の成立によって生産と消費が明瞭に分離することによって適正な生産が難しくなり、生産物の都市への流通には化石燃料が必要になった。ゴミ処理においてと同様、非自立的空間である都市をその利便性のゆえに利用する人間は、そのことに対して責任を負わねばならない。また、生産と消費の分離は、一次産品を発展途上国から輸入することで国際的にも成立している。その観点からするなら、都市生活者の責任は発展途上国にまで及ぶ。すなわち、都市生活の利便性の追求が発展途上国のよりおおきな発展に結びつくならともかく、その反対の現象を惹き起こすのであれば、それは正義の名において看過できないことなのである。

おわりに

以上、小論では、都市空間の問題性を踏まえて、グローバル・エシックスの観点から規範的方法を用いて、都市生活者が環境倫理にかんしてもつ固有の責任の一部を明らかにすることを試みた。なお、ここでの行論だけを見れば、都市生活者が一方的に地球環境問題への責任を負わねばならないかのようだが、小論の意図することはそうではなく、都市生活者以外のひとびとにもやはり固有の倫理的責任があると言うことはできる。人間は、それぞれの生活環境の中で、それに対応した役割を担い責任を負わねばならない。第一次産業に従事しているひとびとにも、生産力ある自然と直接向き合っているがゆえの固有の倫理的責任があるはずであり、それはまた別に語り出されねばならない。

註

（1）藤田弘夫『都市と権力——飢餓と飽食の歴史社会学——』創文社、一九九一年、一〇頁。

（2）二十世紀の終わりまでに人類の半分以上が都市部に住むようになり、二〇二〇年までには六十パーセントが住むであろうと指摘されている。Takashi Inoguchi, Edward Newman, Glen Paoletto (ed.), *Cities and the Environment. New Approaches for Eco-Societies.* United Nations University Press, Tokyo・New York・Paris, 1999, p. 1.

（3）武内和彦・林良嗣編『地球環境と巨大都市』岩波講座地球環境学8、岩波書店、一九九八年、一五二—一六一頁。

（4）同書、二〇—二三頁。

（5）新田慶治『生活空間の自然／人工』岩波書店、一九九六年、三五頁。なお、藤田は最初の都市の出現を、今から約一万年前の新石器時代であるとする。藤田、前掲書、一二頁。

（6）武内・林編、前掲書、三二—三三頁。

（7）藤田、前掲書、四五—五〇頁。

（8）和気静一郎『ゴミと人間』技術と人間、一九九七年、一〇五頁。同書で和気は、現代都市の「不可欠の要素」として、第一次産業に比して第二次・第三次産業の比率が高いことを指摘し、「都市は経済メカニズムを通じて、農村を包摂してはじめて成り立つ非自立的な集合体なのである」と主張する。同書、一〇四—一〇五頁。

（9）森岡正博『無痛文明論』トランスビュー、二〇〇三年、第一章。

（10）同書、九頁、二五九頁。

（11）Hans Jonas, *Das Prinzip Verantwortung. Versuch einer Ethik für die technologische Zivilisation* (1979). suhrkamp taschenbuch, 1984, S. 20. なお、同書についてはつぎの邦訳を参照した。加藤尚武監訳『責任という原理 科学技術文明のための倫理学の試み』東信堂、二〇〇〇年。

（12）*Ibid.*, S. 19, 42, 45.

（13）*Ibid.*, S. 33

（14）Georg Simmel, Die Großstädte und das Geistesleben. *Georg Simmel・Gesamtausgabe Band 7.* suhrkamp taschenbuch wissenschaft, 1995. 以下、この講演原稿からの引用箇所は〔 〕内に同書の頁数で示す。なお、同書についてはつぎの邦訳を参照した。川村二郎編訳『ジンメル・エッセイ集』平凡社ライブラリー、一九九九年。

（15）Vgl. Georg Simmel, Philosophische Kultur. *Georg Simmel・Gesamtausgabe Band 14.* suhrkamp taschenbuch wissenschaft, 1996, S. 412.

（16）Vgl. Georg Simmel, Der Konflikt der modernen Kultur. *Georg Simmel・Gesamtausgabe Band 16.* suhrkamp taschenbuch wissenschaft, 1999, S. 184.

（17）Ebenda.

（18）Aldo Leopold, A Sand County Almanac, And Sketches Here and There (1949), Oxford University Press, New York and Oxford 1989, p. 204. 邦訳、レオポルド、新島義昭訳『野生のうたが聞こえる』講談社学術文庫、一九九七年、三一八頁。引用は、邦訳から行う。

（19）*Ibid.*, pp. 214-215, 邦訳、三四九頁。

（20）*Ibid.*, p. 224, 邦訳、三四八頁。

（21）アルネ・ネス、斎藤直輔・開龍美訳『ディープ・エコロジーとは何か――エコロジー・共同体・ライフスタイル――』文化書房博文社、一九九七年、三三九頁。

付記 小論は「都市生活者の環境倫理」と題して法政大学人間環境学会『人間環境論集』第5巻第1号（二〇〇五年）に掲載された拙論を、短縮しつつ加筆して成ったものである。

第十五章　租税制度と正義の実現の可能性
――グローバル・エシックスとリージョナル・エシックスとの間――

牧野英二

一　問題提起

本稿は、「グローバル・エシックス」の理論的研究の構築作業の一環として、「倫理」の中心概念に属する正義および公平性の問題を税および財政制度との関連から考察する。この問題は、一見したところ、本書の共同研究の課題と馴染まないように思われるであろう。しかし、この課題は、本研究の理論的研究にとどまらず、その実践的課題に本格的に取り組むさいにも、不可避のテーマであると確信している。以下の考察は、この課題にたいする回答の試みでもある。

日本では言語分析哲学系の哲学者として知られているトマス・ネーゲルとリーアム・マーフィーは、数年前、「課税における正義」を論じた『所有の神話――税と正義』のなかで、かつてロールズの『正義論』が学会の関心をふたたび社会的、経済的正義に向けた点を評価しつつ、他方で、これらの正義の一般理論についての議論が、政治の日常業務である租税政策についての論争に関与してこなかった事実を指摘している。(1)そして、今後の「正義の理論が求めることは、投資、雇用、政府歳入、課税後所得の配分といったものが変化した場合に生じる効果を何らかの形で評価することなのである」(2)、と適切に指摘している。ネーゲルとマーフィーが的確に指摘したように、本稿の主題は、これまで正義論が扱ってこなかった租税制度にかんする「正義」の実現可能性を考察することにある。また、本稿では、グローバルな規模での「倫理」とその実現にとって租税制度にかんする問題が不可避の課題であることを明らかにする。そこでまず、このテーマ選択の理由の立ち入った説明から議論を開始する。

周知のように、現代社会では、経済・貿易・金融・情報にかぎらず、政治・軍事、そして犯罪や租税にかんしても、グローバリゼーションの波が世界の隅々にまで押し寄せている。一見したところ、この波とは、あまり関係のないようにみえる租税制度にかんしても、グローバル化の影響が顕著である。それにもかかわらず、租税制度にかんしては、国家内の法システムの問題、特定国家間の問題として国際関税協定にかんして議論され処理されがちであり、グローバルな規模での「倫理」が本格的に議論されることは、従来ほとんどなかった。しかし、このような従来の認識は誤りである。この問題は、後述のように、覇権主義的な立場をとる軍事大国の軍縮や世界平和の実現のために、不可欠の論点を提示しているからである。本稿でこの問題に注目する第一の理由はここにある。

第二に、この問題は、たいていの場合、国内での国民および国家間の権利と義務にかんする問題（たとえば、上記の関税問題）として扱われており、真に普遍的な人権にかんする課題として扱われることがなかった。しかし、地球上の人間生活のほとんどすべての領域でグローバル化が進行している今日、この問題もまた、人類にとって不可避の普遍的な課題に属する。世界規模の環境政策の実施には、たとえば、京都議定書の決議内容を有効に実施するためには、発展途上国と先進国との格差に配慮した公平なＣＯ２の排出基準の負担、さらに原子力発電所や核拡散をめぐる諸問題を含む、包括的な南北格差の是正策などが議論の俎上に乗せられなければならない。この場合、国際関係および各国内での「環境税」の導入やその公平な負担もまた、大きな課題となる。(3) 環境負荷にかんする公平な負担を論じようとすれば、個人、地域、国家、国家間、そして全地球規模にわたる複合的・総合的な観点が求められることは、周知のとおりである。「環境問題」とは、世代間倫理を含むそのつど「いま・ここに生きる人間」の生存の権利と義務とにかんする根本問題に属する、と言ってよい。租税問題についてもまた、同様の事情にある。この意味でも租税制度をめぐる議論は、グローバル・エシックスの構築のさいに、その前提的な条件を形成する重要な課題である。これが、本稿でこの問題を扱うべき第二の理由である。

第三に、租税にかんしては、日本では、都道府県税、市町村税などの地方公共団体の賦課する租税である地方税から国税にいたるまで、多種多様な租税システムが機能している。また、地方自治体や国家財政の逼迫した現状のなかで、このシステムはいっそう強力で暴力的とも言うべき機能を発揮しつつある。実際、日本で生活する人間には国籍に関係なく国内で収入を得るかぎり賦課される所得税、生活必需品の購入に課される消費税、家屋の購入などにかかる不動産取得税、固定資産税、酒・タバコの購入にかかる酒税・たばこ税などからも明らかなように、国内外を問わず生活するかぎり誰一人として「税の呪縛」から逃れることができないのが実情である。だが、現行の日本の租税制度は妥当であり、すべての国民に対して等しく、平等に機能している、と言えるであろうか。それは、倫理的に見ても、公平で正義の実現を保障する法システムである、と言えるであろうか。この疑問にたいする解答の手がかりを得ることが、その第三の理由である。

第四の理由は、以下のとおりである。現行の租税制度のもとでは、税金の使途や財政制度にたいする管理・運営は適切に行われている、と言えるであろうか。それは、反倫理的に使用されていないであろうか。その場合、特定地域で、また国内で、そして国際的に見て、その本来の主旨に沿って予算措置が公正に講じられ、効率的に活用されているであろうか。言い換えれば、租税制度は、きわめてローカルな観点、リージョナルな観点から、ナショナルな観点、そしてトランスナショナルな側面にもかかわり、グローバルな規模での正義や公平性、人権問題などにかんする複合的な課題である。後述のように、租税制度は、特定国家内のきわめて地域性の強い問題から国際政治や世界平和にかんする問題にまでかかわり、それゆえ複合的で総合的な考察を要求する重要な課題である。

そこで本稿では、上記のように、「グローバル・エシックス」の理論的研究にかんする不可避の課題の一つとして、この課題が日常生活と密接不可分の倫理的課題であるという認識にもとづき、税にかんする正義および公平性の原理の実現という普遍的課題に迫ることにする。それによって、税をめぐる正義や公平性の問題が、グローバル・エシックスとリージョナル・エシックスとの「間」に位置する重要な哲学的課題であることを明らかにする。

二　租税制度における法的義務の所在

周知のように、租税制度は、正義の実現をめざす法の具体的な一様態である。伝統的な表現で言えば、同様な境遇にある人は、税の負担を平等に負わなければならず、異なる境遇にある人は平等に負担する必要はないということになる。(4) また、日本では北海道の夕張市に見られるように、地方自治体の破綻が現実の問題となった財政問題にかんして言えば、その根拠は、租税制度にあることも、周知のとおりである。しかし、注意すべきは、今後もさらに続く日本の自治体の破綻（企業の破綻や産業再生機構にかんする問題は、ここでは扱わないことにする）によって、もっとも大きな影響を受け、大きな負担や犠牲を強いられるのは、そこに生活する特定少数の地域住民である。

その救済や再生の措置は、国家や関係機関により遅ればせながら講じられつつある。また、自治体の財政破綻という結果にたいする首長や議会、市民の「応分の責任」を問うことは可能であり、またそれは必要なことでもある。しかし、ここには、一個人、自治体住民、国民、さらに人間としての「法的義務」と同時に、憲法で保障された日本国民の「法的権利」の保障が、かつては享受できた諸権利や、他の自治体では受けられるはずの医療や介護などの保障がそこでは得られないという問題があらわになっている。この深刻な事態は、正義や公平性にかんする新たな問題を提起している。端的に言えば、そのような事態は、基本的人権に反することではあるまいか。さらに言えば、かつて南米のアルゼンチンで実際に起こったように、天文学的数字の国債を発行し続ける日本という国家の財政破綻の可能性もまた、けっして低くはないのである。その場合、国民のこれまで果たしてきた「法的義務」に対応する「法的権利」、日本国憲法で謳われた基本的人権は、どのように保障されうるのであろうか。そして、日本の国債を購入した世界中に存在する個人や法人、投資機関にたいする責任は、どのように果たされるのであろうか。

ここには、たんに税にかんする「法的義務」にかなった「法的権利」の実現という正義や公平性に限定される問題が存在するだけではない。むしろ筆者が主張したいのは、次の点にある。第一に、現代社会では、ローカルな規模、リージョナルなレベルからナショナルなレベルを超えて、グローバルなレベルにいたる人間生活のあらゆる場面で、租税制度や財政問題が人権にかんする前提条件を形成しているという事実の認識にある。第二に、グローバルなレベルでの「倫理」を議論し、グローバル・エシックスが理論的にも実践的にも可能であるとすれば、その場合には、上記のような税をめぐる正義の実現や公平性の問題は、不可避の根本的課題に属するという点にある。

ところで、読者の無用な誤解を避けるために、つぎに本稿での税にかんする基本的な論点を確認する作業に移ることにする。税とは、国家および地方自治体が行政上要する諸経費のために、法律にもとづき国民から強制的に徴収する富と定義することができる。概括的に言えば、税は、およそ三つの条件から成り立つ(5)。第一に、税の強制性である。グローバル化した現代社会では、貨幣は、国境を超えて任意にありとあらゆる方向に移動し、流入・流出する。しかし、税は、法的・強制的に特定方向にのみ移動する。すなわち税は、納税者の側から徴収者の側へと一方的に流入するのである。第二に、税の無償性である。貨幣の流れは、市場社会では、それにともない物が反対方向に流れるという特徴がある。ところが、税は、このような特徴をもたない。言い換えれば、税には「反対給付」がないのである。納税は、もっぱら義務であって、そのさいに具体的・個別的な反対給付が保障される性格のものではないのである。第三は、その収入性にある。自治体や国家にとって、税は収入を意味する。いわゆる「税収」のことである。自治体や国家の財政は、税収によって賄われるのである。「税」が税たりうるには、これら三つの条件が不可欠である。したがって「税」は、これら三つの点で「保険」と呼ばれるものとは異なる性格をもつのである。

では、このような特別な性格を有する「税」は、制度上どのような根拠をもつのであろうか。周知のように、日本国憲法では、第三〇条で「納税の義務」が謳われている。納税は、国民の最も重要な「法的義務」に属するのである。また、その第八四条「課税」では、「租税法律主義」が明記されている。これらの条文にもとづいて、国税通則法や個別税法が規定されている。これらは、税の形式的根拠と見なすことができる。他方、税の実質的根拠は、国家および地方自治体が行う行政および公共サービスの財源にある。政治との関係で言えば、税は、政策的機能をもつ。税は、所得や財産の配分関係や、消費の抑制・喚起、産業の保護育成、資本の蓄積などの社会政策や経済政策から、研究・教育・文化的な政策など、国民のあらゆる生活領域に深く関与している。(6) ようするに納税は、国民の義務であると同時に、税徴収の公平性や使途の透明性、公開性の権利、さらに納税者の人権問題・生活権とも深く関連している。卑近な例を挙げれば、科学研究費の採択と配分、その適切な使途と成果の報告の権利および義務もまた、こうしたシステムの一環であることは周知のとおりである。

ところが、現実には、人間の義務と権利にかかわる租税制度が、都道府県・市町村などの自治体により、また国家により、さらに国家関係により、さまざまな不公平や正義に反する問題を生じている。最近の相次ぐ県政レベルでの談合疑惑の発覚や県知事の辞任・逮捕事件は、その氷山の一角にすぎない。これらの「不祥事」は、たんに個人の政治姿勢や地域の特殊性の問題に矮小化されてはならない。これらの問題の根底には、一個人の倫理観から政治にかかわる市民の政治観や倫理観、法感覚、正義や公平性にたいする認識の欠如や制度上の欠陥が見られるからである。この問題は、日本という一国家内での問題に尽きないこともまた、周知のとおりである。しかし、日本のある時期に制定された制度的な欠陥が他国にまで長い間深刻な影響を及ぼしてきた事実は、これまでほとんど知られていない。そこで次に、上記の観点から見たグローバル・エシックスの研究上、不可避と思われる問題を考察する。それは、日本と韓国との国家間の歴史的関係抜きには理解不可能な財政制度の問題にたいする考察を要求しているからである。

三　日韓関係から見た財政制度の歴史的影響とその帰結

韓国人研究者、権海浩の報告によれば、第二次世界大戦の終結後、日本の占領から解放された韓国で制定された韓国の憲法および財政制度が、じつは占領時に機能していた日本の明治憲法の影響下から依然として抜け出せず、その予算制度は、今日まで韓国および日本の両国で強い影響力を及ぼしているのである。(7) その報告によれば、ドイツの帝国憲法をモデルにした日本の明治憲法とその影響下にあった韓国の制度は、欧米の予算法制度と比較した場合、戦後六十年経過した今日なお依然として厳密な意味で国民主権を実現した制度になっていないのである。議会制民主主義が発展したイギリスでは、納税にたいする国民の意識は支出法律主義制度として発達した。他方、明治以降の日本では強力な国家主権の下で、国民は租税を納めながらも支出にかんしては、国民主権の意識が芽生えることがなかった。民主政のもとでの租税概念は、国家の発展のみならず、国民の福利増進のために租税を納めることであるから、支出にかんしても国民主権、財政主権が当然行使されなければならないのである。

しかし、第二次大戦後、日本の占領から解放された韓国では、政治制度としては民主政を行使していながら、財政支出部分にかんしては、それが及んでいない。つまり、現行の韓国の予算制度は、大方の見方とは異なり、民主主義に反した実態となっている。この点にかんするかぎり、日本についても、実態は同様である。したがって本来、租税義務説は、租税権利説に転換されなければならない。後者の立場から、はじめて国民主権の原理に即した国民福祉と平和増進のための財源が重要な意味をもつのである。

ところで、なぜ日本と韓国ではそのような事態が生じたのであろうか。権海浩によれば、ドイツ憲法を継承した明治憲法では、伊藤博文の意図により、さらに一歩進んで予算法から「法」の文字が削除され、「予算」になり、そのため歳入の方は租税法によって運用されるが、歳出の方は議会を経るのみで法律ではなくなってしまったのである。かつてイギリスで開始されドイツにまで継承された「予算法」制度は、日本にいたると「予算」制度に変質し、その結果、「予算」が議会でだけ議決形式をとりさえすれば、歳入は租税法で強制的に徴収でき、歳出は、政府が思う方向に自由に運用できるようになるのである。そして、このような変質した「予算法」ならぬ「予算」という財政制度は、一九四八年制定の大韓民国憲法に、なんらの反省や研究なしに引き継がれ、現在にいたっているのである。大韓民国の現行憲法にたいする日本の帝国憲法の直接的・歴史的影響とは、以上のような事態を意味する。

では、民主政および国民主権の立場から見たとき、以上のような現行予算制度の問題点は具体的にどこにあると見るべきであろうか。第一に、それは国民主権の原理に違反することが指摘される。日本国憲法の条文は第一章「天皇」

で開始され、第一条が「天皇の地位・国民主権」と称されているのにたいして、大韓民国憲法第一章第一条では、国家のすべての権力は国民に由来することが明記されている。しかし、大韓民国では実態としては、国民主権の建前に反して、権利のない納税義務だけを負う国民像に転落した。このことは、すでに述べたとおりである。第二に、そこでは議会の予算審議、議決、決済など、すべての過程が不誠実である。第三に、そのため予算に関連した不正腐敗の問題が生じる。第四に、その結果、はなはだしい予算の無駄使いが生じる。第五に、この制度では強力な行政国家に転落する憂慮を禁じえない。それでは租税は、なんのために活用されるべきであろうか。結論的に言えば、租税は、国民福祉と平和増進のための財源として最大限活用されなければならないのである。

筆者の補足を加えた権説の主要な論点は、およそ以上である。(8) では、こうした考察の最終的な狙いはどこにあると理解するべきであろうか。権説の狙いは、法の理念である正義の実現のために、グローバルな観点から国際連合主導型の新たな国際平和実現のための「世界平和税」の導入を提唱した点にある、と言ってよい。

以上の見解は、グローバル・エシックス研究の観点から見たとき、多くの示唆的な論点を提起しているように思われる。それは、たんに韓国や日本という一国内の財政や人権にかんする問題だけに限定される問題にとどまらない。また、日本と韓国との歴史的関係、すなわち財政制度における韓国にたいする日本の影響史の問題に限定されるものでもない。上記の権説の主旨は、過去の歴史的回顧という後ろ向きの発言ではけっしてなく、むしろ未来志向的に、国際社会の平和の実現に資する具体的な提言にある、と言うべきである。これらの見解は、ローカルな観点、リージョナルな視点からグローバルな観点にいたる総体的・総合的観点からの優れた問題提起である。たしかに、ここでの論点は、財政問題、租税制度とその権利意識、税金徴収上、予算法上の権利意識の問題に限定されている。しかし、その見解は、上述のように国際平和や人間の基本的人権の保障にかんするきわめて重要な問題圏におよぶ広い視野のもとで展開されているのである。

次に、以上の権海浩説にたいする若干の疑問点・問題点を指摘してみたい。第一に、今日の韓国と日本とを比較した場合、納税者の権利にかんしては、韓国のほうが日本よりも進んでいるのではないか。たとえば、一九七五年以降、フランス、イギリス、アメリカ合衆国、そして韓国などでは、順次、納税者の権利を保護する法律や憲章が定められてきた。しかし、日本では、いまだにこれらの法律や憲章を制定・締結していないのである。そのかぎりで、権説とは異なり、日本は、韓国に比べて人権意識がむしろ遅れていると見るべきではないだろうか。もちろん、日本国憲法第九一条「財政状況の報告」という規定は、「予算法制度」にかんする規定ではない。これは、依然として「予算制度」にかんする規定にとどまる。この点では、たしかに日本と韓国では法律上，大きな差異は見られないように思われる。

第二に、筆者の先の認識が誤りでないとすれば、納税者の権利保護にかんするかぎり、韓国は、すでに明治憲法の影響下から脱しており、韓国独自の租税制度の構築の方向に向かっている、と解釈することができるのではないか。他方、韓国では、日本とは異なり、本来は公共部門の歳出確保の手段であるはずの租税のあり方が、実際にはなんらかの政策目的を達成する手段として活用する政策税制となっている場合が多いという事実が指摘されている(9)。その制度が、一時的な景気対策や零細業者の保護対策として一定程度有効であり、金大中政権による一定の人権的な配慮と見ることができるとしても、税制の本来の主旨から見れば、問題があることは否定できないであろう。

第三に、日本の租税制度には、別の側面からも権説のような根本的な欠陥が指摘されてきた。ヨーロッパでは、おおよそ「一年税主義」の立場をとる国家が多数である。それは、歳入法と歳出法との二つの法を毎年策定し予算を決定する「予算法主義」の立場である。したがって「歳入法」が議会を通過しなければ、税金は徴収することができないのである。他方、日本では、明治以来、税は天皇の「勅令」であると理解され、予算は法ではないという考え方が支配的であった。これについてはすでに韓国との比較で権説の立場からも、指摘したとおりである。[10] それは、「永久税主義」と呼ばれる根本的制約である、と言い換えることができる。この考えは、依然として戦後の税制度にも残存している。日本では予算の決定の有無にかかわりなく、税金が徴収されるシステムになっている。その結果、その必要性の確認もできないまま、さらに言えば、放漫財政のつけが納税者に押し付けられ、国民は納税の義務だけを負い続けるわけである。

第四に、「平和税」の導入にかんして、その実現のために国際連合と租税制度との関係は、どのように考えるべきであろうか。現行の国際法上、どのような法的根拠や権限のもとでこのような「平和税」の導入が可能になり、また、それが本来の主旨に沿う形で徴収され、国際平和の実現に向けて機能しうるであろうか。権説は、以下の五つの「世界基金的性格」を付与した提言を行う。第一に、「世界平和税創設の目的　世界人類を愛し、世界平和を増進し、戦争の抑止および戦争復旧費用にあてる」。第二に、「納付義務者は各国の国民ではなく政府である」。第三に、「世界平和税の基準金額　各国の当該年度の国防費の総額」であり、第四に、たとえば、「負担率　国防費の百万分の一」をあてる。第五に、「運営管理　国際連合で管理」する。第六に、「基金の使用　戦争抑止および戦争・紛争地域の民間救護など国連活動の補助支援」とする。

従来、哲学者は、そうじて時代状況の病理現象の「診断」を下すことはしても、その治療の「具体的な処方箋」を提示することはできなかった、と言ってよい。この点から見れば、権説は、母国韓国の財政制度の問題点が日本の占領政策以後今日にまでいたる歴史的影響に由来する点を指摘し、この影響関係を欧米の財政制度との比較考察によって解明し、その研究成果にもとづいて、国際法的観点から「世界平和税の導入」という世界平和の実現のための「具体的な処方箋」を提示した点で傾聴に値する。筆者の見るかぎり、ここには国内法から国際法のレベルでの「平和のための戦略」が明確に示されている。他方、上述のいわば「診断」と「平和のための戦略」のレベルで、なお慎重に吟味すべき重要な論点が残されているように思われる。そこで権説の貴重な提言をいっそう発展させ、グローバルなレベルでの「倫理」の理論的構築および実践的で有効な「処方箋」を提示するための基礎作業として、今後の課題の一端を確認することで、権氏の優れた提言にたいする「応答責任」を果たすことにしたい。

四　グローバルな正義とリージョナルな正義との間

以下では、上記の五つの提言にたいする問題点や疑問点を指摘し、その補足的提案ないし代替案を提示してみたい。第一の疑問は、「世界平和税創設の目的」に関係する。まず提案者の基本的な理念には、もちろん賛成である。しかし、今日依然として「テロとの戦い」「正義の戦争」という言説がある種の暴力性を発揮し、国際連合の場でも強力な権力性を有するかぎり、この目的は、国際政治の具体的な場面ではきわめて危険な諸刃の刃となりうる。これは、この数年の多国籍軍のイラク派兵の例をはじめ枚挙に暇がないほどである。この筆者の疑念は、第六の提言にたいする疑問にも密接に関係する。「基金の使用」が真に「戦争の抑制」や戦争や紛争の地域の民間救護などのために有効に使用できるだろうか。「平和維持軍」や「民間救護」の美名のもとに、特定国家や党派・企業の利害の確保や偽装された民間人の人道支援の欺瞞などが絶えることがないのも、残念ながら否定できない事実である。

第五の「平和税の運営管理」についても、現状では有効で公平な運営管理の保障は困難であろう。提案者の崇高な理念を実効性のある提案にするためには、まず国連の基金問題の解決や不正支出の道を閉ざす抜本的な組織改革が必要であろう。ようするに、これらの優れた理念を受け止め、実現への道筋をつけることを可能にする国連の組織としての「成熟」が不可欠である。第二の「納税義務者は政府である」という提案には、提案者の意図に反して各国の国民にたいする増税の危惧を否定することができない。結果的には、「死の商人」や彼らの背後に介在する「政治家」の懐を肥やすだけとなる。これは、ＯＤＡの実情を振り返るまでもないことである。第四の「負担率」の算定にかんしては、提案者が暫定的な例示にすぎないと述べているので立ち入らないことにして、第三の「平和税の基準金額」について言えば、「国防費の総額」をどのような基準で算定するかも各国での判断が大きく分かれることは必至である。ちなみに、「防衛省」への昇格を実現した日本の自衛隊の「防衛費」は、通常人件費を除外して算定されている。だが、それを算入すれば、日本の国防費が世界のトップクラスにランクされることは周知のとおりである。しかし、国際連合に加盟するいずれの国も「平和税」の創設に賛意を示したとしても、この税金への支払いの公平性をめぐって合意形成を実現することは、「大国」のエゴによる国連分担金の支払いすら滞っている現実から見てきわめて困難である。

周知のように、現代社会は、経済・文化・軍事・情報などがグローバル化する一方で、生活や自然環境、人権をめぐる諸条件は、国内的にも国際的にも、多くの格差が顕在化しているのが実情である。日本国内では、いわゆる「勝ち組」と「負け組」の賃金格差がますます顕著になり、国際的にも、南北の格差は、あらゆるレベルでますます拡大しつつある。このような状況下でただちに「平和税」を提唱することは、増税などの国民負担の増大の口実に利用され、国内外の格差のいっそうの拡大を招来する危険を孕んでいる、と言わなければならない。(11) 以上の論点は、簡単に集約すれば、世界平和の実現という高邁でグローバルな規模の倫理的課題の実現のためには、一個人、一国民、一国家、そして国際社会全体は、どのような税の負担に耐えるべきであるかという問いとして定式化できる。換言すれば、どのような法的手続き、つまり手続き的正義や配分的正義による世界平和の実現に向かって、個人、地域住民、国民、国境を超えた市民、世界市民の立場でのさまざまなレベルでの租税制度が可能であるか。その可能性の根本的な吟味・再検討が求められているのである。

こうした問題意識から見れば、マーフィーやネーゲルのように、アメリカ合衆国の租税制度だけに議論を限定し、しかももっぱら個人にのみ賦課される租税に視野を限定した考察には、グローバルなレベルでの租税制度にたいする論点が見られない。加えて、彼らには、他国との比較によって可能となるインターナョナルなレベルでの租税制度や人権問題にたいする公平な吟味や批判的視座が欠けている。これらの重要な論点にかんしては、両哲学者の見解は大きな欠陥ないし制限を有する、と言わなければならない。

そこで最後に、上記の権説とマーフィーおよびネーゲルの説との対比を簡単に試みてみたい。結論から言えば、税制一般にかんする正義論の考察の広さと深さという点では、後者の分析のほうが優れているように思われる。とりわけ、租税制度の評価のために必要な視点として、税負担の公平性ではなく、社会正義であるべきだという主張は、無視することはできない。言い換えれば、「租税による財の公私分割、分配的機能ならびに再配分的機能、さらには租税が支える公的支出を通して実現される社会的帰結が正義にかなっているかどうかが租税システムを評価する基本的な視点でなくてはならない[12]」、という着眼は重要である。また、税負担の問題だけでなく、財政支出の公平性や質の問題にまで切り込んだ点も、正当に評価されるべきであろう。そのためには、本書の訳者も指摘するように、著者の分析対象であるアメリカ合衆国以上に、社会正義や公平性の実現手段、とくに社会的弱者にたいする切り捨てが急速に進行する日本での妥当性が吟味されてよいであろう。

しかし、前者の権説は、予算法制度の重要性、とりわけ国際社会での正義論や人権問題との関係から財政制度の問題点に深く切り込んでいる点では、マーフィーやネーゲルには見られない卓越した見解を展開している、と言ってよい。上述のように、マーフィーおよびネーゲルの議論は、終始アメリカ合衆国の租税システムだけを論じており、しかももっぱら個人に賦課される税の公平性に向けられているという点で、狭く限定された考察領域にとどまっている。他方、権説は、日本と韓国との二国間だけの租税制度の影響作用史や比較研究にとどまらず、むしろその成果を積極的に活用して、国際連合を主体にした新たな租税システムを構想した点で優れており、今後のグローバル・エシックス構築のための本格的研究に、一つの重要な指針を提供している、と言ってよい。

五　結　語

以上の租税制度、とくに財政問題にかんする考察は、課税の正当性や個人の財産および所有のあり方にたいする根本的な問いへと導くように思われる。同時に、これらの問題は、グローバル・エシックスのさらなる理論構築と実践的意義にたいするいっそう複合的で多元的な考察の観点を要求している。言い換えれば、これらの課題は、グローバルな規模での「倫理」の探究を要求すると同時に、ローカルなレベル、リージョナルな次元、ナショナルな問題領域、トランスナショナルなレベルでのさまざまな「間」で、つねに同時に国境を超えて生じる「倫理」の諸様態を包括すべき課題を担っているように思われる(13)。

これらの問題は、カントが提起した「政治的最高善」としての永遠平和の実現可能性と関連づけられるならば、今日の問題状況を鮮明に照らし出すことができる。一方の見方では、ロールズなどが考えるリベラルな国民や諸国家による統一的世界が可能にする平和への道筋が示されている。他方の見方では、非西洋諸国に見られる国際連合や国際法の別の機能による平和への道程が提示されている。これを先の議論と関連づけることが可能であるとすれば、ネーゲルたちの探究は前者の方向を目指し、権説は、世界市民的立場に立って、永遠平和というヨーロッパ的な国際法の実践的理念を実現しようとする試みである、と解釈することができる。しかし、これら三つの普遍主義的言説のいずれにも偏らず、いわば「国際法の今日の機能別・地域別の断片化現象[14]」にも堕すことのない、新たな考え方は可能であろうか。本研究の次の課題の手がかりは、これらの言説の「間」に見られる「倫理」の探究にあるように思われる。

註

（1）Liam Murphy and Thomas Nagel, *The Myth of Ownership: Taxes and Justice*, Oxford University Press, 2002. 伊藤恭彦訳『税と正義』名古屋大学出版会、二〇〇六年、一—二頁を参照。

（2）同書、二頁。

（3）一九九九年にドイツでは、「エコロジカル税制改革」と呼ばれる税制改革によって、環境税の税収を社会保障に充当するという、ドラスティックな改革が実施された。この政策については、当然のことながら、賛否両論があるが、残念ながら、ここでこのテーマに立ち入ることはできない。これは稿を改めて論ずるべき課題である。

（4）マーフィーおよびネーゲル、前掲訳書、一一頁を参照。

（5）神野直彦「税はどうあるべきか——国民主権を獲得するために」（『税とは何か』藤原書店、二〇〇三年、一八頁）を参照。税の規定にかんしては、別の解釈の立場も可能であるが、本文での三つの必要条件にかんする説明は、上記の文献にしたがった。

（6）鵜沢和彦「税の倫理」（『理想——こころの科学と哲学』理想社、二〇〇四年二月、五九頁）を参照。なお、現代ドイツの「税の倫理」（Steuerethik）における「課税道徳」（Besteuerungsmoral）と「納税道徳」（Steuermoral）との区別にかんしては、次の文献も参照されたい。Vgl. Klaus Tipke, *Besteuerungsmoral und Steuermoral*, Wiesbaden, 2000, S. 7. ただし、本稿では、現代の日本とドイツとの比較考察には立ち入らないことにする。

（7）権海浩『予算法律主義』（韓国・税経社、一九九五年）参照。また、「韓国の民主発展と明治憲法の影響——財政制度を中心に——」『日本経営会計学会第七回全国大会・韓国日本近代学会第十四回国際学術大会報告集』（韓国日本近代学会編、一六—二九頁）を参照。なお、筆者は、二〇〇六年十月二十八日（土）の権海浩氏（釜慶大学）の記念講演のコメンテータを務めた。本文での以下の筆者の見解は、当日のコメント内容に加筆・修正したものであることをお断りしておく。

（8）筆者の補足と権海浩氏自身の見解との厳密な差異については、紙幅の制約上、ここで立ち入って論じることはできない。また、本稿の主題からみて、この手続きは不要である。この点について関心のある読者には、前掲の註（7）を参照されたい。

（9）川瀬光義「韓国の税」（前掲『税とは何か』二一〇—二一一頁）を参照。

（10）なお、上記の記念講演のさいに筆者は、学会開催の数日前（二〇〇六年十月下旬）に最高裁判所が国税庁による自社株購入権（ストックオプション）で得た利益に高税率を課してきた問題について、「加算税は違法」との判決を言い渡した事実についても言及し、講演者の権氏の見解を求めた。しかし、時間的制約もあり、そこでは講演者からの回答は得られなかった。この判決は、納税者の権利にかんして今後論議を呼ぶ判例であるが、これについても稿を改めなければならない。

（11）帝国憲法制定以前の明治新政府の税制改革やそこで果たした大隈重信の役割は、伊藤博文のそれと対照するとき、きわめて興味深い課題である。韓国の法典編纂事業にかんする伊藤博文の果たした両義的役割にたいしては、以下の文献が詳しい。李英美『韓国司法制度と梅謙次郎』（法政大学出版局、二〇〇五年、一頁以下、四七頁以下、一二六頁以下）を参照。また、大隈重信の果たした役割については、安達誠司「近代国家日本の税制思想と財政システム」（前掲『税とは何か』一五一頁以下）を参照。

（12）マーフィーおよびネーゲル、前掲訳書「訳者あとがき」、二二〇頁。

（13）この課題は、一般化して言えば、「制度としての法」と「形式法の実質化」との関係や、P・ノネとP・セルズニックによる「抑圧的法」「自律的法」「応答的法」の発展モデルの検討を求めるように思われる。しかし、これらはすべて、今後の課題に属する。なお、上記の法の発展モデルにかんしては、次の文献が参考になる。瀧川裕英『責任の意味と制度　負担から応答へ』（勁草書房、二〇〇三年十二月、第七章一七九頁以下）を参照。

（14）Martti Koskenniemi, "On the Idea and Practice for Universal History with a Cosmopolitan Purpose".「世界市民的な目的をもつ普遍史の理念と実践」（『思想』二〇〇六年四月号、一七頁）。Cf. M. Koskenniemi, "International Law and Hegemony: A Reconfiguration," *Cambridge Review of International Affairs*, 2004, pp. 197-218.

あとがき

本書の執筆者の専門分野は、カント哲学、ヘーゲル哲学、法哲学、歴史学、ジェンダー論、批評理論、教育学（順不同）など、非常に多岐に亘っています。また、それぞれの所属機関もばらばらです。加えて、いずれもひと癖もふた癖もある個性あふれる面々。当然のことながら、研究会を開けば意見の一致を見ることなどほとんどなく、むしろ相互にどれほど異なっているのかを確認するために一堂に会していたと言った方が、実情に即していると言えるかもしれません。ただ、ときとして激しく対立することもあったこれらのメンバーは、〈自分たちには「九・一一」に対する何らかの応答／責任がある〉という考え方に関しては、（ひょっとすると唯一）一致していたように思われます。もちろん、本書を上梓することそのことによって、私はこの応答／責任を果たすことができたと考えているわけではありません。ある哲学者の口真似をすれば、今はただ、入念に吟味した見解の公表を試みただけにすぎず、あとは公衆による判定を待つよりほかにないからです。

本書は、科学研究費補助金研究の成果報告書をお読みになった梓出版社の本谷貴志さんが出版を勧めてくださり、このような形で公共圏に姿を現すこととなりました。出版までの数々の煩瑣な作業も含め、お世話になりましたこと、心より感謝いたします。また、「フォーラム」時代から密接に研究交流を行ってきたものの、今回は諸般の事情のため残念ながらご寄稿がかなわなかった南山大学の加藤泰史さん、高畑祐人さんには、次の機会でぜひご一緒できることを願っております。

二〇〇八年九月十一日

舟場保之

グローバル・エシックスを考える

2008年10月20日　第1刷発行　《検印省略》

編著者© 寺田俊郎
舟場保之
発行者 本谷高哲
制作 (有)ブライト社
東京都中央区銀座2－14－12
(東銀座ビル5F)

発行所 梓出版社
千葉県松戸市新松戸7－65
電話・FAX 047（344）8118

乱丁・落丁本はお取り替えいたします。
ISBN 978-4-87262-019-1 C3012

著者紹介（執筆順　＊は編者）

＊寺田俊郎（てらだ　としろう）

大阪大学大学院文学研究科博士後期課程修了　博士（文学）

現　　在　明治学院大学法学部准教授

主要業績　「グローバル・エシックスとしてのカントの道徳形而上学」（『日本カント研究７』理想社，2006年）

「〈9.11〉後の世界と〈平和の定言命法〉」（『倫理学研究』第36号，2006年）

「カントと自己決定の問題」（植村恒一郎・朝広謙次郎編『自我の探求』晃洋書房，2001年）他

＊舟場保之（ふなば　やすゆき）

大阪大学大学院文学研究科博士後期課程単位修得退学　博士（文学）

現　　在　大阪大学大学院文学研究科准教授

主要業績　「ジェンダーは哲学の問題とはなりえないのか」（『哲学』第58集，法政大学出版局，2007年）

Die kantische Philosophie aus der Sicht der kommunikativen Rationalität, *Philosophia OSAKA,* Nr. 2, 2007. 3

「カントにコミュニケーション合理性を読み込む可能性について」（御子柴善之・檜垣良成編『理性への問い』晃洋書房，2007年）他

井桁　碧（いげた　みどり）

東京大学大学院人文科学研究科博士課程修了

現　　在　筑波学院大学情報コミュニケーション学部教授

主要業績　『「日本」国家と女』（編著，青弓社，2000年）

『思想の身体　性』（共編著，春秋社，2006年）他

『脱暴力へのマトリックス』（共編著，青弓社，2007年）

青山治城（あおやま　はるき）

筑波大学大学院博士課程社会科学研究科修了　博士（法学）

現　　在　神田外語大学外国語学部教授

主要業績　「科学・技術社会の法哲学」（長尾龍一他編『法哲学的思考』平凡社，1987年）

「リベラル・デモクラシーの人間観（『法哲学会年報1998』有斐閣，1999年）

「法と政治の現象学――法と政治における〈他者〉問題から」（『現象学年報 17』，2001年）他

ギブソン松井佳子（ギブソン　まつい　けいこ）

インディアナ大学比較文学部博士課程修了　Ph. D

現　　在　神田外語大学外国語学部教授

主要業績　「〈政治的なるもの〉とポストモダニズム　正義論における平等／差異のアポリア」『共同体と正義』叢書アレテイア５（共著，御茶の水書房，2004年）

「女性の地位・人権と国連の対応　1945年「国連憲章」から「女性2000年会議」までの軌跡」（高杉忠明編『国際機構の政治学』南窓社，2003年）

『中断された正義「ポスト社会主義的」条件をめぐる批判的省察』（共訳，御茶の水書房，2000年）他

山根雄一郎（やまね　ゆういちろう）
東京大学大学院人文社会系研究科博士課程修了　博士（文学）
現　　在　大東文化大学法学部准教授（哲学・倫理学）
主要業績　『〈根源的獲得〉の哲学――カント批判哲学への新視角』（東京大学出版会，2005年）
『カント哲学のアクチュアリティー――哲学の原点を求めて』（共著，ナカニシヤ出版，2008年）
『ロールズ哲学史講義（上・下）』（共訳，みすず書房，2005年）他

大橋容一郎（おおはし　よういちろう）
上智大学大学院哲学研究科博士後期課程退学
現　　在　上智大学文学部教授
主要業績　『カント全集』第１巻，別巻（岩波書店，2000，2006年）
『哲学の歴史』第９巻，別巻（中央公論新社，2007年）
『カント事典』（弘文堂，1997年）他

福田俊章（ふくだ　としあき）
東北大学大学院文学研究科博士課程後期単位取得満期退学
現　　在　福島県立医科大学医学部准教授
主要業績　『自由と行為　現代カント研究６』（共著，晃洋書房，1997年）
「『人格』の尊厳と『生きるに値しない』生――カントと生命あるいは医療の倫理」（共著，『別冊 情況』情況出版，2004年）他

石川伊織（いしかわ　いおり）
法政大学大学院人文科学研究科博士課程単位取得満期退学
現　　在　県立新潟女子短期大学国際教養学科准教授
主要業績　「芸術は終焉するか？――1820/21年の美学講義を検証する――」（加藤尚武編『ヘーゲル哲学への新視角』所収，創文社，1999年）
『倫理の危機？――「個人」を超えた価値の再構築へ』（廣済堂ライブラリー015，廣済堂出版，2002年）
「旅の日のヘーゲル――美学体系と音楽体験：1824年９月 ヴィーン――」（『県立新潟女子短期大学研究紀要』第45集，2008年）他

小野原雅夫（おのはら　まさお）
法政大学大学院人文科学研究科哲学専攻博士課程単位取得後退学
現　　在　福島大学人間発達文化学類准教授
主要業績　「自由への教育　――カント教育論のアポリア――」（『別冊情況　特集カント没後200年』情況出版，2004年）
「平和の定言命法と平和実現のための仮言命法」（日本カント協会編『日本カント研究７　ドイツ哲学の意義と展望』理想社，2006年）
シセラ・ボク著『共通価値』（監訳，法政大学出版局，2008年）他

石川　求（いしかわ　もとむ）
東北大学大学院文学研究科博士後期課程単位取得退学
現　　在　首都大学東京大学院人文科学研究科教員
主要業績『西洋哲学史入門』（共著，金港堂，1998年）他

大越愛子（おおごし　あいこ）
京都大学文学研究科博士課程修了
現　　在　近畿大学文芸学部教授
主要業績『フェミニズム入門』（筑摩書房，1996年）
『フェミニズムと国家暴力』（世界書院，2004年）
『脱暴力へのマトリックス』（共編著，青弓社，2007年）他

伊藤博美（いとう　ひろみ）
名古屋大学大学院教育学研究科博士課程後期課程単位満期
現　　在　名古屋経済大学人間生活科学部講師
主要業績『ケアリングの現在』（共編著，晃洋書房，2006年）
「「心を育てる場」としての学校」（『理想第672号』理想社，2004年）
「フェミニズムから見たデューイの倫理学」（『日本デューイ学会紀要第44号』2003年）他

御子柴善之（みこしば　よしゆき）
早稲田大学大学院文学研究科博士後期課程満期退学
現　　在　早稲田大学文学学術院准教授
主要業績『理性への問い　現代カント研究10』（共編著，晃洋書房，2007年）
「連帯という問題――社会倫理の一原理――」（早稲田大学大学院文学研究科紀要 第53輯，2008年）
翻訳『コリンズ道徳哲学』（『カント全集』20，岩波書店，2002年）他

牧野英二（まきの　えいじ）
法政大学大学院人文科学研究科哲学専攻博士課程修了　博士（文学）
現　　在　法政大学文学部教授
主要業績『崇高の哲学　情感豊かな理性の構築に向けて』（法政大学出版局，2007年）
『カントを読む　ポストモダニズム以降の批判哲学』（岩波書店，2003年）
『遠近法主義の哲学』（弘文堂，1996年）他

事項索引

ア 行

カ 行

サ　行

タ　行

ナ　行

ハ　行

マ　行

ヤ　行

ラ　行

ワ　行

人名索引

ア 行

アイヒマン，アドルフ (Adolf Eichmann) 33, 43, 100
安達誠司 326
アドラー (Felix Adler) 129-131
天野貞祐 143, 144
アメリー，ジャン (Jean Améry) 211, 216-221, 223, 224, 232-235
アリー，ゲッツ (Götz Aly) 115, 124, 125, 212, 213
アレキサンダー，ジェフリー (Jeffery Alexander) 20
アーレント，ハンナ (Hannah Arendt) 33-36, 40, 43-45, 72, 255, 256, 260
イェリネック，ゲオルグ (Georg Jellinek) 71, 73, 74, 85
伊藤博文 134, 317, 326
井上毅 134, 136-139, 142
井上哲次郎 131
ウィドウズ，ヘザー (Heather Widdows) 21
ウィリアムズ，ロジャー (Roger Williams) 73
ウォルツァー，マイケル (Michael Walzer) 74, 107
梅渓昇 134-137, 145
エルハナン (夫妻) (Elhanan) 214, 221, 223, 224, 231
岡崎玲子 273, 274, 275, 276, 280, 281
岡野八代 258, 260
オルセン，クリスティナ (Kristina Olsen) 273
大隈重信 326
大島正徳 143
オバイルン，ダレン・J (Darren J. O'Byrne) 20, 26

カ 行

加藤典洋 246-253, 256, 260
カリクレス 7
ガルトゥング，ヨハン (Johan Galtung) 225, 227, 235
カント，イマヌエル (Immanuel Kant) i, iv, 7, 9, 13, 19, 20, 27, 29, 40, 42, 59, 60, 61, 62, 66, 84, 108, 110, 114, 116-120, 123, 125, 126, 129-133, 141-143, 191-198, 200-208, 220, 227, 250, 251, 297, 324, 328
ギアーツ，クリフォード (Clifford Geertz) 81
キュング，ハンス (Hans Küng) 10-13, 24, 25, 29, 74
ギリガン，キャロル (Carol Gilligan) 82, 83
クッシェル，カール=ヨーゼフ (Karl-Josef Kuschel) 11
クリーレ，マルティン (Martin Kriele) 71, 85
グリーン，トマス・ヒル (Thomas Hill Green) 131
ケリー，コリーン (Colleen Kelly) 284
コーエン，ヘルマン (Hermann Cohen) 123, 129
小泉純一郎 224, 230
小林よしのり 193, 194, 206
コールバーグ，ローレンス (Lawrence Kohlberg) 82
権海浩 316-321, 323, 325, 326

サ 行

サイード，エドワード・W (Edward Wadie Said) 52, 54, 63, 66
佐渡龍己 207
ジャンケレヴィッチ，ウラジミル (Vladimir Jankélévitch) 234, 235
シュペーア，アルバート (Albert Speer) 230

シュンペーター，ヨゼフ (Joseph Schumpeter) 123
昭和天皇　139, 248, 252
ショーレム，ゲルショム (Gershom Scholem) 33-35, 43
シンガー，ピーター (Peter Singer)　18, 19, 27
ジンメル，ゲオルク (Georg Simmel)　293, 299-303, 305-307, 309
スピヴァク，ガーヤットリー・C (Gayatri Chakravorty Spivak)　52, 54-62, 65, 66
セルズニック，フィリップ (Philip Selznick)　326

タ　行

高橋哲哉　249, 250, 255, 260, 261
田中美津　243, 244, 260
ターフェ，エドゥアルト (Eduard Taaffe)　120
ダルウィーシュ，マフムード (Mahmoud Darwish) 222
チンキン，クリスチーヌ (Christine Chinkin) 258-260
チャーチル，ウィンストン (Winston Churchill) 109
チョムスキー，ノーム (Noam Chomsky)　208
土屋芳雄　228-235
ティサ，カールマン (Tisza Kálmán)　120
ディッシュ，リサ・J (Lisa J. Disch)　36
テイラー，チャールズ (Charles Taylor)　75-77, 85, 86, 92, 96, 97, 107
寺田俊郎　191, 192, 206
デリダ，ジャック (Jacques Derrida)　52, 55-57, 72, 123
遠山義孝 (Yoshitaka Toyama)　207
トマシュチュク，コンスタンティン (Constantin/Konstantin Tomaszczuk/Tomasciuc)　123, 125, 126
ドレイフュス，ヒューバート・I (Hubert I. Dreyfus)　85, 87
ドレイフュス，スチュアート・E (Stuart E. Dreyfus)　85, 87

ナ　行

中村正直 (敬宇)　134-136, 138, 141
ニーチェ，フリードリヒ (Friedrich Nietzsche) 7, 81, 128, 129
新田慶治　295, 308
ヌスバウム，マーサ (Martha Nussbaum) 105-107
ネグリ，アントニオ (Antonio Negri)　188
ネーゲル，トマス (Thomas Nagel)　310, 311, 323-326
ネス，アルネ (Arne Naess)　306, 309
野口裕二　263-266, 268-270, 279, 283
ノネ，フィリッペ (Philippe Nonet)　326

ハ　行

ハイエク，フリードリヒ・アウグスト・フォン (Friedrich August von Hayek)　70
バーク，エドマンド (Edmund Burke)　75
ハート，マイケル (Michael Hardt)　188
バトラー，ジュディス (Judith Butler)　47-50, 65, 84, 88, 173, 184, 186, 187, 189, 239
パレク，ビク (Bhikhu Parekh)　21
平田諭治　129, 131-133, 143, 145
ピルジャー，ジョン (John Pilger)　221, 222
ファノン，フランツ (Frantz Omar Fanon)　218, 219
フォーク，リチャード (Richard Falk)　14, 15, 19
フーコー，ミシェル (Michel Foucault)　52, 55, 57
藤田弘夫　294, 297, 299, 308
ブッシュ，ジョージ・W (George W. Bush)　8, 46, 85, 203, 278, 284, 286
ブトミー，エミール・ガストン (Emile-Gaston Boutmy)　71, 85
フリードマン，ミルトン (Milton Friedman)　70
ヘーゲル，ゲオルグ・ヴィルヘルム・フリードリヒ (Georg Wilhelm Friedrich Hegel)　i, 59-61, 171-178, 181-189, 328

ヘルバルト，ヨハン・フリードリッヒ（Johann Friedlich Herbart） 131
ヘンキン，ルイス（Louis Henkin） 14, 24, 25
ベンサム，ジェレミー（Jeremy Bentham） 72
ベンハビブ，セイラ（Seyla Benhabib） 86, 92, 94, 100-105, 107, 201
ボク，シセラ（Sissela Bok） 14-16, 25, 206, 207
ホッブズ，トマス（Thomas Hobbes） 102, 149-152, 154-161, 166-170
ポトーティ，デイビッド（David Potorti） 28, 271, 284-286
ホーニッグ，ボニー（Bonnie Honig） 33, 35, 43
ホネット，アクセル（Axel Honneth） 91
ホフマン，ブルース（Bruce Hoffman） 207

マ 行

マイクルズ，アン（Anne Michaels） 89, 107
松井やより 240, 245, 253, 254, 256, 257, 260, 261
マーフィー，リーアム（Liam Murphy） 310, 311, 323-326
マルクス，カール（Karl Marx） 18, 59-61, 63, 239
三島憲一 124, 125
ミル，ジョン・スチュアート（John Stuart Mill） 94, 95, 107, 135
務台理作 143
明治天皇 135
孟子 136
本居宣長 141, 142, 145
元田永孚 134-136, 138
森岡正博 296, 297, 308
森岡正芳 264, 265, 268, 269, 271, 282, 283

ヤ 行

八木公生 134, 137, 145
山崎匡輔 144
吉田熊次 131-134, 141, 143, 145
ヨーゼフ二世（Joseph II） 111
ヨナス，ハンス（Hans Jonas） 297-299

ラ 行

リッター，ゲルハルト（Gerhard Ritter） 71
劉丹華 233, 234
ルジャンドル，ピエール（Pierre Legendre） 53, 54, 65
ルソー，ジャン・ジャック（J. J. Rousseau） 164, 170, 181
レーヴィ，プリモ（Primo Levi） 217-221, 223, 224, 230, 232, 235
レヴィナス，エマニュエル（Emanuel Levinas） 93, 250
レオポルド，アルド（Aldo Leopold） 303, 304, 309
レッシング，ゴットホルト・エフライム（Gotthold Ephraim Lessing） 34-36, 40, 45
ロウ，ニコラス（Nicholas Low） 17, 26
ロック，ジョン（John Locke） 71, 78, 93
ロックフェラー，テリー（Telly Rockefeller） 272, 279
ロックフェラー，ローラ（Laura Rockefeller） 272, 280
ローティ，リチャード（Richard Rorty） 81, 82, 87
ロールズ，ジョン（John Rawls） 76, 92, 93, 97, 102-104, 310, 324

ワ 行

和気静一郎 295, 308
和辻哲郎 132-134, 145